CREATIVE

创见

构建创新经济体系的拼图

中国式“从0到1” 创业版“兰亭集序”

张闻素◎著

中国经济出版社
CHINA ECONOMIC PUBLISHING HOUSE
·北 京·

图书在版编目（CIP）数据

创见：构建创新经济体系的拼图 / 张闻素著 . --
北京：中国经济出版社，2022. 1
ISBN 978-7-5136-6783-8

Ⅰ. ①创… Ⅱ. ①张… Ⅲ. ①创业-交集 Ⅳ.
①F241. 4-53

中国版本图书馆 CIP 数据核字（2021）第 272122 号

责任编辑　王西琨
责任印制　马小宾
封面设计　任燕飞装帧设计工作室

出版发行　中国经济出版社
印 刷 者　北京力信诚印刷有限公司
经 销 者　各地新华书店
开　　本　880mm×1230mm　1/32
印　　张　9. 75
字　　数　257 千字
版　　次　2022 年 1 月第 1 版
印　　次　2022 年 1 月第 1 次
定　　价　69. 00 元
广告经营许可证　京西工商广字第 8179 号

中国经济出版社 网址 www. economyph. com 社址 北京市东城区安定门外大街 58 号 邮编 100011
本版图书如存在印装质量问题，请与本社销售中心联系调换（联系电话：010-57512564）

院士寄语

创新是竞争的灵魂，技术是发展的关键。

中国亟须以最快速度成长为创新型国家，自主研发核心关键技术并突破产业壁垒势在必行；在高质量发展、可持续发展、双循环、碳中和的宏观背景之下，大型企业产业升级与数字化转型成为可持续发展必经之路，初创企业和中小企业亦成为非常活跃的经济体；我们应当谨记市场换技术的教训，努力探索原创新技术并厚植深耕基础研究。

《创见》这部作品以全新视角和灵动笔触，通过作者亲自调研的数十家高新技术公司创业样本和创新经验，呈现了别开生面的创新世界观和创业方法论，以文字薪火助力我国创新型国家建设。

中国工程院院士、中国科学院计算技术研究所研究员、

中国计算机学会终身成就奖获得者

2021 年 10 月 21 日

序一

凡是过往，皆为序章

21 世纪注定是动态性、复杂性和不确定性交织叠加的年代！21 世纪注定是创新创业异常活跃的年代！闻素女士的著作《创见》为我们解读的正是这样一个充满诱惑的年代，以及这个年代所发生的动人故事。我为她在深度解剖已经发生过的事件时所体现的独特洞察力，在大胆预测尚未上演的种种可能性时所体现的前瞻性而感到由衷的兴奋。

人类社会自进入 21 世纪以来，以大数据、移动互联网、人工智能、区块链、基因技术为代表的科技创新能力得到激发，数字技术与实体经济之间的融合加速，不断地激起富有企业家精神的年轻人成就创业梦想的冲动。“创新”“创业”现如今已经成为业界、学界和政界的高频词汇。国家不断出台支持“双创”的政策，地方政府部门也致力于打造公平营商环境“高地”，所以大众创业、万众创新得以蓬勃发展。据统计，截至 2021 年 6 月底，我国网民的规模已经达到 10.11 亿人，5G 基站数已经达到 115.9 万个，5G 终端设备连接数高达 4.5 亿户。正是由于我国已经具备如此坚实且仍保持强劲扩展态势的网络化基础条件，数字技术、数字经济自然成为构建新经济体系的重要抓手，成为企业竞相追逐的风口所在。

“管理学大师”德鲁克先生在 1985 年公开出版的《创新与企业家精神》中，深入分析了美国 1965—1985 年经济繁荣的深层次原因，认为关键在于美国以创新型经济取代了过去的管制型经济。然而，简单地套用德鲁克创新思想来理解我们所处时代的机会型创业空间，恐怕并不能完美地解释在国际格局深刻复杂的调整中，中国所面临的这个百年未有之大变局。

从总体上看，21世纪的企业战略管理逻辑已经悄然发生了变化，如“生产决定流通”的传统思维已经被“让消费者参与研发和生产”取代，过去“同行是冤家”的竞争关系正在被行业联盟或者竞合关系取代，将非利益相关者纳入产业生态圈的做法彻底打破了行业壁垒，B2B、B2C电子商务模式对“人—货—场”管理体系的关注正在取代传统商贸流通业商流、物流和信息流之间的匹配关系，等等。

凡是过往，皆为序章。改革开放之初，国内涌现的那一批成功企业家，普遍具有朴实勤劳、专注成本、追求稳定、量力而行的品质，他们主张把未来看作过去的延续，以有效的预测去掌控未来。然而，今天的创业者具有不同于从前的企业家精神，如受机会驱动、专注成长性、喜欢冒险、乐于跨界经营，他们主张把未来看作主动行动的某种偶然结果，认为预测并不总是有效的，甚至不太重要，他们更愿意思考如何去创造未来。

《创见》一书坚持认为，“不忘初心，牢记使命”特别适用于创业领域，初心和使命是行走在创业路上的原动力。创业者务必记得，登高望远时要保持脚踏实地，功成名就时要保持谦虚低调。不管你走得多远，都不能忘记曾经走过的路，都不能失去继续走下去的信心。一个时代有一个时代的烙印，一个时代有一个时代的精神，时代在变，但企业家精神永恒。

创业者并不是天生的，创业精神也并不是与生俱来的。闻素在讲述每一个故事时都非常用心、用情，还创造性地从真实案例中提炼总结出72条创业秘籍。尽管其研究结论并不完善，但它至少可以使未来的创业者避免走弯路或者少走弯路。我个人认为，无论何种形式的创业行为，无论何种规模的创业组织，创业取得成功的关键就是要坚持“干中学”和“学中干”的循环，要努力使创业者或者创业团队具备以下四大核心特质（简称ASK-Do）：一是态度（Attitude），即如何对待成败得失、如何对待财富荣耀、如何看待竞争与合作等一系列价值观念层面的认识。二是技能（Skill），即不拘泥于自身资源条件的资源整合能力、抗压和风险承担能力、以让未来变得更美好为导向的创新能力、快速反馈且能自我纠偏的控制能力等一系列创业技巧。三是知识（Knowledge），即无论是“破坏一个旧世界”还是“创造一个新世界”，都离不开创业者或创业团队成员的知识体系作为支撑，在对待可能影响创业成功的关键因素，如人工智能（AI）、物联网、科技金融、生物工程、创业孵化器等新概念时，创业者或者创业团队必须保持一种善于学习的品质。四是行动（Do），即“纸上得来终觉浅，绝知此事要躬行”，即便创业失败，也要努力启动创业失败修复方案。

作为作者的同窗好友，我曾与闻素同在安徽财贸学院（现更名为安徽财经大学）完成四年本科学业，后来她选择去美国旧金山州立大学做金融创新与管理方向的博士后研究，对高新技术公司、科技领军企业、创业孵化器、银行等方面进行过较为深入的国际比较研究，我深为闻素的事业发展和学习进步感到欣慰。我和闻素有着相似的专业领域和共同的学术兴趣，所以每次围绕创新创业与企业成长展开讨论时，时常会有学术观点分歧，也时常会碰撞出思维的火花，彼此都深感收获很大，深受启发。

《创见》一书呈现给读者的新经济体系拼图，是闻素十分接地气地调查研究并执笔为文的工作成果。我相信，它不但有益于读者去认识21世纪创新本质，减少对创新的盲从，防止出现创新泡沫，实现从创意、创新到创业繁荣，更有助于企业家充满智慧地去赋能传统产业转型升级、去围绕关键核心技术攻关解决“卡脖子”问题、去催生更多的新需求新业态新模式、去管控与新基建相关的信息安全、去实现政产学研用金等多元主体之间的“三重螺旋”乃至“多重螺旋”。期待闻素今后能够在此领域奉献出更多的精品力作。

应闻素之邀，谨以上文为其著作作序，望读者识之。

陈忠卫

蚌埠市人民政府副市长，教授、博士生导师

2021 年 10 月 21 日

序二

一部中国高科技创新创业的总结和指南

《创见》一书记述了当代中国高科技创新创业的经历和现状并展望了它发展的未来，对于我这样不在国内生活和工作的海外华人来说，是一个重要和及时的国情介绍以及经历补充。它使我对祖国科技发展的进步和成就备感激奋和骄傲，对祖国科技发展的未来充满希望。此书涵盖现代科技发展的几个核心方面，对于大批像我这样的非理工业内人士，是一个及时和难得的科普。所以，我首先要对张闻素女士表示衷心的感谢！

本人有幸在旧金山州立大学主办的博士后培训项目中接待并结识闻素。她的博士后研究地点既涵盖了波士顿这座世界一流高校云集的城市，又包括世界高科技发展的龙头加利福尼亚州的硅谷地区。对哈佛大学、麻省理工学院、斯坦福大学和坐落于硅谷地区的世界顶级高科技公司的参访和调研，让她亲身体验和了解到当今世界上高等教育和科学研究最新和最好的方面。我们从书中不难窥见她在美国博士后项目经历中的重要收获，以及她对美国及世界高教科研金字塔顶的深入研习给她带来的影响。闻素有非同一般的国内外的学习经历和工作历练，而这些特殊的经历又给她提供了丰富的知识和深刻的见解。

《创见》涵盖了当今高科技领域及其在中国的发展路径，它们之间的关系和相互作用，以及它们对中国的发展和世界的发展所做的贡献。闻素对如此庞大的题目和多学科的内容如数家珍，可见学识之渊博。该书写得通俗易懂，可读性强，更彰显她的文字功底之深厚。

该书讲了一系列引人入胜的“故事”，既生动地描述了这些鲜活的领军人物的精彩人生和魅力，又对中国近年来的创新创业做了理论和方法的总结和提炼，对有志于进行创新创业者，实在是个可贵的入门和科普读物，是一本不可或缺的参考教科书。书中汇总的70多条经验直接源于真实案例，集高科技创业之大成，为后来的创业者提供了宝贵的指南，能使其少走很多弯路，功在将来。

《创见》从多个角度和层次显示并强调了在科技创新上与国际社会接轨，以及交流与合作的重要性。改革开放以来，尤其是近20年来，我国高科技的发展取得了长足的进步。但是在相当多的领域，西方发达国家仍处于领先地位。坚持对全球开放，坚持教育科研的国际化，是我们的不二选择。书中论及的科技行业的领军人物，有一半以上有海外留学和工作创业的经历。他们创新创业的成功，与他们带回的前瞻性视野、先进理念、前沿技术和优秀的管理方法是密不可分的。

《创见》列举的大量案例表明，创新创业的本质在于思维的破界。持续的创新离不开教育的国际化、经济的全球化，以及由此带来的信息的民主化以及管理方式的现代化。强力坚持和推动改革开放，坚持国际交流与合作，是中国乃至全世界科技创新和可持续发展的必经之路。

衷心期盼更多的“创见”面世，为了祖国，为了人类！

吴彦伯
旧金山州立大学前协理副校长
美国加利福尼亚州旧金山
2021年10月20日

前言

创新创业之所见：科学、哲学、经济学……

凡是过往，皆为序章。

为什么创业？和谁共同创业？为什么选择他或她共同创业？你们当时到底想如何创业？在哪个行业、哪个领域和赛道创业？创新创业过程中都做了哪些工作？辛苦至今结果怎样、战况如何？还有哪些亟待弥补的短板和需要解决的问题？如果已经初获成就，都有哪些可圈可点之处？如果有教训，又有哪些环节可以优化？

怀揣着对创新创业的向往和好奇，我像孩童提问“十万个为什么”那样，在近十年的时间里向曾经访谈调研的创业者和创新创业机构发问，刨根问底、抽丝剥茧，直到听到详细的、最好的答复，甚至对方眼含热泪地重现昨日，直到与创新创业者共同找到创新创业的初心。

创新创业的星辰大海，我有幸被带领到其中的某些海滩，在尽情奔跑中幸运地遇到或捡到了近百颗珠贝，并有机会打破砂锅问到底，找到他们成长的痕迹和发展变革的故事并立刻执笔成文，之后成为报刊的专栏文章或封面专访，或被新浪、搜狐转载，或被百度学术收录，或被“后浪”新秀引用借鉴；积沙成塔，集腋成裘。希望这些案例在未来可以感召人心。

《创见》荟萃了近十年以来经过调查研究继而梳理成文的关于高新技术企业、科技领军企业、孵化器、加速器、创新城市等近百家新型新锐经济体创新创业的行业特征、成功经验、拓荒教训、辉煌业绩以及这些机构创新创业过程中的感人故事、绚彩瞬间和令人感慨的桥段集锦。

中国式“从0到1”，创业版“兰亭集序”，这样的总结凝练应当可以比较准确地定位这本即将出炉的系列剧般的“汗青”新书。这些案例和故事是过往近十年以来在深入访谈、尽职调查甚至田野调查基础上书写的关于创新创业的深度报导或专题研究文案，力图从现象级的创新创业样本中淬炼升华出实质性的经验和规律，所以掩藏在其间的更为简明扼要的“硬核”和“秘籍”，应当是本书掩卷之际末尾部分的《创见》语录：7种维度72条经验建议。希望这些管见的创新世界观和创业方法论可以成为未来创新创业者在星夜赶路之际的微光。

《创见》成书的过程，也是对近百位创业者和近百家创新创业经济体重新学习、重温当年现场采访和深度调研的回忆和淬炼过程。至今，每次重新阅读其中的任何一篇仍然千回百转、感叹唏嘘，当时的采访问答现场情景仿佛再次涌现在脑海。

本书首章“碳中和与创新经济”内容，源于中国企业改革与发展研究会每年定期向研究员们公开征集的命题作文。作为中国企业改革与发展研究会的高级研究员，颇觉有责任有义务在自己的工作范围内尽可能锤炼并呈现专业的、前沿的、深度的研究专题。于是，便有了与碳达峰、碳中和相关的《“零碳产业链”模式加速碳中和》《电网与工业互联网的融合创新》和《科技成果产业化的体制机制创新》。

本书开篇内容是清锋科技的“零碳产业链”模式。来源于毕业于清华大学的创始人兼首席执行官（CEO）姚志锋和毕业于哈佛大学的首席运营官（COO）杨尚祐博士，正是因为对这两位世界名校的超级学霸的访谈和更加深入的调研才产生了“零碳产业链”模式的思想萌芽。为了协同研究报告顺利出炉，他们特别补充安排了宁波数字化智能工厂的参观考察以及对该智能工厂所有部门负责人和首席科学家的进一步深入访谈。在叠加了与北京研发中心和创始团队的多轮沟通之后，终于产生了《“零碳产业链”模式加速碳中和：清锋科技数字化3D打印工业互联网操作系统》这篇关于工业互联网操作系统的专题文章，这篇研究成果亦得益于2017年对清锋科技创始人姚志锋的首次专访。仅仅四年，清锋科技在科技研发、市场化、产业化、品牌化、全球化和融资等方面就已经获得突飞猛进的发展。

“零碳产业链”模式这个碳中和领域的新概念，应当是对世界的最新贡献，甚至可以成为哈佛经典。至今，我仍然固执地以为，本书所凝练而出的“零碳产业链”模式，定然会成为甚至已经成为继世界各国和地区聚焦新能源产业开发之后的碳中和领域更加新锐的一种洞见、一种模式、一种范式、一匹黑马。

犹记嘉善之行，其实与嘉善县国创新能源研究院的沟通持续了更为长久的时间。创始人齐力然院长早在十年前就是我所效力的中国中小企业协会金融服务平台的合作伙伴，正是他力荐我作为核心工作人员参与了当年中国中小企业银行的筹建。近年来，我频繁前往深圳，很多次都是这位如兄如父般的良师益友在百忙之中安排我参观学习他所负责的深圳市企业信用信息中心（后更名为深圳市公共信用中心）、嘉善县国创新能源研究院等机构。之后不久，他于浙江嘉善创建了长三角新能源研究院（后更名为嘉善县国创新能源研究院）并邀请我在上海出差之际顺路参观，经过两轮在江南园林般的办公区现场考察与深度访谈之后，我写出了那篇《科技成果产业化的体制机制创新》。

在某种程度上，《科技成果产业化的体制机制创新》是嘉善县国创新能源研究院创始院长齐力然老师的思想。记得首次于浙江嘉善那座江南园林般的产业园区的脑力激荡和头脑风暴中，我就发现了他在创建新能源研究机构期间所展露的前沿新锐的思想光茫，他找到了我国不计其数的科技成果沉睡于实验室和办公室抽屉而不能及时产业化的症结和问题之所在。同时，我还发现了他创办新能源研究院的家族动因——他的女儿毕业于硅谷地区的世界名校而且主攻专业为芯片设计。也许，本书可以试着成为更多沉睡着的科技成果得以产业化和市场化的金钥匙，努力成为使知识产权和专利成果变现为未来财富的“阿拉丁神灯”。

在清华大学，我亦发现了教授中的创新创业典范。北京市海淀区双清路77号院内“隐居”着清华大学物理系张罗平教授创建的今电能源，致力于电网与工业互联网的融合创新，已悄悄地发展成为清华大学能源互联网创新研究院“数字化+智慧化+分布式”的碳中和领域前沿新锐。每次与张教授沟通请教，我都认为非常有必要而且必须像在校学生那样认真聆听他的理论与实践经验，以便学以致用。在电力电网、工业互联网、创新创业以及电网与互联网的融合领域，几乎很难找到这样国宝级的交叉学科专家通才和良师益友，在我所熟悉的高等教育和科技创业的社会圈层，在新能源新科技和互联网的交集地带，遇见如他那样谆谆教诲启迪智慧的师者和长者是多么幸运。

本书很多科技分量较重的内容，源于《中关村》杂志约稿、中关村创新创业论坛以及2011年那场“翠湖”之夜，当时我作为获奖单位全球网（一个中国中小企业综合金融平台）代表出席了颁奖活动。彼时，全球网和互联网实验室及博客中国的创始人方兴东以及执行董事高红冰还是同办公室的老同事老领导，后来高总到阿里巴巴担任副总裁兼阿里研究院院长，我经推荐先后参与了中国中小企业银行的筹建和北京一村一品投资基金的管理运营。再之后便与《中关村》杂志共同发起了聚焦于北京海淀西部新区新经济、新科技、新文化的凤凰岭观山论坛，并从此开始承担杂志栏目甚至封面主题的采访与撰稿工作。随着工作调整和项目变化，我积累了越来越多的产学研经验和资源，《创见》的科技创业内容便在《中关村》杂志社原社长卫汉青先生的指导和杂志办公室贾荣娟主任的安排协同之下顺理成章地产生了。

“在危机中育新机，于变局中开新局。”值得骄傲的是，书中的某些卓越企业在新冠肺炎疫情期间，业务不减反增，逆势而上，得到了长足发展，以计算机视觉为核心技术的人工智能创业公司格灵深瞳便是如此。在2020年初春武汉封城、全国严阵以待、实体店铺关门闭户之际，毕业于布朗大学曾经就职于硅谷地区谷歌总部研究院的创始人兼CEO赵勇博士在百忙之中与我在清华大学东门的咖啡厅约见，以图表文字详细说明了他们的计算机视觉技术已经赋能很多传统产业并效力于疫情期间公共场所管理，比如商场、酒店、写字楼、购物中心的智能测温系统的底层技术很多都源于格灵深瞳。

创业灵感、合伙人遴选、团队搭建、公司融资、技术探索、产品研发、人力资源、知识产权、市场开拓、产业应用、IPO上市等，通过层层递进的穿透式调研访谈，仿佛透过热闹的沧海桑田式的表面洞悉了世间所有关系的真相，恍若找到了成功的密码和失败的短板。当一位创业者一骑绝尘地出发并创建了百万军团，更严峻的考验和至暗时刻也会接踵而至。正如生产力和生产关系的矛盾如影随形，亦如所有的亲密关系发展到一定程度都会相爱相杀，所有合伙关系演变到最后都是边竞争边合作。所以，有时候不得不面对“囚徒困境”和“零和博弈”并再度寻找解决方案。

知我者谓我心忧，不知我者谓我何求。作为自认为孜孜不倦的经济学者和旧金山州立大学的金融管理与创新博士后，我的项目指导老师为北京大学经济学院西南分院执行副院长闫雨老师，再加上多年以来筹建银行和基金管理工作所需，我亦有机会经常参与经济学领域某些学术活动和研究项目，由此近距离接触或聆听了很多经济学泰斗，诸如厉以宁、吴敬琏、林毅夫等的思想和学术观点并收获匪浅。但是，我仍然深为我国数千年来以经济思想见长但是缺乏系统化的经济学体系而感到惶恐不安。

万物互联的数字经济时代，基础研究、底层技术、原创思维、解决“缺芯少魂”与“卡脖子”问题的关键技术等，是我国创新创业领域亟须加强的环节，更是《创见》对于未来科技研发领域的期待。

读万卷书，行万里路，阅人无数。惊喜的是，《创见》中的创新创业者大都是优秀的国内外名校毕业生甚至是超级学霸。他们有的在国内学有所成之后又到海外留学或工作，并因此拥有了更加专业的学术造诣和技术技能、更加广阔的国际化视野。北京大学、清华大学、哈佛大学、麻省理工学院、斯坦福大学、加利福尼亚大学伯克利分校，从硅谷到华尔街，从科技到金融，从技术的产业化应用到金融的支持与协同，从东方到西方再到中西合璧的创新创业方法论与世界观，这些成了他们从万千创业大军中迅速成长成功并成为行业领袖的关键。对于技术、金融、运营、管理、人力资源等，创业者需要“五项全能”甚至“十项全能”。所以，成功的创新创业应当是基于科学、哲学和经济学原理运用的组合拳与综合体。

大众创业，万众创新。作为采访过百余个创新创业公司和团队的撰稿人，我颇觉社会应当给予创新创业者更多的宽容和支持，长江后浪推前浪的“双创”亦应当是年长“前浪”与年轻“后浪”相辅相成共同成就的协同作战，形成生生不息的创新创业的滚滚潮流，不断地推陈出新、继往开来。《创见》期待创建创新型国家的春天。

2020 年春天新冠肺炎疫情仍然较为严重的那段时间，国务院国有资产监督管理委员会研究中心企业改革研究处原处长支东生老师、中国人民解放军少将及国防大学防务学院院长朱成虎教授以及多家科研机构邀请我参加“以 5G 为引领的新基建科技领军企业调研”并执笔报告起草工作，所以有机会深度调研访谈了华为、京东方、天融信等科技领军企业，这便是本书“新基建”篇章的由来。

2019 年春天，中国企业改革与发展研究会颁文并证书聘请我担任高级研究员，这是对我之于创新创业、科技机构和国有企业等经济体进行深度研究的推动、鼓励和鞭策。特别感谢许金华常务副会长对我当年所提交的研究报告《科技成果转化的体制机制创新》进行了亲笔修订和斧正，他所安排赠送的中国上市公司协会会长兼中国企业改革与发展研究会会长宋志平教授的系列著作是《创见》得以成书的优秀借鉴与卓越榜样。

十年之前，互联网实验室及博客中国的创始人方兴东博士推荐并带领我到中国科学院计算技术研究所，首次拜访了中国工程院院士倪光南老师。这位科技领域泰斗早在当年就支持过我所效力的全球网的科技金融工作，所以我们才得以非常顺利地与中关村科技园区以及更多银行业金融机构建立了战略合作伙伴关系。而今，他仍然欣然命笔为《创见》题词，作为晚辈后生颇觉受宠若惊并应以此作为里程碑而再接再厉。

我在就读美国旧金山州立大学博士后期间的指导老师旧金山州立大学前协理副校长吴彦伯教授和北京大学经济学院西南分院执行副院长闫雨老师，大学本科学习期间安徽财经大学的同年级同学及原校长、安徽省蚌埠市人民政府副市长、博士生导师陈忠卫教授，世界银行创新实验室张志军老师，均应邀在百忙之中推荐《创见》，在此对他们表示由衷的感谢。

感谢中国经济出版社的姜静和王西琨两位老师。作者和编者之间心有灵犀的互动与共同耕耘才有《创见》的出炉，希望成为创新创业星辰大海之中的引玉之砖。

我想，良师益友才是《创见》成书的重要前提和深厚基础，对他们，我深表感谢。希望本书内容成为永和九年“兰亭集序”之后的中国式“从0到1”创业版序曲……

张闻素
2021年10月25日

目　录

第1章 碳中和与创新经济

碳中和这个宏伟壮丽而又路途漫漫的绿色经济发展战略，不仅关乎产业转型升级、科技创新突破以及经济社会的高质量可持续发展，还与全人类的命运息息相关。碳中和的视角不应当仅仅局限于能源行业的转型升级，而应当扩展到更加广泛的新生活方式和新生产方式。

新能源革命和新产业革命正接踵而来……

清锋科技：“零碳产业链”模式加速碳中和

清锋科技数字化3D打印工业互联网操作系统

一、引言

2019年《BP世界能源统计年鉴》的数据显示，2019年，中国碳排放达到98.3亿吨，占全球碳排放总量的28.8%。

2020年，我国经济总量占世界经济总量比重约为17%，经济规模占比远远小于碳排放量占比，我国经济发展质量还不是很高，单位GDP（国内生产总值）的能源资源消耗高于欧美地区。2020年9月，我国宣布提高国家自主贡献力度，力争2030年前二氧化碳排放达到峰值，努力争取2060年前实现碳中和。

碳中和这个宏伟壮丽而又路途漫漫的发展战略不仅关乎产业转型升级、科技创新突破以及经济社会的高质量可持续发展，还与全人类的命运息息相关。碳中和的视角不应当仅仅局限于新能源行业的转型升级，而应当扩展到更加广泛的新生活方式和生产方式。

本文以作为3D打印行业领军企业的清锋科技的技术、产业、资本以及全球布局的方法论和世界观为例，呈现以“零碳产业链”为表征的产业革命新图腾。

我国提出碳达峰与碳中和的目标和愿景，意味着我国更加坚定地贯彻新发展理念、构建新发展格局，推进产业转型和升级，走绿色、低碳、循环的发展路径，实现高质量发展。这对于引领全球实现绿色低碳发展、经济复苏，引领全球技术创新变革的方向，对于保护地球生态、推进应对气候变化的合作行动，具有非常现实和重要的意义。

早在二三十年前，我国就有科学家和专家指出不能按照欧美国家的工业化进程发展经济，应在使用传统能源的基础之上尽快启动绿色能源、可再生能源、非化石能源的发展。在 20 世纪 90 年代初，我国科学家就谈及保护环境的重要性。

2018 年 11 月，欧盟委员会发布长期愿景，提出了到 2050 年实现包括二氧化碳在内的气候中和的目标。

2021 年 4 月，习近平主席在“领导人气候峰会”上承诺，力争 2030 年前实现碳达峰、2060 年前实现碳中和。宣布这个目标，其实是发动了前所未有的绿色革命并将引领全球可持续发展。

早在 2005 年 8 月，时任浙江省委书记的习近平在安吉余村考察时就提出了“绿水青山就是金山银山”的“两山”理论，表达了以绿色生态发展应对气候变化的积极理念，体现了负责任大国的担当。实现“3060”双碳目标，是一场系统性的产业革命、科技革命、经济和社会变革，包括但不限于政产学研在内的每个机构和经济体都有着不可推卸的社会责任。

根据“3060”双碳目标的时间段划分，相比欧美国家从碳达峰到碳中和平均用 60 年时间，中国只有 30 年。用一半的时间实现同样的目标，中国必须拿出中国速度和中国人特有的拼搏创新精神，这意味着能源转型、产业升级、高质量发展等方略必须在短时间内以超常规的创新方式实现。

清锋科技践行数字化技术创新赋能产业升级，已经在节能减排、高质量发展方向和相关领域探索多年，基于 3D 打印软件驱动硬件的工业互联网操作系统形成的新技术、新材料、新流程，初步构建了“零碳产业链”框架。这一框架正在成为全球范围内新产业革命的新示范新借鉴，以加速模式引领以生产制造业为代表的碳达峰与碳中和。

二、从 0 到 1，从不可能到产业引领

（一）学霸团队：来自世界名校的全球化清锋科技精英

清锋（北京）科技有限公司，简称“清锋科技”，英文名称为 LuxCreo。

清锋科技专注于 3D 打印软件、设备、材料研发，是致力于改变产品开发和生产方式的数字化 3D 智造商和为客户提供整体解决方案的 3D 打印规模化服务商，产品技术可应用于运动产品、消费产品、齿科医疗、汽车行业和工业机器人等领域，团队会聚了清华大学、哈佛大学、剑桥大学、沃顿商学院、宾夕法尼亚大学、佐治亚理工学院等学府的高端技术人才和精英高管。

清锋科技团队自主研发的适配于不同行业的高性能材料体系，依托自主研发的 Lux 系列打印机和配套软件，能够为鞋类、齿科、医疗、工业以及消费品等行业创新升级提供解决方案，打造兼具定制化和批量化的新型数字化制造模式及生态闭环。

（二）创始人：清华大学高才生的传统制造业成长环境

清锋科技创始人兼 CEO 姚志锋出生于湖南，在早年的成长环境和学习过程中，他经常跟随家人奔波于广东和长三角地区，少年时期就对传统制造行业有了深刻的了解。在清华大学学习雕塑专业的过程中，姚志锋接触了 3D 打印技术，发现这项技术在改善传统制造业方面的巨大潜力。毕业后，他决定深耕 3D 打印领域，通过近十年来研究技术、材料和软件，为各行各业的产品开发和生产赋能，并将四年雕塑专业学习带来的在空间结构、外观造型、设计创意等方面的艺术修养融入 3D 打印技术。

“让制造更简单”是清锋科技创始人兼 CEO 姚志锋带领团队始终坚守的使命。对于全球制造业而言，他认为新冠肺炎疫情的全球蔓延既是严峻的挑战，也是突破困境的机遇。由于疫情对制造业产业链的冲击，业界更多友商把目光转向了 3D 打印，这让原本在进行

技术、资源积累的3D打印产业爆发，而清锋科技基于多年的设备、材料技术沉淀乘势而上，将3D打印技术应用到各种不同领域并且快速推向全球，在世界范围内引领着这股潮流，让过去的不可能变成了可能，影响并赋能更多行业。

定制化、批量化、数字化、无人化的智能工厂和“零碳产业链”，正在悄悄掀起新产业革命的风尚风潮，以3D打印模式加速碳中和高质量发展目标的实现。

三、新技术、新材料、新模式、新产业革命

（一）万物皆可打印

齿科、心脏、衣物、建筑、汽车、武器、艺术品、航天器，硅谷“钢铁侠”马斯克SpaceX火箭中的关键部件，都可以依靠精密准确的3D打印完成。在万物互联的数字化时代，作为颠覆性的前沿技术，3D打印正在应用于越来越广泛的产业领域，引领数字化时代的新生产方式。

3D打印技术最早提出于20世纪，英文名称为3D printing，又称增材制造或积层制造，是以数字模型文件为基础，运用粉末状金属、塑料或液态树脂等可黏合材料，通过逐层打印的方式来构造物体的技术。

20世纪80年代中期，美国在技术层面提出了3D打印这种新锐概念，探索利用光固化和纸层叠等技术推出快速成型装置；20世纪90年代中期，3D打印开始尝试用于模具制造、工业设计等领域。从早期制造模型到近年来逐渐用于产品和工业领域的直接制造，3D打印技术对传统的工艺流程、生产线、工厂模式、产业链组合产生了深刻影响，是生产制造业非常具有代表性的颠覆性技术。

21世纪，3D打印开始实验性地应用于更加广泛的产业领域。

（二）从“世界工厂”脱颖而出

有关研究显示，当今时代，在我们赖以生存的环境中，由于人

类活动造成了二氧化碳浓度上升，比冰河时期二氧化碳浓度最大跃升要高 6 倍、快近 10 倍。刊登于《科学》杂志的论文揭开了“古老气候记忆”，追踪了冰河时期二氧化碳浓度的变化，以及当时全球气候变暖的足迹。

2020 年，《应用生物材料和功能材料杂志》（*Journal of Applied BioMaterials & Functional Materials*）显示，德国弗赖堡大学的研究团队开发出一种能够让有机聚合物“废物再利用”的方法，即将其转化为一种适合 3D 打印的“生物糊剂”。此前，也有研究团队开展过将木质素等复杂的有机聚合物回收再利用的方法，比如用于碳纤维、更坚固的混凝土，甚至降低电池的制造成本。

科学家们打造出了由一半木质素和一半纤维素制成的黏稠生物糊剂，其不仅易于加工，还具有迅速固化的特性，这种新材料就非常适合作为 3D 打印时的轻质结构。

这些国际前沿科技研究动态表明，全球负责任的、新锐的科研机构已经把新技术、新材料的加速研发列为阻止或减缓全球气候变暖、降低碳排放的积极方式和重要途径。

近两年来，随着新冠肺炎疫情的全球传播和全球气候变暖的威胁，3D 打印技术在人类碳排放不断增长的过程中得到了空前的爆发式成长。比尔·盖茨早在多年前就在气候经济领域投资布局了高科技公司，包括目前正在美国和加拿大捕获空气中二氧化碳的“碳公司”。

立足于“世界工厂”的清锋科技，以不断自主研发和创新的知识产权和国际专利把该技术以智慧工厂和产业应用方式带到了新产业革命的最前沿，并以“零碳产业链”模式引领开拓工业制造领域的零碳目标之路，成为碳中和领域以高新技术为引领的更加务实高效的急先锋。

四、“零碳产业链”流程重塑以及逻辑机理

（一）创投资本鼎力支持

2021 年 5 月 20 日，专注于 3D 打印设备、软件、材料研发，致

力于改变产品开发和生产方式的数字化 3D 智造商清锋科技超额完成原设定的 B+轮融资目标，到位的亿元资本将用于进一步加速全球市场的拓展。

截至 2021 年底，清锋科技已经吸引包括北极光创投、顺为资本、复星集团、凯鹏华盈（KPCB）、香港科技园创投基金（HKSTP Ventures）、银润资本等众多国内外投资机构的投资。

1972 年成立于美国硅谷、行业内历史最悠久、业绩最为出色的基金 KPCB 创投这样评述清锋科技："透过过往三十多年里 3D 打印技术、材料方面的革新发展，我们相信 3D 打印在未来能大幅降低传统制造业对设计师和生产流程的限制，是最具爆发力的生产技术之一。在全球范围内来看，清锋科技具备了高效的研发能力、独有的专利技术和快速批量生产高性能产品的能力，为越来越多行业的开发制造带来了最新的落地方案，不断引领 3D 打印加速行业进展，推动制造业向产业数字化、智能化转型。"

清锋科技在 2017 年研发的比传统 3D 打印速度快 100 多倍的 LEAP® 技术，一经面世就"引爆"了在国内蛰伏已久的 3D 打印技术市场。其后一年，清锋科技吸引了由北极光创投领投的 170 万美元天使投资，而今这家老牌一线风险投资人依然站在清锋科技背后鼎力支持。北极光创投合伙人杨磊说："清锋科技是 3D 打印领域为数不多的集设备、材料、软件及批量化生产能力为一体的全链条供应商，已具备与世界顶级公司匹敌的'材料自由''底层技术自由'的核心技术积累。在制造业智能化升级的过程中，清锋科技 3D 打印解决方案有望为产业带来飞跃性的革新。"

（二）科技成果快速转化为产业应用

在头部资本的鼎力支持下，清锋科技快速将突破性的基于数字光处理（DLP）的 LEAP® 技术和高性能材料落地应用，从宁波建立第一期智能工厂、铺设多条生产线进行批量化试生产，到将 3D 打印鞋底成本降至市面高端跑鞋成本价格区间内，清锋科技仅用了不到三年时间。

“在下一个三年，清锋科技可达到上千万双鞋底的产能，让 3D 打印鞋真正成为大众消费品。”清锋科技创始人兼 CEO 姚志锋说。

随着我国新兴制造业不断崛起，清锋科技凭借经年累月探索的新技术新材料成熟经验，在新的历史机遇下将产品开发模式不断复制到更多行业领域，从消费产品到生产资料，诸如鞋业、齿科、医疗、汽车、机器人等行业都刻上了“LuxCreo”的印记，进而形成了定制化眼镜、耳机、鼠标、专业鞋垫等多个现象级应用。

（三）以 1000 倍效率刷新数字化 3D 打印成绩单

2020 年 12 月，清锋科技与全球领先的 3D 定制眼镜品牌佩极（BRAGi）宣布建立战略合作关系，仅四个月后双方便跨界推出基于光敏树脂材料的 3D 打印全定制“透明多色”框架眼镜。

清锋科技还创新了高性能光固化技术，同时结合基于 DLP 的 LEAP® 技术，推出了 Lux 3+系列工业级打印机和 iLux 系列桌面级打印机，不断升级打印机设备类型，丰富打印机应用场景。在 3D 打印最核心的材料体系方面，EM 弹性材料和 TM 韧性材料体系性能不断飞跃，并陆续开发了 Dental 系列齿科树脂、RE 系列快速打印树脂、HT 耐高温树脂等多品类 3D 打印材料，LuxFlow、LuxLink 打印软件，LuxScan 手机扫描 App、LuxAlign 齿科解决方案等行业专属配套软件也悉数到位。2020 年 10 月，清锋科技与复星牙科（Foshion Dental）宣布进行独家合作，推出专为齿科行业设计的 3D 打印机和全套齿科树脂材料，正式宣告开始以“合作共赢”的方式提供全链条数字化 3D 打印解决方案。

更加令全球同业瞩目的是，清锋科技自主研发出快速“可直接打印”的正畸隐形牙套。相比于以往需要 1 个月左右制作周期的传统牙套，该定制化方案可实现半小时当场立等可取。这样的速度和效率相较于传统的生产制作节约时间近千倍，而且牙套韧性和耐磨性更优、精度与匹配度更佳，是 3D 打印真正意义上颠覆制造行业的开端，更是颠覆传统的里程碑。

五、以数字技术梳理产业：从改革供给侧到升级需求端

（一）技术集合：大数据、云计算、物联网、人工智能、5G集成智能工厂

一键生成，从订单到产品，从供给侧到需求端。

立足云计算，清锋科技将集合在智能工厂的打印机通过大数据、物联网、5G、人工智能等技术，与布局在北美、欧洲、日本、东南亚等地的销售网络串联起来，端对端、点对点地面向更多3D打印受众，在用户直连制造（C2M）的应用模式下让更多人可通过个人电脑、手机等终端，立刻、就近、1∶1快速实现自己的创意和想法。

针对大批量、高时效的3D打印订单，清锋科技引入机器人生产线的智能工厂，可以实现设备、材料的统一调度管理。在清锋科技的宁波数字化智能工厂，滑轨上的机器人手臂游弋于打印机之间完成换料、取件等动作，快速、统一地达成电脑设置的各类行动指令。在不久的将来，过去需要多人协同操作的3D打印车间，在引进机器人后可24小时作业，最大化利用打印机，成为真正的自动化“黑灯工厂”。

未来已来。清锋科技以大数据为基础，利用智能云平台集成鞋业、齿科、医疗、消费品、汽车、航空航天等多行业、多维度“智造”生产线，让3D打印实现更多的应用场景、让个性化定制不再是高端、昂贵的代名词，而是让设计师能天马行空地提出自己的超前概念，让普通人都可以用手机或者在家或办公室电脑前实现自己的创意想法，让人类与高精尖的前沿科技的接触更直接、更紧密。

（二）技术引领：产供需全流程的管理平台成为超算中心

清锋科技创始人兼CEO姚志锋信心满满地描述他非常看好的未来发展图景：“对于未来，需要有个好的商业嗅觉，我认为对全球的制造业来说，新冠肺炎疫情是挑战更是机遇。由于疫情对制造业产

业链的冲击，更多人把目光转向了 3D 打印，这让原本在进行技术、资源积累的 3D 打印产业爆发了。而清锋科技基于多年的设备、材料技术沉淀，乘势而上，将 3D 打印技术应用到各种不同领域，并推向全球，在世界范围内引领这股不可逆的潮流，让过去的‘impossible’变成了‘possible’。”

从供给侧改革，到需求端升级，数字化、无人化智能工厂可以按照订单快速、科学、敏捷、就近集约安排生产，分布式生产节约了能源，增材制造节约了原材料，就近生产节约了物流配送成本，无人化数字工厂节约了人工，以碳中和为目标，“零碳产业链”已具雏形，从预订、结算、材料、设计、生产到物流等全流程的管理平台成为超算中心，亦成为名副其实的工业互联网操作系统。

六、与比尔·盖茨气候经济理念异曲同工

（一）比尔·盖茨投资碳中和产业的动因

微软创始人比尔·盖茨，数年前就投资布局了很多碳中和方向的项目。

盖茨旗帜鲜明地提出并呼吁，要想阻止全球变暖，要想避免气候变化的最坏影响，人类需要停止向大气中排放温室气体。他在自己的新书《气候经济与人类未来》中提供了创新模式并提出电子、制造、农业、交通等面临的挑战、可使用的技术工具以及我们需要的技术突破，并提供了一套涵盖广泛但每一步都切实可行的行动计划；同时指出技术创新使无论是过去还是现在，零排放都具备坚实的逻辑基础，但实现零排放的目标要基于创新驱动。

比尔·盖茨认为，碳捕集、利用与碳封存技术是负碳技术的关键；如果不能从源头消除碳排放，那么就必须以间接的方式减碳。他说，未来碳捕获的成本需要降到至少 100 美元/吨以下才能获得广泛应用，这在十年后是可能实现的。获得比尔·盖茨投资的加拿大能源公司碳工程（Carbon Engineering）已经在理论上证实了这种可

能性，该公司正在同西方石油公司等巨头合作，为其提供碳捕获服务以获取商业回报。

（二）温哥华北部的碳工程公司

2015 年，一家名为碳工程的高科技企业打算从空气中提取碳作为燃料，在加拿大西部小镇斯阔米什的一家试点工厂 10 月 9 日正式运行。

碳工程公司 2009 年由美国哈佛大学气候专家戴维·基思创办而成，获得美国微软公司创始人比尔·盖茨等多名投资者的支持。这家公司正在研究如何利用巨型风扇从空气中提取碳并制成可供飞机、汽车使用的燃料。按照设想，新成立的试点工厂将运用一系列化学手段，从空气中提制出颗粒状的碳燃料，或者把提取物埋于地下，从而有效减少温室气体、缓解全球气候变暖。

碳工程公司总裁阿德里安·科利斯介绍，全球各地有多家企业正在尝试从空气中提取碳，但是碳工程公司所尝试的技术相当独特，有望迅速投入市场。斯阔米什试点工厂早在 2015 年 6 月便开始试运行，三个月左右成功捕获 10 吨二氧化碳。

加拿大不列颠哥伦比亚大学研究人员哈迪·道拉塔巴迪认为，碳工程公司的设计理念“就经济角度而言，非常诱人”。加拿大西蒙菲莎大学可持续能源专家马克·杰卡德说，这项技术有望大幅减少温室气体，从而阻止全球气候变暖。“人类需要做的是：要么停止使用化石燃料；要么继续使用化石燃料，但同时要捕捉空气中的碳，阻止碳被排放到空气中”。据科利斯介绍，虽然不少公司正在开发风能、太阳能等绿色能源，但这些能源无法供应飞机或长途汽车等大功率设备，而从空气中提制的碳燃料却可用于飞机和汽车。

获得盖茨投资的加拿大能源公司碳工程已在理论上证实了这种可能性，该公司正在同西方石油公司等石油巨头开展合作，为其提供碳捕获服务以获取商业回报。

（三）未来已来：零碳产业的机遇

零碳产业是巨大的经济机遇，亦是布局未来的投资机会，那些能在该领域有所突破的国家将是未来十几年引领全球经济的国家，那些能在该领域辛勤耕耘的公司将成为引领产业变革的独角兽。

实现零排放并非易事，但如果我们制订并遵循零碳计划，这个目标定会实现。无论政策决定者、企业家，还是忙于生计的普通民众，都可以贡献力量，一起帮助我们赖以生存的世界避免气候灾难。

全球碳排放总量中，27%产生于电力与存储、19%产生于种植与养殖、16%产生于交通和运输、7%产生于制冷和取暖、31%产生于生产和制造领域。由此可见，工业领域和产业领域是产生碳排放的重灾区。创新生产材料与生产工艺、实现零碳生产的路径有以新材料进行不含碳的零碳制造、以创新方式减少材料使用等。正如比尔·盖茨所言，“更有效地使用材料，这也离不开大量的创新”。

清锋科技的新技术新材料的创新贡献，可以赋能于碳排放占比最高的生产和制造领域，正好与盖茨的期望异曲同工，并能在某种程度上弥补目前碳中和产业领域的相对空白。

（四）绿色生产新图腾：传统工业流程再造

清华大学雕塑专业毕业的姚志锋创建的清锋科技，已经从技术层面借助工业互联网开启了“零碳产业链”，就战略定位而言，某种程度上其已非比尔·盖茨投资的碳工程公司可比。而且从生态发展与绿色产业转型升级角度，清锋科技正在实现比尔·盖茨在他最近出版的新书《气候经济与人类未来》中以极浓的笔墨归纳梳理的减碳经济思想。

清锋科技通过创新的技术，以自主研发的 3D 打印工业互联网操作系统，创新了生产材料、节约了生产材料、减少了生产流程、缩短了物流配送距离、节省了生产能源和大量人工，精简至少 1/3 的生产环节和制造流程，从而提前达成了比尔·盖茨在他的气候经济新书《气候经济与人类未来》中所提出的减碳路径。

清锋科技，以绿色生态的产业革命初步打造出了无限接近“零碳产业链”的产业链新雏形。

七、新产业革命：工业互联网操作系统

（一）资本论践行：供求关系重新定义生产

供给与需求的关系，是马克思资本论和政治经济学的核心要义；供给与需求的关系决定价格，价格影响生产供给量，亦会影响需求。

协调硬件与软件的关系，是迈向现代化建设新征程中的必经之路。而以软件集成系统批处理驱动硬件，精准按照市场需求进行分布式敏捷生产和开设智慧工厂，进而达成“零碳产业链”加速促进碳中和的目标实现。

历史上的经济危机，几乎都是因供求关系和信息不对称而产生的危机；在当下的人工智能时代，通过硬件和软件的高度集成和敏捷生产，当供应能高度精准高度集约地应对解决需求时，有理由相信经济危机爆发的频率将会大大降低。

清锋科技智能化数字化工业互联网，按照客户端的具体需求和具体参数精准地安排生产，实现了供给侧科学地满足消费侧和需求端。

（二）“三新”“四化”合一：3D 打印成果出炉

“乔布斯和马斯克对当今世界的贡献不是硬件，而是其解决方案。他们解决了之前解决不了的问题，然后及时地将技术商业化落地，清锋科技亦然。”清锋科技 COO、本硕博均就读于哈佛大学的杨尚祐这样说。

从世界创投机构的产业布局中就可以看出未来的趋势与核心竞争力，清锋科技的 3D 打印技术集合了“三新”（新材料、新硬件、新技术），而打印机不仅仅是机器，更是结合了光学、机电、软件、机械、热导、自动化控制等多学科多领域技术的综合体。

无论是生产消费品还是工业、医疗用件，每个产品都需要“四

化”（标准化、科学化、艺术化和简单化），高性能材料必须匹配高端的技术，只有通过相互交叉融合与系统整合，才能通过 3D 打印得到成果。

（三）产业革命：工业互联网操作系统

杨尚祐博士说，3D 打印就产业而言还处于初级阶段，要取得长足发展尚需要多方面多领域的整合，甚至要广泛深入更强大的平台系统，搭建与传统软件行业不同的驱动软件与硬件结合的集成系统。

借助从 2D 到 3D 不断发展的立体打印技术，所有的生产都变得立体，这种技术把生产从平面上升到立体，从传统的机器隆隆响的车间上升到数字化、智能化、无感化的无人工厂。随着技术不断发展和逐渐成熟，新技术进行产业化市场化的困难就会逐渐弱化，而标准化、简单化、艺术化的生产就会慢慢聚焦于芯片和操作系统。

有多少智能，就有多少人工。某种程度上而言，3D 打印就是人工智能，而人工智能则是人工经验的不断累积并且在此基础上由繁到简的简单化。以软件集成不断简单化硬件生产，通过不断优化软件而迭代硬件，通过不断增长经验的机器学习，从而实现以 3D 打印技术“让制造更简单”。

由繁到简，通过多种技术叠加的软件集成，再从抽象到具象的敏捷式任务分发与生产管理，以人工智能精准高效地驱动硬件，置制造于数字化的无人工厂，如此便渐渐形成了工业互联网操作系统。这在某种程度上是生产方式的重要变革，甚至可以称其为新时代的工业革命和产业革命。

无论是“工业 4.0”还是“中国制造 2025”，清锋科技都已经成为“排头兵”和“急先锋”。

（四）核心技术：数字化人工智能时代的基础设施

1999 年，中国科技部部长徐冠华曾说，“中国信息产业缺芯少魂”，其中的芯指的是芯片，而魂则是指操作系统。

在计算机操作系统领域，微软、苹果、谷歌仍然是全球电脑、笔记本和手机操作系统的主要开发商和运营商；在芯片领域，中国仍然需要大量从美国进口芯片。

近二十年来，中国网信产业始终“缺芯少魂”。中国工程院院士、中国科学院计算技术研究所研究员倪光南认为，打破“缺芯少魂”局面缺的不是钱，缺的是初心。而在网络信息产业中，芯片被比喻为心脏，操作系统被比喻为灵魂。2018 年 4 月，美国商务部禁止中兴通讯采购美国芯片，中兴被“卡住咽喉”。这一事件暴露了中国在高端芯片行业缺乏自主创新能力的困境，芯片的设计和制造是产业链的上下游，而中国面临的最大短板是制造。目前，BAT（百度、阿里巴巴、腾讯）在电商、移动支付、共享单车这些领域具有出色业绩，但是在计算机及其芯片和操作系统等核心技术基础设施方面并没有原创性的突破。

3D 打印蓝图下的敏捷操作系统和零碳芯片，应当并且正在成为清锋科技积极探索的新机遇、新蓝图、新挑战。

八、碳中和时代：向世界提供解决方案

（一）问题：分布式生产如何更具规模

规模效应，其成本集约是初衷，亦是 3D 打印产业化的瓶颈。当供给无限接近消费者，意味着加工生产的工厂亦将呈现出分布式的分散化图景。只有最大限度地扩大规模，才能实现更大程度的成本降低和生产集约，而如何让分布式生产更具规模，则成为清锋科技亟待突破的科技难题。

工业领域的分布式生产与集中式生产，如同分布式发电与集中式发电，煤炭发电往往是集中式的，太阳能光伏发电经常是分布式的，因为阳光无处不在。人类所赖以生存的世界不能太极端、太集中，否则阻力就大，突破阻力所需的运输成本就会提高。

3D 打印作为工业生产制造领域的操作系统，解决了传统生产方式流程中那些很烦琐的细节问题，其后来居上的原因在于用技术解

决了劳动密集型作业和大规模用工问题，大大节约和消减了原材料、生产环节、管理层级、物流运输和人工成本等，就等于更广义更广泛的碳减排。随着产供销环节的不断精减、生产流程的不断优化、技术不断迭代升级，上下游产业链和生产管理流程无限接近“零碳产业链”，从而促进并加快了全球的碳中和进程。

定制意味着精准化，规模意味着标准化。通过敏捷的工业互联网操作系统的大数据算法，分门别类、就近生产，使成本最低、路途最近、产品归集与物流配送最优等，可最大限度、最精准地实现满足市场需求的多、快、好、省。

由此可见，以大数据和云计算科学解决产供求关系的过程，便是“零碳产业链”的运行过程。

（二）解决方案：专业领域叠加的拼图游戏

3D 打印技术梳理过的生产过程其实就是物理化学反应过程，是经过整合多方资源和不同领域的软件和硬件技术之后，给出的智能化数字化解决方案，其中包括且不限于化学、电机、系统、机械、自动化控制、热学、排放、物联网、人工智能甚至美学等多个专业。目前，很难发现科技公司会在研发领域投入如此多维如此齐全的多元化的专业技术。

而且，清锋科技在各个相关领域的技术都已相对成熟，相对具有挑战性的是对这些技术以及软件硬件更加游刃有余的有机整合，而这个重新排列组合的优化过程其实更像勇敢者的拼图游戏。

就未来发展方向而言，随着适用于增材制造的新材料不断涌现，硬件不再是最核心的短板，目前面临的最大问题是如何尽可能全面地进行技术集成与方案集成，其中亟须突破的关键领域是光学和热传导领域，因为这些技术涉及工业制造的精度与批量化、规模化。

（三）创新路径：屡败屡战不断试错的过程

越是前沿的新技术，越是需要最卓越的人才梯队和人力资源，越需要全球化与前瞻性很强的资本鼎力支持。

自创业以来，清锋科技先后进行了四轮融资，融资额度达 5000 万美元。公司将筹集到位的大部分资金用于科技研发、高端人才培养，以技术赋能实体经济和产业应用。

从产学研的角度看，清锋科技已成为在 3D 打印领域尽情驰骋，可以供所有员工尽情施展才华、相互之间自由沟通甚至教学相长的“梦工厂”和“黄埔军校”。公司全体员工 195 人，其中研发人员 81 人，研发人员占全员比例为 42%。硕博以上学历的人才 40 人，本科学历 96 人。

清锋科技的人力资源，不仅有 3D 打印领域最专业的顶尖人才，而且人才济济的梯度团队涵纳了更多不同专业不同领域的专家和学者，比如纳米专家可以与机械硬件专家、医学家、数学家共事。创新则是屡战屡败、屡败屡战、不断试对试错的过程，公司以海纳百川的宽容气度和海量的资本支持研发团队进行创新和创造。

生产优先。虽然设计创新、科技创新都很难，但最终改变生态的一定是研发技术并投之以应用的团队，当传统的一切都需要改变和优化，就意味着需要屡败屡战不断试错的过程。公司选择在宁波建造数字化智能工厂，是因为其独特的地理位置和丰富的工业制造产业集群，可以在长三角地区一体化发展的基础上，以最高的效率构建更加丰富的产业链和生态圈。

在北京总部基础上，公司已经在我国宁波、台北、香港和美国硅谷建立了智能工厂、分公司和办公室，全球化阵容初步形成。在产业应用领域，清锋科技也已经远远超越了欧美同业，并且在全球化过程中初步奠定了引领地位。卓越成绩和殊荣的获得不仅因为公司具有的核心竞争力与行业优势，更是因为最丰富的产业链和最大的市场在中国。虽然创业于中国，但是清锋科技的目标是成长为受世界尊敬的国际化公司。

（四）零碳目标：把浪费降到最低，把生命极尽延长

化繁为简，化零为整，把不可能变为可能。

万物皆可打印，而可以打印的万物依托于一个智能化数字化的工业互联网操作系统。

3D 打印领域的同业友商很多，而清锋科技的异禀之处在于突破了行业、地域和领域的传统限制，秉承“让制造更简单”的更长远的愿景，以技术赋能于传统的各行各业，并提供完整的可操作的解决方案。

从概念到生产，从技术到应用，公司核心技术与所研发的弹性材料已经做到世界数一数二。目前，最重要的是亟须把新型弹性材料的应用普及化、产业化，从少批量的客制化私人订制到规模化生产，从快速生产到压缩供应链并使整个生产流程扁平化，从以距离客户最近为原则到就地生产。在新材料不断取得突破的同时，设计思路也随之更加广阔，更加快速地推陈出新，更加快速地简化优化产业链和供应链，无限接近“零碳”生产。

新材料、新技术、新设计，特别适合私人订制的新思路，使以人为本、从头到脚甚至武装到牙齿的消费需求正在增长，专业化的私人订制正在“从被迫接受到主动要求”。人与物的界面以往都被忽视，比如皮肤是软的所以需要柔性的东西来结合，目前这样奢侈的特殊需求看似只是少数，其实市场非常广阔。

重新定义生产，从订单、生产、存储、运输等各个环节和流程进行数字化转型，让需求与供给的匹配更精准、更快捷、更科学，通过工业互联网系统的敏捷制造做到以最快速度响应并满足需求，把中间环节和原材料的浪费降到最低；准时制生产方式（just in time）与企业资源计划（ERP）正在走向极致和普及化与分布式，而不是集中在一个地方一家公司一个集中式的传统工厂；工业生产的系统集成代表着生产流程数字化、敏捷化、智能化、标准化、简单化。

工业 4.0 甚至 5.0 扑面而来，生产过程从原来传统方式的执笔画图稿、徒手制模具变为通过客户端和工业互联网操作系统一键生成。

火箭、飞机、无人机、汽车、校畸牙套、鞋子鞋垫、脊柱校形、瓶瓶罐罐、厂房、船只、桥梁、电灯、玩具、沙发、家具、芯片、电路板，3D 打印的科技与制造芯片流程工艺一模一样，芯片打印指日可待，人体器官打印亦然，珍贵的生命可以极尽可能地延长。

从科学到美学，从需求到供给，从技术到产业，为资本带来创新的价值，为产业赋以数字智能，被行业拥趸和被资本追捧的清锋科技，正在以创新创业的美学新势力把行业带到另外一个新高度。

九、以光速进行创新：价值贡献、社会责任

（一）创新的价值贡献

万物互联、敏捷制造、柔性生产。

清锋科技的使命是用 3D 打印技术加速生产向智联、敏捷、柔性、可持续的阶段过渡，以更科学、更精准、更集约、更高效、更智能的数字化工厂方式，最佳最快地匹配供给侧和需求端，以全球化视角和新产业革命思维不断创新生产方式，以无限接近“零碳产业链”的社会公益思路和追求加速碳中和的到来。

1. 智能工厂

设计：清锋科技设计师会全方位参与设计过程，从 2D 概念到 3D 产品，历时不到一个月。

分析：清锋科技分析团队拥有强大的有限元分析能力，可确保客户的产品满足功能性需求。

制作：美学和生产兼顾，加快产品迭代。

测试：智能工厂内配置的静态和动态测试装备能大幅度缩短新产品开发时间，测试结果当天即可同步给设计团队。

柔性生产：数字 3D 智造可以快速衔接云工厂实现不同规模的生产，缩短产品开发、迭代及上市的周期。

智能工厂：利用数字 3D 制造帮助客户更快地将创新推向市场，实现无缝化规模生产。

2. Lux 3：数字生产 3D 打印机

领先的打印速度；更高的设计自由度；不需要模具；更短的产品开发周期。

工业化极速 3D 打印机，最大打印体积为 384 mm×216 mm×380 mm；专属软件搭载极速打印；以微米级精度打印高性能生产部件。

3. 新材料

齿科树脂：清锋科技利用自身在增材制造和材料科学领域的专业知识，研发了系列齿科专用树脂。

工程树脂：由清锋科技材料团队自主研发，高性能、多种类、世界领先，适用于工业和消费品领域。

（二）以创新对话世界

2021 年 5 月 26—28 日，亚洲最大增材制造专业展览会——TCT 展在国家会展中心（上海）举行。清锋科技在主会场召开新闻发布会，展位展示新一代 Lux 3+系列工业级打印机、iLux 系列桌面级打印机和在鞋类、医疗、齿科等领域广泛应用的数据采集软件及高性能材料。

2021 年，清锋科技 3D 打印更是惊艳了东京奥运会，在合作伙伴 ASICS（亚瑟士）展厅，清锋科技 Lux 3+打印机搭配机械手臂，通过现场展示一体鞋的快速打印，向世界传达个性化定制的未来。新潮、科技、个性定制，与追求“年轻化”的东京奥运会不谋而合。

（三）承担国际社会责任

随着新冠肺炎疫情在全球大肆蔓延，几乎所有被疫情波及的国家都面临着口罩、护目镜、防护服等个人防护设备的短缺问题，尤其是工业基础和医疗水平相对落后的印度。

在疫情深重的紧要关头，清锋科技伸出援手，数千枚经消杀后便可循环使用的 UltraLux 3D 打印导汗防疫面罩紧急运往印度，用实际行动支持印度抗疫举措，守护一线医疗人员人身安全。考虑到传统防疫面罩的弊端，清锋科技专门定制开发 UltraLux 防疫面罩。通过在面罩前额处增加一条导汗带将汗液分流至两侧，避免汗液流入医护人员眼睛。此外 UltraLux 面板采用高清耐磨镜面，有效避免呼气对视线的影响，提高舒适度和工作效率，为印度抗疫事业增加一个胜利的砝码。

当抗疫前线记者的镜头聚焦于医生时，清锋科技注意到他们额头、脸上那一道道凹陷、泛红的勒痕，是由于面罩、口罩的长时间挤压、束缚造成的。据医务人员反馈，勒痕处的肌肤已从最初的酸痒、疼痛到最后暂时失去知觉，且久久不能消退。为减轻医务人员的疼痛，清锋科技定制的 UltraLux 面罩特别增加可调节式挡位卡扣，可灵活适配头围，解决佩戴者因尺寸不适产生的过紧或过松等问题。在面罩与前额的接触面，UltraLux 采用 LuxCreo EM 弹性材料，柔弹亲肤、减负分压，给头、面部带来最理想的触感体验。

为了在疫情中心尽可能保障医护人员的生命安全，UltraLux 面板采用 PET 防雾膜，可有效抵御飞沫传播。而且为了便于识别，UltraLux 导汗带上可定制姓名，便于轻松找回面罩；镜面可自由拆卸，替换组装，只需酒精喷洒或浸泡即可消毒杀菌。

疫情当前，清锋科技充分发挥 3D 打印快速定制开发的优势，驰援印度的第一批 UltraLux 防疫面罩到达，相信只要全世界同舟共济、科学防疫，定能还给世界一个更加健康的未来。在国外疫情依然风起云涌、病毒不断升级变异的全球大环境中，清锋科技倡议出门把口罩佩戴上才是对新冠病毒足够的“尊重”。

十、碳中和与 ESG 投资的新机遇和新展望

以社会责任和公益化思维进行创新创业，正是清锋科技的运营思想和管理原则。

我国“十四五”规划和 2035 年远景目标纲要突出强调绿色发展理念，坚持以经济社会发展全面绿色转型为引领，以能源绿色低碳

发展为关键，坚定不移走生态优先、绿色低碳的高质量发展道路，尤其是把力争 2030 年前实现碳达峰，2060 年前实现碳中和纳入生态文明建设整体布局。实现碳达峰、碳中和是一个总量目标，最终需要分解到电力、交通、工业、建筑、农业、新技术等各个细分领域。要实现从碳达峰到碳中和，不仅存量经济面临生产改造，增量经济也面临着与技术进步同步的迭代更新过程。

到 2020 年底，全球已有 100 多个国家提出了碳中和的目标，但是，中国推动碳中和的当下所处的经济发展阶段和大多数发达国家迥然不同。发达国家已经实现了工业化，大量高污染、高能耗行业已转移至发展中国家，经济结构也以服务业为主。另外，为数众多的广大发展中国家工业发展阶段远不如中国。相比而言，中国面临着更大的任务、更加艰巨的经济结构转型和产业优化布局的压力。

要突破上述困局，除了需要政府推动和产业牵引，还可以考虑将 ESG 作为落实碳达峰目标的重要抓手。ESG，即环境（Environmental）、社会（Social）和治理（Governance）。从企业层面，把 ESG 融入生产和管理的过程中，可以帮助企业有计划地组织和实施转型战略；ESG 可以在产业链上对污染和排放的源头企业产生压力，迫使它采用新技术或进行新技术的研发；从投资者教育的角度，ESG 在更长的投资期限上可推动实现投资和收益的匹配。

碳中和和 ESG 虽然是两个独立的主题，但是两者息息相关。以全球报告倡议组织（Global Reporting Initiative，GRI）可持续发展报告标准为例，其中有很大部分与环境和排放相关，这意味着未来中国在推进减排进程时，会同步大力改善中国企业的 ESG 评级，因此也会受到越来越多践行 ESG 投资的国际投资者的关注，让中国再次成为全球 FDI（外国直接投资）的高地。

无论是对碳中和，还是最近提上日程的 ESG，清锋科技都已经以其引领行业和全球同业的技术梳理传统产业，在以科学技术赋能各行各业的同时，积极以科技创新成果为支撑承担社会公益责任，以 3D 打印工业互联网操作系统和数字化“零碳产业链”模式，加速推进碳中和。

十一、结语

德国的洪水、英国伦敦的城市内涝、我国河南省因百年难遇的暴雨而发生的洪涝灾害，这一系列灾难证明全球气候正在变暖，这与人类活动向自然界过度排放二氧化碳和其他温室气体密切相关。

人类追求经济增长和 GDP 的同时忽略了可持续发展，世界各国正在为积重难返的环境问题买单。痛定思痛，我们开始思考如何从过去的黑色产业过渡到绿色的创新革命，但是首先，正如微软创始人比尔·盖茨所言，全球每个经济体都应开始践行零碳方案并且停止向大气中排放温室气体。

未来已来，零碳企业正在引领全球经济，人类选择的只有未来和当下的自己。从产业的角度如何颠覆传统生产限制，以新产业革命的思维重塑工业流程，以零碳生产的逻辑梳理研发、制造、管理、物流运输。清华大学的高才生创建并团结世界名校毕业的全球精英以 3D 打印技术创新运营的智能工厂，带来了传统制造业通过创新重新启动的爆发式增长，推动制造业向数字化、智能化、标准化、简单化、无人化的低碳零碳转型，以其构建的“零碳产业链”模式引领并加速全球碳中和临界点的到来。

3D 打印的工业互联网操作系统正在加速碳中和到来的节奏；清锋科技已经获得包括第六届世界互联网大会“直通乌镇”全球互联网大赛总决赛一等奖、2019 DEMO CHINA 创新中国春季峰会总冠军、中国（河南）直接硅谷创新创业大赛企业奖、创新中国峰会前沿科技专场优秀企业、“东升杯”国际创业大赛特等奖、北京市优秀创业项目、中关村高新技术企业、中关村最具活力企业、中关村最具投资价值企业等在内的诸多荣誉。

清锋科技的数字化智能化“零碳产业链”模式，在 2030 年碳达峰与 2060 年碳中和的目标承诺背景之下，相信会为我国和全球政产学研以及经济社会贡献新视角、新模式、新借鉴。

创业方法论

工业互联网操作系统：以 3D 打印增材制造技术扩展并深化工业互联网操作系统，加速生产向智联、敏捷、柔性、可持续的阶段过渡，以更科学、更精准、更集约、更高效、更智能的数字化工厂方式，更佳更快地匹配供给侧和需求端。

“零碳产业链”模式：以全球化视角和新产业革命思维不断创新生产方式，以无限接近“零碳产业链”的社会公益思路和追求加速碳中和。

今电能源：电网与工业互联网的融合创新

清华大学能源互联网创新研究院今电能源“数字化+智慧化+分布式”

一、引言

能源+信息，不仅是我国能源互联网发展的命门，也是全球加速实现碳中和的管理秘籍，而能源互联网化将是能源领域系列“卡脖子”问题的解决通途，传统能源管理的数字化转型势在必行。

我国向世界承诺在2030年前实现碳达峰、2060年前实现碳中和，而之后中国总能耗超过80%将由以电力为代表的清洁能源提供，数字化转型过程中的电能具备与信息化结合的得天独厚的优势，有机会形成巨大的用户侧需求，将会逐渐进入全面市场化运行管理阶段。

能源在未来的使用过程中，明显的趋势是将会形成以市场化为主、国家集中管控为辅的格局。而直接面向用户的零售电领域，将是实现市场化能源利用和管理的浅水湾。作为能源的消费终端，零售电领域最容易打通人机互动接口，运用机器实现公共区域电力行业用电的市场化交易，大幅度降低售电业务运维管理的人力成本，形成分散化、多元化、适合广泛的小型企业参与提供用电服务共享发展的经济模式，彻底打破偏远地区和远郊户外没有电的潜在风险和长期困局，解决长期以来制约新能源电动汽车充电难的“卡脖子”问题，突破新能源汽车产业充分发展的瓶颈。

能源是人类生存和发展的重要物质基础，能源利用的每次进步都推动着人类社会的发展和进步。实现能源的科学化管理是节约能源、合理利用能源的首要前提。对于今天高速发展的中国经济而言，能源领域非常重要的一项任务就是实现能源数字化、精细化、市场化、自动化、无人化管理。如何用规范化、标准化、系统化和专业化的方法，实现对能源的统一配备和监管，将是解决眼前一系列问题的关键所在。

电力作为最方便的二次能源，具有即产即用的特点，其本身存储难度大，存储成本高。利用互联网思维、信息化工具和电动汽车电池储能以及分布式储能的思路与方法，将是解决电力系统能源管理和布局新型电力系统架构的重要切入口和契机，对于加速实现碳达峰与碳中和具有非常重要的意义。

清华大学能源互联网创新研究院孵化的北京今电能源科技有限公司（简称今电能源），以能源管理科学化的视角，以零售电领域的数字化、智能化、分布式的布局探索，创新创建了电网与互联网的深度融合模式，值得能源行业思考和借鉴。

二、能源互联网，赋能新基建

（一）符合国家经济政策导向

我国中央经济工作会议提出的新型基础设施建设主要包括 5G、大数据中心、人工智能、工业互联网、特高压、新能源汽车充电桩、城市轨道交通七大领域，涉及诸多产业链，是以新发展理念为引领，以技术创新为驱动，以信息网络为基础，面向高质量发展需要，提供数字转型、智能升级、融合创新等服务的基础设施体系。

（二）清华大学科技成果转化

人工智能、工业互联网、新能源汽车充电桩，新基建领域中的这些重要产业构成内容，正是清华大学能源互联网创新研究院所孵化的今电能源探索多年的浅水湾和深水区，并且已经取得将科学技术应用于产业实践的初步成果。

该项成果利用工业互联网思维，通过人工智能技术布局并赋能新能源汽车充电桩，采用简单易用、容易安装、容易使用、成本极低、给车主用户带来方便的智慧共享电源终端，同时又能给安装设备的企业带来收入，运行维护简单易行，几乎没有管理成本，已经发展成为新型的基于云计算、大数据、物联网、移动终端的智能化能源管理应用系统。

该技术平台各级系统通过了清华大学能源互联网创新研究院多年研究、孵化和中试，目前已经非常成熟，能够发展成为千万级市场化应用，从根本上彻底解决新能源汽车产业发展的充电难“卡脖子”问题，促进我国能源管理的科学化、市场化、集约化、分布式、数字化转型发展。

二、新型电力系统管理架构

（一）分时用户侧灵活计价解决供需矛盾，电力市场化势在必行

分时电价机制是基于电能时间价值，设计、引导用户削峰填谷，以保障电力系统安全、稳定、经济运行的重要机制安排。通过对各时段制定不同的电价水平，引导电力用户在高峰时段少用电、低谷时段多用电。

分时电价，还能促进可再生能源的消纳，从而助力实现“双碳”目标。特别是中国电力市场还处于初期建设阶段、政府定价将在相当长时间内存在的情况下，分时电价机制将发挥非常重要的作用。

2021 年夏天，全国各地高温天气频现，发用电量连刷新纪录，最大用电负荷创历史新高。国家能源局数据显示，2021 年 7 月全社会用电量达 7758 亿千瓦·时，同比增长 12.8%。为缓解电力供需矛盾，国家发展改革委 2021 年 7 月 26 日印发《关于进一步完善分时电价机制的通知》，部署全国各地完善分时电价机制。

20 世纪 80 年代，我国就开始推行分时电价机制：四川等地按月划分丰水期、枯水期，根据电力供应紧张程度执行丰枯电价；上海等地按季划分夏季、非夏季，对盛夏用电高峰期执行更高的季节性

电价；2021 年，全国已有 29 个省份实施了分时电价机制。

完善分时电价机制，特别是优化峰谷电价机制、出台尖峰电价机制，有利于充分发挥电价信号作用，引导用户错峰用电，保障电力系统安全稳定运行，降低经济社会运行成本。用电占比较大的工商业由于其用电成本较高，对于能降低用电成本的削峰填谷机制也较重视，因此，多数工商业用户会通过积极调整用电时间等方式达到降低成本的目的。无论是鼓励高峰抑制用电还是低谷促进用电，前者可以降低电力系统投入，后者则能提高电力系统利用率，随着负荷峰谷差降低还可能减少调峰资源投入，节约储能资源等运行成本。从经济层面看来，执行峰谷电价具有科学的积极意义。

专家认为，推行新的分时电价机制，有助于提高可再生电力资源利用效率，加快推进能源系统转型升级；同时也将为抽水蓄能、新型储能发展创造更大的空间，通过拉大峰谷价差，鼓励高峰时段以较高价格发电，低谷时段以较低价格蓄能，将为储能技术提供发展动力。

清华大学能源互联网创新研究院孵化的今电能源研发推出的能源互联网插座的智能充电技术和管理系统，就是基于电价可变情形可以逐步推广的即插即用的智能化用电设施，用户可以根据电价波动选择自己喜爱的用电套餐，由系统智能调整用电时段，当电动汽车在小区停车位充电时，可以根据电价水平自动决定是否充电与何时充电。这种管理机制和智能设施着眼中长期，并可以通过市场化应用逐步完善分时电价机制，有力推动实现碳达峰、碳中和目标。

（二）数字化运维，能源互联网赋能电网管理

自助式扫码用电技术，便是践行分时电价机制的利器。

清华大学能源互联网创新研究院孵化的今电能源研发的“普及型扫码付费用电插座”及智能化数字化能源管理平台系统，整合了物联网、云计算、大数据、互联网、移动支付、运营服务等多个领域的最新技术，外观简单、功能易用，初步建立起一套低成本、易

运维、能够迅速大范围推广的能源互联网电力产品。

同时，今电能源以最新的科学技术和最低的成本，构建了一套最先进的“零售电”交易及服务管理平台，相较于同业友商，该新技术和管理平台达到多项国内领先水平：开发成功的时间最短、产品化的成本最低、用户使用感觉最方便、产品使用中的响应速度最快、扫码无须下载安装App、设备初次安装灵活机动、数量任意组合、安全防护功能最可靠、加盟机构参与提供服务最简单、共享开放程度最高。同时，其还打造出了第一款“世界最小体积充电桩”产品。

清华大学能源互联网创新研究院孵化的今电能源研发的数字化能源管理系统，正在引领行业和广大用户进入分时计价和共享用电的新时代，为电力行业创造新蓝海，开拓出崭新的智能化数字化新能源市场。

（三）从电话局域网业务模式到互联网化电网业务模式

今电能源创始人、清华大学电机系张罗平研究员属于国内鲜见的从电话局域网到互联网化电网管理的跨界人才。

1978 年，张罗平研究员在我国恢复高考后以优异成绩考入清华大学电机系，研读 8 年后获得高电压专业本科以及硕士学位，全面掌握电力行业的专业知识和技能。毕业后留校并在物理系任教 10 年，1993 年获得清华大学副教授职称，属于恢复高考之后首批清华副教授。

2000 年，张教授顺应我国改革开放的潮流，积极投身互联网应用领域的新技术开发，经由清华老校友推介邀请，他放弃了清华大学稳定的事业编制而投身一家深圳新技术开发企业的研发部并开发出多种通信产品，成功为清华同方建立起整套完整的 VoIP 电话专网，利用互联网技术建立了一套企业自有的专用免费电话平台，大幅度降低企业日常通信费用，让每个员工享受到新技术带来的电话通信方便性，实现了清华同方办公电话专网与清华大学校园电话专网免费互通；内部号码拨打和短号码拨打，实现了清华同方与清华大学在电话通信环节的集约化免费式相互融合。

经过近年的技术创新和深入研究，张教授利用在通信领域与能源领域的跨界经验和专业优势，在清华大学能源互联网创新研究院带领团队攻坚克难，成功推出了“普及型扫码付费用电插座”及智能化数字化能源管理平台系统。

（四）有序充电，协助电网系统平稳运行

随着能源互联网与智能用电的发展，公共场所用电市场需求越来越明确。在能源互联网的背景之下，智能化能源生产消费基础设施的建设，将为需求响应的实施提供坚实的基础。

“安全充电+峰谷调节”。今电能源的精细化能源管理及运营平台采用物联网手段与大数据后端结合，精细化管理用户的用电行为，并通过建立峰谷用电价格引导机制，增加谷电使用量，为电网削峰填谷提供了一套全新的技术手段。

电网峰谷平衡问题始终是电网建设的关键。国内外在解决电网峰谷平衡问题的历史进程中，曾经采用过各种各样的方法，比如蓄能水库、储能电站等，但是这些设施的建设不仅投资巨大而且在运行过程中消耗能源，抽水蓄能循环 1 次就意味着 30% 的能量白白流失。

电网出现峰谷平衡问题的关键点，是始终无法准确预知需求侧的负载变化。如果有足够容量的可控负载，参与日常电网峰谷平衡活动，电网领域的这个老大难问题就能够得到根本解决。目前，电动交通工具的充电过程仍然处于无序状态，无法形成有序管理，无法参与电网峰谷调节。

清华大学能源互联网创新研究院孵化的今电能源公司，采用新技术和新方法，能够把全国已经拥有的车载储能电池利用起来，并借助价格响应机制，组建具有需求响应架构的大型分布式储能系统，以实现辅助电网峰谷调节功能，为解决我国电网峰谷平衡问题提供了新视野、新思路、新平台。

（五）分布式布局实现能源管理峰谷调节

全国有超过3亿辆电动自行车和电动汽车，这是巨大的储能单元，具备时间空间的可调配属性。

今电能源采用新技术把以上储能单元加入有序充电的云平台，主要利用后半夜充电，其分布很广、遍地开花的分散式布局，基本上无须改变电网低压配电结构，无须对用户社区变压器增容，在电动车停车位简单安装“能源互联网共享智能插座”，即可以极低的成本将其变成分布式“加电站”，无须再跑去“加油站”，最终实现了对电网的峰谷调节作用。

三、新能源管理革命：精细化、安全化、远郊户外惠及民生

（一）创建公共场所电源精细化管理平台

今电能源的能源互联网基于对共享智能插座云平台的应用研究，开创了公共场所用电管理的精细化新思路新方法，这种新方法预期比传统储能电池的方法有更好的经济性，同时能够给老百姓的日常生活带来更多便利，对促进交通工具电动化具有划时代的意义和作用。

当前，公共场所用电的市场需求越来越多、越来越明确，而国内公共场所用电市场几乎处于空白状态。国家电网系统的用户大部分都为“屋内”用电，收费方式也基本是通过电表来集中收费。

而基于户外更遥远、更分散、更多需求的用电设施和精细化管理，形成电动车充电服务的新产业，正处于朝阳产业的快速上升期，这些尚未布局和尚未开拓的新能源管理领域就成为呼之欲出的市场空白。

面向终端消费者的户外电力基础设施长期短缺的关键原因，是终端用电收费交易环节的成本太高，而人工收费和管理成本以传统的方式无法降低。

（二）不断增长的户外安全用电需要集中化敏捷管理

基于安全用电的市场需求近年来呈现出爆发式增长，目前全国有 3.5 亿辆电动自行车，600 多万辆私人电动汽车，其户外充电需求非常巨大并且非常紧迫。

智慧城市和智能用电，尤其是户外用电领域，亟须进行统一规划管理。面对储能电站建设难题，及户外用电需求不断增加与公共场所用电设施短缺的矛盾，清华大学能源互联网创新研究院携今电能源最新研发出了“安全充电+峰谷调节”精细化能量管理及运营平台。

为老百姓的公共场所用电创建便捷公共设施，实现“零售电”从公共场所做起，成为清华大学能源互联网创新研究院携今电能源研发能源互联网智能化管理平台的初心。平台采用物联网及大数据技术，体现远程、全面、自动监控，实现精细化智能用电管理水平。

一举多得的峰谷充电价格套餐和便捷用电交易商业机制在该平台的嫁接应用，引导各种电动车用户参与峰谷调节充电这种新型有序充电活动，不仅可以为国家电网提升负载均衡度、为用户降低出行成本，而且能推动全社会降低储能投入，增加社会效益和经济效益。

通过建立有序用电新体系，智能统筹控制户外用电过程，在峰谷价差的市场化引导机制下，实现其削峰填谷功能，不仅可以辅助解决电网稳定难题，还可以极低成本的户外用电设施带动新产业快速发展。

清华大学能源互联网创新研究院携今电能源打造的共享智能插座采用最新基于大数据及物联网的智能芯片，统一计量标准，提升用电过程中的安全管理水平，加强对充电设备的防盗监控，便于对分布式、分散化、大规模的户外电力设施进行集中化、敏捷化、数字化、智能化和标准化运营管理。

一个共享智能插座就是一座微型“加电站”，这种微型电站不仅可以布置在新能源汽车车主自己的停车位，还可以广泛布局到远郊户外，让电动车可以安全地跑得更远，还可以让公共场所用电自主化实现电网削峰填谷。这种基于大数据和云计算管理的峰谷调节，提升了能源效能、降低了无谓的能源损耗，未来的发展空间非常广阔。

四、平台技术机理：5G、人工智能、芯片、大数据、云计算、交易系统、移动支付

（一）共享智能插座的平台系统与部件构成

清华大学能源互联网创新研究院的智能共享插座适用于远程控制与时间控制，属于创新性的功能型产品和业务应用型产品，具有“云+大+物+移+智”的属性，汇集云平台、大数据、物联网、移动支付、智能管理各种各样的应用。

共享智能插座终端内部由计量模块、通信模块、温度采集单元、电力信息采集单元、继电器单元、单片机控制单元以及显示输出部分组成；云平台与终端之间依赖互联网传递信息，在插座端依赖4G以及5G通信网络，属于5G应用领域中的典型便民服务应用。

更重要的是，这种智能化数字化能源互联网插座，具备电网辅助削峰填谷作用，可对充电电池这种分布式可中断负荷进行人工智能管理，通过电力供需最佳算法匹配，自动计算最佳用电成本，不仅辅助社会电网更加稳定，又可以敏捷地把最优电价时段快速传导给充电用户。

（二）相对传统充电桩产业领域的重大突破

让机器工作，无人值守。谁安装，谁受益。

清华大学能源互联网创新研究院这种新设施具有传统充电桩的安全性和更多基本属性，更具有可扩展可共享使用的泛在性。共享智能插座的突破点在于为未来户外用电供应商提供了共享经济的参与机会，能够通过共享智能插座的不断增加，打造出可供全民参与的用电服务业生态圈。比如农家乐业主只要购买插座，安装到自己

的停车位，就能够形成长期提供服务的设施，向车主收取充电服务费。

体积小，自带交易功能，是这种共享智能插座相较于传统的充电桩的优势与突破，其创新之处是通过满足老百姓户外用电的需求，自然而然形成一种“零售电”的交易平台，促使电力和户外能源精细化管理走向高度数据化和智能化，同时改变老百姓的生活习惯，彻底解除老百姓的户外用电困扰。

（三）能源互联网支撑的互联互通充电技术

共享智能插座内部具备电力能源的管控单元，同时具备信息的管控单元，是能源与信息的合二为一，是实现能量交互以及信息交互的节点，本质上是一台体积很小的能源路由器。

共享智能插座与云平台之间保持紧密的信息交互，一方面扮演信息采集的角色，另一方面又担当能量管控的执行角色。通过云平台获得用户扫码的用电需求信息与支付信息，经过数据处理后形成业务执行信息传递到用电插座终端，形成人、能量、物、业务内容的互联互通，综合完成全部用电服务业务流程。这种以价值（价格）引导能量流向的设备，是真正的物美价廉的能源路由器。

“能源互联网共享智能插座”是一种新工具，它创造了人与机器互联互通的新模式，本质上是使用电业务过程实现了全程自动化。能源流、信息流、业务流的人机交互与互联互通，不仅提高了工作效率，也方便了老百姓，最终必然形成新型的用电服务生态圈。

（四）研发阶段、实验阶段、中试阶段、市场化应用

清华大学能源互联网创新研究院携今电能源以共享智能插座为终端的智能化数字化新能源管理平台系统，经过多年研发，经过超过三年时间的中试运行，产业化与市场化应用功能已经十分成熟，而且已经获得中国强制性产品认证（3C 认证）以及第三方 CMA（中国计量认证）评测机构认证。

目前，该系统已经在北京亦庄经济开发区、清华大学办公大楼、

广西柳州鹿寨经济开发区等许多场地布局了电动自行车充电设施和电动汽车充电设施，获得广东省电源行业协会 2018—2019 年度电动汽车充电基础设施产业技术贡献成果奖。

五、新能源汽车产业发展瓶颈问题的完美解决方案

（一）“一车一桩”政策实施与技术支持

为了大力推动电动汽车的快速普及，国家四部委早在 2018 年 12 月 10 日就曾经联合发布产业政策，国家发展改革委、国家能源局、工业和信息化部、财政部联合印发《提升新能源汽车充电保障能力行动计划》，加强居民区充电设施接入服务，千方百计满足“一车一桩”接电需求，这些政策对加速充电设施市场发展十分有利。

清华大学能源互联网创新研究院致力于能源领域新技术与新装备的研究，利用自身技术创新优势，以颠覆性思维通过多年研究实验发明的“能源互联网共享智能插座”新技术已经产品化，可以大量入市，特点在于建设成本很低，鼎力支持实现我国新能源电动汽车产业政策所提倡和要求的“一车一桩”目标。

（二）充分解决电动汽车充电桩安装困境

买车容易充电难——这是很多车主的忧虑，也是将汽油车替换为电动汽车的巨大阻力。

尤其是某些老旧小区的配电变压器容量不够的情况十分突出，比如 2010 年前建成的小区大都由于当时的变压器容量设计并没有考虑电动汽车充电，后期加装充电桩变得非常困难。

解决电动汽车充电难，是个庞大的、广泛的、复杂的系统工程，涉及配电整体能力的提升，而不是简单安装充电桩就可以解决问题。充电桩也不是在地面打几个孔固定再布局电线就可以竣工，实际需要协调的工作量非常巨大，包括且不限于使用者、车企、电力公司和产权物业。拒绝安装充电桩的理由可能包括：出于对充电设备可能会引发火灾、漏电等安全事故的防范；如果小区供电设施容量不

足，则安装充电桩会影响电网正常运转。

已经安装的普通传统交流充电桩，大部分为电动车主所私有私用，可利用率很低，导致了能源设施的空置与浪费。即使是公共停车场所的普通充电桩也不具备共享的属性，因为车主几乎不可能在车辆充电过程中等待充电完毕，然后及时地移出车辆让下一等待中的车辆进入充电。所以，目前分布在公共区域的普通传统交流充电桩，均因为其独享属性而错失了公享经济的机遇，导致了社会资源的闲置与浪费。

除了交流电源容量限制，还有三相电流不平衡问题。严重的电流不平衡问题极大地降低了变压器的利用率，因为任意一相电流超限都会引发断路器跳闸。如果正在充电的充电桩都集中在某一相上而正好此相的其他基础负荷此时又很大，则引发断路器跳闸的概率就会很大。

综上，以传统技术共享普通交流充电桩几乎没有实现的可能。而清华大学能源互联网创新研究院研发推出的共享智能插座，就可以很便利地实现电动汽车充电共享，以泛在化的物联网+能源互联网思维，通过分时共享供电，为解决新能源汽车充电难这一“卡脖子”问题提供新方法、新答案。

（三）分时充电，能源互联网插座的用武之地

电动汽车分时共享充电，在安装应用中与传统电源插座基本相同，很容易实现。电动汽车分时共享充电的电源及其监控系统包括配电柜、220 伏输电线路、能源互联网插座（物联网终端）和充电管理云平台等。基于该系统，物业小区或者建筑设计单位只需要在公共区域（公用停车位）配套安装共享智能插座即可。而车主用户无须安装多余的软件，直接利用自己手机里面的主流移动支付工具，即可小额支付，即付即用，实现用电自助式服务。用户避免了下载安装多个 App 和预充值的烦恼，而且能够远程全程监控充电全过程，不在现场也可以即时了解现场充电进程。

基于互联网和物联网的互动，可实现智能充电引导、网络计费、付费优先充电等，而且还可通过市场机制引导用户利用谷电充电、碎片时间充电等，实现“车—桩—网”协调调度。

智能化、数字化、敏捷式无人值守的公共区域共享用电管理场景，为新能源汽车产业的长远发展描绘了新蓝图，带来了新希望。

（四）共享经济的互利互惠灵活图景

清华大学能源互联网创新研究院的技术优势在于，实施安装施工单位无须更多技术培训，只要具备家庭电工施工资质，购买共享智能插座自行安装与管理，便可以实现让每个物业小区的公共停车位都具备充电功能。物业小区的变压器不需要立即增容，后续根据实际用电增量再另行评估变压器增容必要性，极大地发挥原有电力设施的经济效益，同时也为供电公司提供了更多售电机会。

基于充电管理云平台，可以开发多种功能和业务，比如预付费优惠充电、谷电时段半价充电、用户广告互动免费充电、普通用户即付即用充电等。各种规格的能源互联网插座和交流充电桩，通过租赁的形式为其他电动汽车车主提供充电服务，在业务管理上实现了无人值守，大幅度降低了运行维护的复杂性，减少诸如自行车充电、洗衣机用电、房车营地用电、出租屋用电、电动汽车充电等多种充电场景的平台开发投入，一套系统可以解决几乎所有用电管理难题。

（五）环境友好与资源节约型商业模式的社会经济效益

清华大学能源互联网创新研究院研发的采用智能共享模式的“能源互联网共享智能插座”，利用云平台制定用电时段规则，软件动态实现分时共享充电功能，直接的经济效益是可以提高充电场站的用电管理能力，获得更高的充电服务收益。

该能源互联网平台系统非常适用于物业公司的增值业务拓展，物业公司自主安装，不仅可以为小区内也可以向周边区域的电动汽车、电动自行车等各种用电设备提供充电服务并收取合理的服务费用从而增加物业收入，服务费定价可由物业自行依据实际用电场景特点来制定，市场化运营机制既灵活又便民。

同样的运维方法和商业模式也适用于电力公司，或者电力公司与物业公司合作，物业提供场地，电力公司提供配电设备以及全部“能源互联网共享智能”插座，物业收取合理的服务费用，电力公司提供电力，在普通售电的基础上，通过安装更多的用电物理载体，实现更多售电，提高总体电力设备利用率。同时，还可以在更大的范围内把电动汽车甚至电动自行车等电池作为可调度的负荷来使用，以智能大数据结合市场化引导的方式，通过后半夜半价甚至更低价格优惠，引导用户在电网负荷低谷时为电动汽车充电，在电网负荷高峰时中断充电，真正实现老百姓付费充电比家里用电更便宜的目标，让峰谷电价机制真正发挥出市场调节电网峰谷平衡的战略目标。

同时，清华大学能源互联网创新研究院研发的这种新技术，打造的这种新产品可谓“万能充电桩”，成本价格比传统交流充电桩大约降低 1/3；而且基于该“能源互联网共享智能插座”理念的分时共享充电体系也是老旧小区不需要变压器增容就可以大量安装充电设施的最佳最快解决方案。

六、碳中和解决方案：泛在电力物联网全球瞻望

（一）泛在电力物联网在推进城市发展中的作用

城市是人类生活的集聚区，也是能源供应和消费的终点。实现城市的高质量快速发展，必须以安全、充足、智慧、绿色的能源做支撑。

因资源枯竭和环境破坏导致的城市生活质量降低，已经成为阻碍经济社会发展的“绊脚石”。有些原本能源富庶的城市因为长期无序的开采和过度消耗，最后陷入资源枯竭的窘境，环境遭到破坏，经济出现衰退，城市变成空城。我国和世界其他一些国家共同提出能源革命，构建清洁低碳、安全高效的现代能源体系，城市理应在

促进清洁能源消纳、提供智慧能源服务等方面成为主阵地。

电网与互联网融合，借助5G技术将能源生产、传输、消费各环节互联，从而打造新一代能源智慧体系。同时，建设泛在电力物联网将催生许多新业态，如提供定制化能效解决方案、清洁能源就地消纳、电力市场化交易、电力大数据应用等，必将引领和带动产业链上下游协同发展。

清华大学能源互联网创新研究院也参与了泛在电力物联网的建设，目前已经开发成功的智能用电系统，如共享智能插座，里面内置电表功能，能够直接完成电压、电流、功率、电量、温度的计量，突破了传统电源插座无法估计电能使用量的缺陷。

（二）泛在电力物联网可以为城市能源变革提供的解决方案

泛在电力物联网在推动城市能源变革方面能提供多种解决方案。例如，受天气、人口数量、生活习惯等原因影响，电网峰谷平衡一直是个难题。国内外在解决电网峰谷平衡问题时，通常采用蓄能水库、储能电站等方式，但效果一般且投资巨大。电网企业可以将城市商业建筑、工业空调、分布式能源等，通过调控和信息技术，聚合成一个可控集合体，并根据大电网运行需求和自身情况主动调节，建成一个个微型的“虚拟电厂”，实现城市整体能源资源利用效率最优化。

另外，在绿色出行方面，泛在电力物联网的应用场景也很丰富。目前，电动交通工具用能的充电过程处于无序状态，无法参与电网峰谷调节。随着泛在电力物联网的建设，在用户需求侧设置用电数据的管理和反馈平台，可以把全国已经拥有的车载储能电池，组建成需求响应架构的大型分布式储能系统，进行错峰充电和削峰填谷，实现辅助电网峰谷调节功能。这不仅减小了电动汽车并网充电对电网造成的影响，还能带动更多用户参与电动交通工具的使用，提升整个城市的电气化水平。这种分布式储能载体打造的“虚拟电厂”成本很低。

（三）未来城市能源转型将随着泛在电力物联网的布局呈现新业态

“泛在”意味着随时随地、无处不在。泛在电力物联网基于能源互联网信息与物理架构，在用户侧可以生产出零售电交易平台的物理采集终端，通过共享智能终端的物联网传感器采集海量电能数据，与数字城市公共服务信息平台交互共享，将信息触角延伸到城市中的每个人，也必将催生出新的业态。

例如，在零售电交易平台方面，随着共享理念的不断升级，电力零售的想法在技术上变得可行。共享充电的设想让每一个拥有终端物理采集产品的业主成了零售电“店主”，解决了用户小额付费使用电力资源的难题，实现公共场所自助式用电消费服务，这是一种提升负荷、增加售电量的新型商业模式。

（四）政府、企业、公众作为城市能源变革亲历和推动者的协同作用

政府要根据城市发展能源需求，进行顶层设计，引导社会系统向更加生态和多元参与的方向前进，尤其是加大对市场经济规律的重视。2018 年 12 月国家发展改革委等四部门发布的《提升新能源汽车充电保障能力行动计划》指出，要引导地方财政补贴从补购置转向补运营，逐渐将地方财政购置补贴转向支持充电基础设施建设和运营、新能源汽车使用和运营等环节。

企业作为市场经济的主体，要用新技术提高生产率，用核心零部件技术以及系统集成能力提升核心竞争能力，完善自主创新的硬实力。企业可以结合泛在电力物联网的建设，从以产品为中心的服务模式，变为以客户为中心的服务模式，针对客户使用能源背后的真实需求，考虑客户对成本、安全、速度、便捷等方面的要求，提供差异化的服务。

公众在能源转型过程中的作用不容小觑，没有任何组织或者团体可以比利益相关者本身更关注和了解所处的环境，但公众对于泛

在电力物联网相关应用、产品的接受度和认可度还需要不断提高，这反过来也要求政府和企业提高对该类产品的推广和应用力度。

（五）能源企业在推进泛在电力物联网建设中的工作

以电网为代表的能源企业应当引领行业并拓展更多的商业模式，树立泛在电力物联网的品牌形象。推进泛在电力物联网的建设不能局限在电网企业内部，还要倡导全社会参与。尤其在用户侧和需求端，应该充分开放应用场景。电网企业可以联合外部信息通信企业、互联网企业、软件商等，引入更先进的信息技术和服务理念，搭建基于互联网的能源应用场景，并且要从用户端进行商业模式的创新，让用户能够感知到泛在电力物联网的便利。

在传统认知中，电网企业就是向社会提供电力供给和支付结算等服务，随着泛在电力物联网建设加快，电网公司和新能源企业不妨考虑构建基于能源解决方案提供商的品牌形象或者打造泛在电力物联网的业务品牌，如提供用电诊断、科学用电、电价信息等增值服务。

七、结语

清华大学能源互联网创新研究院成立于2015年4月，专注国家能源局未来产业布局规划，在2016年设立“零售电”课题组，依据《关于进一步深化电力体制改革的若干意见》，设计解决电力产业市场化目标的可实施路径，“放开两头，管住中间”。

“放开两头”，就是提高发电方、售电方、用电方市场化程度，实现更加充分的竞争；“管住中间”，就是在电网、输配电环节强化政府管理，因为这是自然垄断环节。也就是说，今后输配电网相当于高速公路，只要向电网交了过路费，发电企业和用电企业就可以逐步实现直接交易。

配合国家能源局“国家能源互联网产业及技术创新联盟”的需求，“零售电”课题组开始建立小范围的公共场所用电试验田，设计目标是将全国范围所有户外的用电需求，全部纳入统一规范的市场化运营管理体系，包括电动汽车充电的业务需求，总体设计目标是容纳 10 亿物联网智能共享终端数量，解决能源安全管理大数据系统安全、物理安全、数据安全问题的全新架构，把中国的能源运营控制权，牢牢抓在国家能源局的手里。

新基建产业版图中，新能源汽车充电产业已经被列入国家“十四五”发展规划，无论从国家产业经济政策还是世界发展趋势，以及全球碳达峰和碳中和的标准和要求来说，能源互联网的智能化、自动化、分布式、标准化与数字化转型都加速了从研发创新和试验田向更广泛的市场化与产业化应用的发展。

创业方法论

泛在电力物联网开发：清华大学能源互联网创新研究院也参与了泛在电力物联网的建设，目前已经开发成功的智能用电系统，如共享智能插座，里面内置电表功能，能够直接完成电压、电流、功率、电量、温度的计量，突破了传统电源插座无法估计电能使用量的缺陷。

“零售电”课题组创业：配合国家能源局“国家能源互联网产业及技术创新联盟”的需求，“零售电”课题组开始建立小范围的公共场所用电试验田，设计目标是将全国范围所有户外的用电需求，全部纳入统一规范的市场化运营管理体系，包括电动汽车充电的业务需求，总体设计目标是容纳 10 亿物联网智能共享终端数量，解决能源安全管理大数据系统安全、物理安全、数据安全问题的全新架构，把中国的能源运营控制权，牢牢抓在国家能源局的手里。

互联互通错峰平衡，有序充电自带交易：共享智能插座的平台系统与部件构成的技术机理重新整合了 5G、人工智能、芯片、大数据、云计算、交易系统、移动支付等多种技术应用，适用于远程控制与时间控制，为解决新能源电动汽车充电难的瓶颈问题提供了高效的解决方案。

嘉善县国创新能源研究院：科技成果产业化的体制机制创新

以嘉善县国创新能源研究院为例

嘉善县国创新能源研究院（原名为长三角新能源研究院），于2018年初成立。研究院是由从事新能源、新材料、节能环保的专家学者、企业家、投资者自愿组成的民办非企业研发与产业化机构。

嘉善县国创新能源究院立足长三角，服务全国，辐射全球，帮助企业不断提高核心技术创新能力，走专精特新发展之路，实现新能源、新材料和节能环保技术的研发与产业化，提升我国高科技产业的国际竞争力。嘉善县国创新能源研究院的宗旨是用科技力量提升企业品质，保护我们赖以生存的自然环境。研究院以新能源、新材料和节能环保为对象，以资本为依托，创新体制机制，整合国内外优质资源，吸纳高端人才，促进成果转化，通过长期不懈努力，打造一流科研产业化机构。嘉善县国创新能源研究院以新技术资源为基础，以资本市场为后盾，在地方政府的大力支持下，结合我国创新型产业科技政策，努力发挥政府与企业之间的桥梁纽带作用，促进地区经济的发展和产业转型升级。

一、实现科技成果产业化体制机制创新背景

（一）贯彻国家建设创新型社会发展战略的客观要求

为深入实施创新驱动发展战略，推动新型研发机构健康有序发

展，提升国家创新体系整体效能，科技部于 2019 年在颁布的《关于促进新型研发机构发展的指导意见》中指出，新型研发机构是聚焦科技创新需求，主要从事科学研究、技术创新和研发服务，投资主体多元化、管理制度现代化、运行机制市场化、用人机制灵活的独立法人机构，可依法注册为科技类民办非企业单位（社会服务机构）、事业单位和企业；促进新型研发机构发展，要突出体制机制创新，强化政策引导保障，注重激励约束并举，调动社会各方参与；通过发展新型研发机构，进一步优化科研力量布局，强化产业技术供给，促进科技成果转移转化，推动科技创新和经济社会发展深度融合。

科技部指导意见还特别提出，符合条件的新型研发机构可以通过股权出售、股权奖励、股票期权、项目收益分红、岗位分红等方式，激励科技人员开展科技成果转化；结合产业发展实际需求，构建产业技术创新战略联盟，探索长效稳定的产学研结合机制，组织开展产业技术研发创新，制定行业技术标准；积极参与国际科技和人才交流合作；建设国家国际科技合作基地和国家引才引智示范基地；开发国外人才资源，吸纳、集聚、培养国际一流的高层次创新人才；联合境外知名大学、科研机构、跨国公司等开展研发活动，设立研发、科技服务等机构。

嘉善县国创新能源研究院成立之初就遵循这样的思想和立意，虽然正式注册只有近三年时间，但是已经成为连接包括诺贝尔奖获得者在内的世界新能源领域顶级专家、投资孵化国际前沿尖端科技的孵化器、加速器和非政府组织，其宝贵经验和独创模式值得深入挖掘、研究和借鉴。

（二）地方经济转型升级高质量发展的必然选择

江南水乡嘉善是国务院批准的第一批沿海开放县之一，是全国第一个也是目前唯一一个国家命名的县域科学发展示范点，嘉善县紧紧围绕科学发展示范点和长三角生态绿色一体化示范区的“双示范”建设总体要求，全面推进“双示范”目标的落实。

2013 年 2 月 28 日，《浙江嘉善县域科学发展示范点建设方案》经国务院同意，由国家发展改革委正式批复实施。这是浙江省继四大国家战略后的又一个经国务院同意、国家发展改革委批复的重大战略。2014 年 1 月 30 日，《嘉善县域科学发展综合配套改革总体方案》获省政府正式批复实施。2016 年 4 月，习近平总书记就嘉善示范点建设做了重要批示，充分肯定了嘉善示范点建设取得的成效，并对今后的发展提出了要求。2017 年 2 月 9 日，《浙江嘉善县域科学发展示范点发展改革方案》经国务院审定，由国家发展改革委正式批复实施，为嘉善未来的发展指明了新方向、注入了新动力。改革开放以来嘉善经济社会发展成就主要体现在以下五个方面：

一是开放发展成效明显。近五年累计合同利用外资 32.3 亿美元，实际利用外资 21.7 亿美元，实到县外内资 362.6 亿元，华夏幸福嘉善产业新城、浙江中荷（嘉善）产业合作园成功入选首批省国际产业合作园，中国归谷嘉善科技园成功创建为浙江省开发区特色品牌园区、上海人才创业园，并获批全国第一个县级“欧美同学会·中国留学人员联谊会留学报国基地”。

二是经济结构加速优化。电子信息、先进装备制造等产业培育成为县域主导产业，自主创新水平不断提升并建立了全国首家县一级国家高新技术创业服务中心——嘉善县科创中心，拥有国家级高新技术企业 74 家、上市企业 5 家、引育“国千”专家 43 名。

三是城乡面貌变化显著。城镇化建设不断加快，与华夏幸福采用 PPP（政府和社会资本合作）模式合作打造的高铁新城成为产城融合的新标杆，上海人才创业园投入使用，已引进太库、上海东方娱乐、驭势科技等企业 178 家，被工业和信息化部命名为全国首个跨境电商共建试验区，入选国家重大市政工程领域 PPP 创新工作重点城市。

四是社会发展全面进步。“善文化”建设被中央文明办列入培育和践行社会主义核心价值观重点工程，社会保持和谐稳定，圆满完成 G20 峰会、世界互联网大会的安保任务。

五是党的建设全面加强。嘉善县早在 2008 年开展的深入学习实践科学发展观活动中就被确定为习近平同志的联系点和省委第二批、第三批学习实践活动省委试点，习近平同志曾专程来嘉善视察指导并做了 14 次重要批示，嘉善提出的常规性问题加大力度解决、遗留问题集中攻坚解决、新发现的问题及时跟进解决的“三句话整改思路”和坚持“一手抓活动一手抓日常业务”“坚持工作高标准、追求工作高质量”的做法，得到习近平同志的肯定。

同时，嘉善县毗邻上海，与苏州、杭州、宁波亦近在咫尺，形成 4 座大型城市 1 小时核心圈中心，天然的地理位置和地缘优势、开明开放的地方政府支持科技创新创业企业的政策、改革开放不断深化和经济结构不断转型升级，成为嘉善县国创新能源研究院落地浙江省嘉善县的前提条件、优渥基础和推助力量。

（三）促进科技成果产业化发展的紧迫需要

目前国内外科技成果转化领域仍然存在某些状况和问题，诸如专利多、研究成果多、论文多、报告多，但是科技成果转化率相对较低，大学里的论文、鉴定和报告虽然看似是研究成果但是很多并未有效地转化为产品应用和社会生产能力。

针对科技成果转化领域的种种问题和痼疾弊端，嘉善县国创新能源研究院试图并努力探索别出心裁、独具风格的新方案、新模式。他们发现创业公司的生存率较低是全球存在的普遍现象，中国的初创型科技企业更是如此，创业团队往往因为资金、工商税务等问题而陷入被动和困境。这也是很多拥有专利技术和知识产权的高端知识分子视创业为畏途的原因，而在美国硅谷和波士顿大学校园密集的城市和地区，很多大学教授投资学生和初创企业，有的甚至亲自担任董事长和执行董事。

嘉善县国创新能源研究院在技术型和研究型人才创新创业领域

提出了令人耳目一新的生态模式并为其提供成长空间。该研究院作为非政府组织，为科技型创业公司实验室建设、高端人才引进提供必要资金支持，条件成熟时，将科研成果转化为新成立公司的股权，形成创业团队股权为主、研究院股权为辅的格局，把大股东的核心地位让给创业团队和技术带头人，研究院只占10%或更少比例的份额，股权和利益关系向科技人员倾斜，以便发挥他们的积极性、创造性和主观能动性，部分核心技术人员只以其专业技术就可以得到很高比例的股权。

作为早期的天使投资人和风险投资人，嘉善县国创新能源研究院陪着初创型企业度过最难的创业期，对创业团队进行创业辅导，再请社会资金进来跟投接下来的A、B、C轮。这个过程是发现有潜质企业和优秀创业者的过程，亦是培养创业企业家和创业科学家的过程。随着社会资金的更多、更深参与，这些科技企业技术成果得到进一步转化和产业应用，公司估值得以提升或者在资本市场上市，前期的投资者可以进行股权转让或以其他方式退出。

同样，研究院亦可以因此酌情进行股权转让，再以增值收入继续孵化投资更多技术企业，协助更多的初创期和困境期的不盈利但具有潜质的科技企业运营起来，并向它们提供创业辅导、资本支持、办公空间、技术增益、专家咨询、产品化产业化应用、市场对接服务，产生业绩，使公司估值提升，如此循环往复，每个环节都进行模块化，既可以相互组合又可以相互连接并形成良性循环。

二、实现科技成果转化体制机制创新的主要做法

（一）建立有利于实现科技成果产业化转化的组织体制

在水墨山水画卷般的创业园里，如何让初创企业的种子成长为参天大树，嘉善县国创新能源研究院也有其独到的培育灌溉技术即科技成果转化的方法论。

遴选种子选手，构建创业团队，协助培养企业家，从而协助创

业者构建创业的内因。

提供孵化场地，寻找更多投资人，鼓励创业团队参加国内外创业大赛，协助他们与政府机构直接对接和沟通，从而协助创业团队构建创新创业的外因。

实验室对应企业，这是嘉善县国创新能源研究院对于所扶持的初创企业进行的办公空间扶持新政。

关于资本的规划使用和监管方面，70%用于科研、30%用于市场，一年之后则反之。这是嘉善县国创新能源研究院对于所投资的科技初创企业在资本应用方面的严格要求，有的投资甚至还规定了用于购买实验仪器和设备的资金额度。同时，继续协助这些企业并对其进行产业化辅导和相关资源引入和整合，营造更好的创业环境和市场空间以便所孵化的企业能得到高速度成长，诸如政策落地、资本对接、生产资源和市场开拓、帮助其寻找成功的企业家对其进行帮助，都是研究院有效协同所投资的创新企业取得长足发展的方法。在市场开拓方面，甚至还要教给他们方式方法和商业模式，帮助其营造外部环境，如举办高峰论坛、展览展示、销售推广。在企业内部管理方面，为其提供建章立制规范化运作、资质申请与证照颁发、专利和知识产权认证等帮助。

实验室+科技企业+工厂生产与智能制造。这是实验室孵化基地模式。

科技+资本+产业专家+企业家。这是科技化基地和产业化基地新模式。

CEO、CTO、COO+工程师或程序员+博士硕士。这是人力资源新模式。

关于发现早期技术的国际先进性和产业实用性，嘉善县国创新能源研究院总结出了简捷高效的程序和方法，形成了技术甄别判断、产业预测、市场研判、政策解读应用等方面的独到世界观和方法论，诸如特别邀请国家部委资深领导和相关政策制定者和起草人作为产业政策指导专家，对技术是否具有国际范围最前沿的先进性和产业化可行性，由科技专家和产业专家共同进行讨论研判，如是否在国家“十三五”产业目录、是否属于国家鼓励范围、是否属于社会最需要最亟需最能填补国家产业空白。政策专家、产业专家、资本专家，多领域的专家协同工作以甄别初创公司的技术先进性和实用性，以相应结论作为投资的风向标和参照物。

嘉善县国创新能源研究院构建的孵化器和加速器平台模式，以及所探索的技术先进行工作流程的技术标准，已经为更多科技型创新创业企业提供了可以批量化、规模化停泊、抛锚和扬帆出港的基地。

（二）引进高端人才，连接世界名校科技资源

作为民办非企业高科技研发与产业化机构，嘉善县国创新能源研究院积极探索与国际知名院校和高端科技人才进行合作的产学研相互结合的长效机制。

立足中国重点院校，放眼世界知名机构，邀请国家级甚至世界级专家作为科技项目研发带头人，工作重点聚焦于具有国际竞争力的新能源和节能环保技术，以及对新能源与节能环保技术发展有支撑作用的新材料领域。研究院以新能源产业发展与资本市场为依托，协同国内外创新资源，吸纳国际高端人才，立足技术研发国际化，促进技术成果产业化。最终，单项技术重点突破以及产业化成功率方面成为工作重点和成果制高点，在此基础上努力打造新能源与节能环保领域具有一定影响力的世界级高科技研发与产业化机构。

研究院院长茆胜教授毕业于美国加利福尼亚州大学伯克利分校，是美国加利福尼亚州大学伯克利分校教授。茆胜院长曾经担任美国国家实验室中心主任，是第二代高通量技术材料芯片技术发明人，2000 年于美国加利福尼亚州大学伯克利分校获得机械/电子专业的博士学位，2001 年担任美国能源部劳伦斯伯克利国家实验室终身研究

员、伯克利清洁能源工程实验室主任，2013 年开始担任深圳市国创新能源研究院院长同时兼美国加利福尼亚州大学伯克利分校教授。同时，他还是澳大利亚昆士兰大学荣誉教授、国际华人科技工商协会顾问，美中国际人才交流基金会顾问。2004—2013 年曾担任美国能源部技术委员会委员、项目审查委员会委员、美国国家科学基金会项目审查委员、美国基金评审委员、国家实验室观察员，2011 年国际材料研究学会（MRS）联席主席，2012 年第十二届国际清洁能源会议（ICCE）联席主席。发表学术论文 130 篇，其中两篇文章发表于《科学》杂志，被引用 27000 次；拥有技术发明专利 30 件。

研究院名誉院长马克・列文，是诺贝尔和平奖获得者，美国国家科学院美中能源合作委员、联合国气候变化文件起草组共同组长，曾担任中美清洁能源联合研究中心共同主任。马克・列文以优异成绩从普林斯顿大学获得学士学位，并从加利福尼亚州大学伯克利分校获得化学博士学位。他是德国柏林的富布赖特学者，曾担任能源分析师（福特基金会）、高级能源政策分析师（斯坦福国际咨询研究所）和高级科学家、部门主管（劳伦斯伯克利国家实验室）。

嘉善县国创新能源研究院材料研发总监吴军桥为长江学者，美国哈佛大学博士后，美国加利福尼亚州大学伯克利分校教授。

研究院理事茆智，中国工程院院士，著名农田水利学专家，长期致力于节水灌溉研究与开发，他主持研究的“农田节水灌溉方法”丰富了农田节水灌溉的理论，具有深远的学术价值，获国家科技进步奖二等奖、教育部提名国家科技进步奖一等奖。

研究院执行院长齐力然，高级工程师、高级安全师，商务部、财政部中小企业专家组成员。曾参与起草《中华人民共和国安全生产法》等十几个安全生产的法规、政策；发起并组织过八次全国“安全生产周（月）”宣传教育活动；参与组织在上海举办的“APEC 中小企业工商论坛”；组织开展中小企业服务，服务企业 7000 余家。

总之，嘉善县国创新能源研究院因循国家科技部相关文件和政策精神，在开发国外人才资源，吸纳、集聚、培养国际一流的高层次创新人才，联合境外知名大学、科研机构、跨国公司等开展研发，设立研发、科技服务等机构方面，进行了卓有成效的积极探索。

（三）探索实现科技成果产业化的内在规律

嘉善县国创新能源研究院自成立以来，主动创新体制机制，整合新能源领域的国内外优质资源，吸纳国内外高端人才，促进科技成果转化，协同政、产、学、研、用、金等领域的权威与专家，建构了相互促进、相互补充、相得益彰的工作机制和创新生态系统。产学研用相辅相成，迅速形成模式并初见成果，在国内外高新技术及科技成果转化领域起到了示范和标杆作用。

嘉善县国创新能源研究院通过科研究开发、投资引导、成果转化，孵化、辅导、投资、服务多家科技企业，在技术研发方面已经取得阶段性科研成果，所孵化的科技型企业获得了多（件）项专利和知识产权，不少先进技术成果已经通过产品中试，从而顺利地进入产业应用阶段，快速实现了规模化生产，部分产品已经进入国内外市场。

经过这样层层递进、环环相扣的闭环运作，初创的科技企业通过其核心技术的深度研究和有效转化得到了超常规的快速发展。

（四）不断完善有利于创新发展的管理机制

嘉善县国创新能源研究院在夯实各项工作的基础上不断继往开来，初步实现了产学研相辅相成新目标。

1. 创新基础和创新愿望

研究院已具备了持续创新能力，注重管理和科技人才的培养，建立了一套完整的科研人员管理制度和激励机制。

最终实现四个创新愿望：创新科研体制机制、创新成果转换、创新人才激励机制、创新产业化质量和效果。

2. 自主研发与创新成果

研究院实验室申请并授理发明专利数十项，引进专职研发人员，配齐研发设备，满足研发需求，建立了四个项目实验室，其中三个成功产业化。

3. 创新规划及目标

建立材料基因组实验室，研发高通量材料制备和检测技术，致力于推动并完善材料基因组平台建设，选取电子及显示技术、储能技术、化工及催化技术、高分子及复合材料技术和金属合金技术领域作为示范性突破研究领域。

建立院士工作站，对水资源综合利用与环境保护的装备技术、生产技术、材料技术进行深入研究，使该技术水平能够达到或超过国际同类产品水平，建成具有国际先进水平的水资源综合利用技术研究和工艺开发基地。研究院将不断整合国内外优质资源，吸纳高端人才，促进成果转化，打造一流科研产业化机构。

建立聚乳酸（Polylactic Acid，PLA）改性实验室，通过PLA改性技术，使其成为新型的生物基及可再生生物降解材料，可以广泛应用于工业基础材料及日常生活用品生产，今后会成为塑料制品的主要替代品。

4. 主要工作内容

与国家级研究机构、重点院校开展合作；聘用院士、研究员、教授，组成专家组；引进知名教授、博士、硕士专业技术人才；建立研究中心；举办国际新能源论坛，联合举办业内高层次会议；联合出版新能源蓝皮书；申报各级政府相关项目和各类资质；开展理事会活动；与企业合作承接企业横向课题。

5. 研发项目定位

研究院研发项目定位为：基础研究、技术研发、产业化成长、规模化生产；政府支持、风险投资、金融/信贷。

6. 技术成果产业化

研究院实施的研发项目需要通过研究院技术委员会的可行性评

估和研究院产业化委员会的产业化前景评估。

研究院对研发项目已经贯彻实行季度审查制度，根据项目进展程度及可能的市场变化，若有必要研究院将对已实施的研发项目进行调整。

7. 技术与资本结合

该部分包括产业需求、核心人才引进、应用技术研发、专利（申请）、产品成型中试、设立项目企业（有限公司）、项目企业发展实现销售/利润等，寻求与资本市场的结合。

8. 研究院孵化项目

嘉兴纳科新材料有限公司。主要产品：合成纤维、碳材料、纳米材料的技术咨询、技术服务；合成纤维、碳材料、纳米材料及制品的研发、销售。核心技术：助剂和碳化工艺。

嘉兴快闪新材料有限公司。主要产品：智能电致变色（EC）薄膜研发和生产。核心技术：使用独特的镀膜方式，极大降低成本。

PLA 项目。主要产品：PLA 变性后的原材料以及成品。核心技术：PLA 变性和 PLA 与其他天然材料合成技术。

（五）积极争取国家及地方的政策支持

嘉善县国创新能源研究院，从创立之初就定位于国际化、综合性、非营利民营高科技研发与产业化机构。研究院以新技术资源为基础，以资本市场为后盾，在浙江省嘉善县政府的大力支持下，结合当地政府所倡导的创新型产业科技支持政策，促进嘉善经济的长足发展和技术升级，立足于嘉善，辐射长三角，连接全国和国际科研领域最前端，实现新能源、新材料和节能环保技术的研发与产业化，有效提升了嘉善高科技产业的国际竞争力。

嘉善县国创新能源研究院是产业技术研发、技术转移、科技型人才培养、产业化管理、高新技术项目（含企业和高层次人才）引进等的综合机构，研究院辅导技术研发所形成的项目公司负责具体的科技成果转化和科技项目的产业化、市场化和商业化运作。

三、实现科技成果产业化体制机制创新的初步成果和启示

（一）实现科技成果产业化的案例分享

研究院目前已经投资、孵化了三家具有一定规模的项目公司，初步走出了从科研成果、实验室、中试到产业应用的新思路。

1. 嘉兴快闪新材料有限公司

公司成立于 2019 年，致力于研发 EC 新材料和 EC 玻璃，产品基于 EC 技术，能够快速调节玻璃的透明度，实现隔热节能（有效降低空调/照明用电）的效果，同时提高舒适度。市场应用定位于商业楼宇、酒店、住宅等玻璃幕墙，汽车、飞机等交通工具及机场等建筑物场景，也可以应用在智能墨镜、汽车玻璃和 AR（增强现实）显示等领域，顺应并引导以消费升级、智能家居、物联网为特点和热点的趋势。

公司于 2019 年获得由嘉善县新能源研究院领投的数百万元天使轮投资，并在浙江省嘉善上海人才创业园及美国硅谷分别建立实验室与研发中心。

在国际市场，某些发达国家的节能意识和政策以及技术领先中国，高端节能玻璃——EC 玻璃已经实现了大量的工程项目应用，渗透率在逐步提升，但是因为研发和生产企业数量寥寥，在前期市场红利时期以及高技术垄断情况下，产品售价高；而国内技术缺失和售价高昂是制约 EC 玻璃推广的痛点，随着技术的实现、成本的降低、节能政策的不断升级，正在形成新的价值洼地和广阔的市场空间。

公司目前以技术授权为先导，将 EC 玻璃的制造专利技术授权给玻璃制造等有需求的企业，同时研发配套箱、台阶仪、等离子清洗机、UV（紫外线）臭氧清洗机、UV-VIS（可见光）电化学工作站、去离子水机、真空干燥箱、马弗炉、X 射线衍射光谱仪（XRD）、电子扫描显微镜-X 射线能谱仪（SEM-EDX）、电感耦合等离子发射光

谱（ICP-OES）、DSC差热分析仪、热重分析仪（TGA）、傅立叶变换红外吸收光谱仪（FTIR）、气体吸附仪等各类中大型精密仪器。

公司业务采用轻资产商业模式，以研发为主，通过技术授权及代工方式与下游生产线合作，由下游玻璃加工商进行销售及售后服务。团队具有强大的研发能力，可根据不同客户的需求进行定制化改良，更新迭代出不同类别薄膜产品，以满足客户定制化需求。同时团队在设计院、交通运输部及地产商方面有相应资源，将协助下游生产及加工商建立完整的供销体系。

2. 嘉兴纳科新材料有限公司

嘉兴纳科新材料有限公司致力于功能性整理剂和特种材料的研发、生产与销售，为客户提供更优化的工艺解决方案，产品应用于纺织、电力、机车、交通、通信等10多个工业产业。

公司拥有较强的自主创新能力和研发能力，坚持“用一流的产品、优质的服务为客户提供最佳的技术和工艺解决方案”的经营理念，逐步实现“立足国内，面向世界，打造科技实力企业”的目标。

公司研发的特种柔性碳纤维材料，其理化性能在全球范围内都具有较大的竞争力。纳科为国内首家可以量化生产该类型材料的企业。该类材料作为战略性材料，长期受到部分国家的垄断，限制出口，抬高价格，致使目前的应用严重受阻。纳科的技术团队经过长期的技术积淀与技术开发，一举打破该类材料的垄断局面，拥有了批量生产能力，进而降低了价格，为该类材料的国内市场化应用奠定了基础，并加速了该类材料在某些领域的跨越式发展。

纳科的特种柔性碳纤维材料是属于纺织、化工与新材料的三个交叉学科领域的技术产品。通过特殊的纺织技术，结合纳科自行研发的特种纺织助剂，以特殊的碳化工艺，通过多层工序及流程制造而成。纳科的特种柔性碳纤维材料制造技术工艺解决了碳纤维本身的结构特性给加捻纺织带来的关键难点，并掌握了短纤与长丝不同类型的织造工艺、可控电阻的碳化工艺、可控孔隙率的碳化工艺和可控碳纤维织物厚度工艺。目前技术工艺成熟，制造废品率极低，产品种类众多，可定制化生产，可以广泛应用于：电加热领域，如各种电加热穿戴产品、家装采暖和居家取暖、石油管道加热等工业、民用领域；电磁屏蔽领域，如军用电磁屏蔽帐篷、防辐射窗帘、电磁屏蔽服等；净化领域，如口罩、空气净化、净水器设备的应用；新能源领域，如机车加热、燃料电池、超级电容的气体扩散层等。纳科的碳纤维布目前已经在小批量实验状态下呈现出相对稳定的碳纤维编织布气体扩散层，在行业内意义重大。

3. 菁谷生物科技有限公司

PLA 基纳米复合材料是一种环保、完全可生物降解的材料，可以在微生物如细菌的影响下在 3~6 个月内降解为二氧化碳和水。PLA 是一种可再生的生物资源，在分子或纳米材料方面的具体应用将包括抗微生物消费品、光热疗法、药物递送、生物成像以及生物和环境危害的传感修复。

PLA 主要应用于生物医学领域和工农业领域。在生物医学领域，PLA 材料可以被用作药物运输材料、组织工程支架材料、骨修复材料等。医疗领域是 PLA 及其复合物较早开展应用的领域。目前已在骨外科、胸外科、颌面外科、肿瘤的靶向治疗等领域进行了广泛的基础研究和临床应用。在工业和农业领域，PLA 的可塑性、耐热性和物理加工性能良好，可以将其加工成农用地膜，用来弥补传统地膜易碎且不可降解的缺陷，还可以将其加工成汽车行业的配件工程材料、建筑用绳索、农药化肥缓释材料等。对食品包装材料而言，PLA 与聚乙烯（Polyethylene，PE）、聚氯乙烯（Polyvinyl chloride，PVC）、聚丙烯（Polypropylene，PP）等材料相比，具有良好的生物可降解性、优良的抑菌和抗霉特性。

目前全球的 PLA 市场处于垄断竞争状态，随着技术的进步、成本及价格的降低，市场需求将会大幅增长。PLA 占据业界新材料重要地位的主要原因可能是其具有竞争力的制造成本和市场定价，许多其他生物降解塑料诸如共聚酯（Ecoflex）、3-羟基丁酸酯和 3-羟基戊酸酯的共聚物 PHBV 和聚丁二酸二醇酯（PBS）销售价格为4~5 欧元/千克，而 PLA 2008 年市售价格为 1.8~2.5 美元/千克，其价格在原油价格超过 80 美元/桶时已近于传统塑料的价格，使得厂家可以用 PLA 来生产能与聚对苯二甲酸乙二酯（PET）及聚苯乙烯（PS）材料竞争的产品，甚至可以和一些 PE 或 PP 产品竞争。

作为较硬的热塑性塑料，PLA 和 PET 及 PS 比较相似，和 PE 及 PP 差异较大。它有很多独有的有利特性，比如良好的透明性、良好的表面光洁度、高硬度和较好的印刷显示效果。但是，PLA 也有很多特性限制了其在纺纤、注塑、泡沫塑料、衬垫包装以及食品包装领域的应用，在高附加值应用领域的使用也受其机械性能、热变形温度、气体穿透性、耐久性等性能的限制。

目前，PLA 在医疗行业以外的应用主要集中在低附加值的包装市场，现在还很难进入高附加值市场与传统工程塑料竞争［如 PET，PS，丙烯腈、丁二烯、苯乙烯聚合物（ABS），聚碳酸酯（PC）等］，如果其应用可以扩展到工程塑料应用领域，价格可提升为低附加值包装行业的 2 倍左右，这将带动年轻的 PLA 工业加速成长。

随着社会经济的发展、全球化趋势的加快，对 PLA 发展的要求也越来越高。从市场需求量及使用量上看，PLA 是主要的生物降解塑料，约占 70%的市场份额，且需求量逐年大幅上升，其产品前景被市场看好。从整体上看，我国可降解塑料产业现状复杂多样，存在着多方面的机遇与挑战。

（二）几点启示和思考

一是贯彻国家建设创新型社会发展战略，推动科技创新和产业化深度融合。

嘉善县国创新能源研究院致力于科学研究、技术创新和研发服务，成为投资主体多元化、管理制度现代化、运行机制市场化、用人机制灵活的独立法人机构，运营过程中突出体制机制创新，强化政策引导保障，注重激励约束并举，调动社会各方参与，优化科研力量布局，强化产业技术供给，促进科技成果转移转化。

二是坚持国际化与本土化齐头并进，推动政、产、学、研、用、金的深度融合。

科研成果产业化成功率是嘉善县国创新能源研究院持续创新的驱动力，在推动科技成果转化过程中，一手抓国际化战略，一手抓本土化项目落地，同时使政产学研用金相关领域环环相扣、紧密结合、层层递进，既能占位高端前沿又能接地气并落地生根，从而使研究院本体和所孵化的项目之间相辅相成。

三是坚持国家政策和地方政府扶持政策的统筹结合与落地应用。

嘉善县国创新能源研究院作为科技类民办非企业单位，深入研究并践行科技部于 2019 年颁布的《关于促进新型研发机构发展的指导意见》的纲要和精神，通过聚焦科技创新需求与当地政府的创新需求，地方政策相互协同、相互贯通，从而打造了国际化和本土化兼具科技成果转化的体制机制创新优秀样板，并具有全国性和全球性的示范效用。

赠人玫瑰，手有余香。

科研成果产业化是创新型社会永恒的命题，涉及体制机制创新、股权结构创新、产学研融合创新、人才激励创新、融资模式创新、市场开拓创新等，是一个系统工程，需要付出代价，需要耐心和勇气，需要持之以恒的探索。

嘉善县国创新能源研究院虽然定位为非营利机构，但已然形成多赢局面。其坚持产学研用金相辅相成的有机链条，整合了世界名校高端学术资源，为技术研究领域的权威人才和科技成果提供了科研产业化发展的平台，为技术型初创公司提供了创业辅导和资本支持，为专业资本机构提供了企业样本和未来可以高成长的价值投资通道，为政府政策有效落地实施创造了鲜活的成功样本，为当地创造了不断快速甚至加速成长的 GDP、就业和税收，研究院亦因此成为产学研领域国内外闻名的研究型、投资型、科技成果产业化的孵化器、加速器和非政府组织。

创业方法论

陪着初创公司度过至暗时刻：作为早期的天使投资人和风险投资人，陪着初创型企业度过最难的创业期，对创业团队进行创业辅导，再请社会资金进来跟投接下来的A、B、C轮。这个过程是发现有潜质企业和优秀创业者的过程，亦是培养创业企业家和创业科学家的过程。随着社会资金的更多、更深参与，这些科技企业技术成果得到进一步转化和产业应用，公司估值得以提升或者在资本市场上市，前期的投资者可以进行股权转让或以其他方式退出。

全链条孵化与加速种子选手培养：提供创业辅导、资本支持、办公空间、技术增益、专家咨询、产品化产业化应用、市场对接服务，产生业绩，使公司估值提升，如此循环往复，每个环节都进行模块化，既可以相互组合又可以相互连接并形成良性循环。

第2章
人工智能与搜索引擎

AlphaGo Zero（阿尔法元）在没有使用任何人类棋局数据进行训练的情况下，三天之内通过自我对弈自学成才，将曾经打败过李世石的AlphaGo（阿尔法围棋）版本赶下还未坐热的神坛，之后又迅速击溃所有前代版本。这揭示出数据虽是淬炼人工智能的火焰，人工智能有时却不需要普罗米修斯带来火种而可以自我点燃；这亦说明人工智能已经站在无数人类巨人智慧的肩膀上，不仅能自主学习，而且还能学得更好，甚至也许能迅速超越人类认识的局限而开辟出穷尽千年万世至今未能照见的新疆域。

格灵深瞳：看懂世界的人工智能

恍若美国硅谷，又如大学校园的足球场。蜿蜒起伏的绿色草坪中分布着近 20 座企业独栋建筑，状如尘嚣之外的低密度别墅群落，实则是高新企业的云集之地——中关村东升国际科学园。物以类聚，人以群分，这里分布着许多生物医药和人工智能领域的高新技术企业，创始人们不愿意把办公室设立在繁华街区的摩天大楼内，却乐于在绿茵场般的科技园内进行研发、生产、销售、运营、扩张、融资、上市等战略布局。这些企业经历了从 0 到 1，并继续执行着从 1 到无穷大的增长，有的已经悄然成长为行业的潜在独角兽。它们的生存秘籍和发展战略也许可以为创新创业者提供借鉴。

于是，在约定的时间和地点，我按响了其中一座办公楼的门铃。

玻璃门悄然无声地打开，举步进去与前台人员打了招呼，便倏然看到眼前高高悬挂的牌匾，上书四个大字——格灵深瞳。

不禁随口吟出：心有灵犀一点通。被办公室人员迎接到会议室坐定，门口也正好走来一位体态挺拔、浓眉大眼、目光炯炯有神的仁兄，正是格灵深瞳的创始人兼 CEO 赵勇先生。于是顿时彻悟，原来公司的名称便是这位创始人的镜像与写照。他如数家珍般向我讲述的创业史令人感叹、发人深省。

只有玲珑的琉璃心，才能如此深刻理解世界的人工智能……

一、辞别硅谷谷歌研究院，毅然回国创业

格灵深瞳这家公司的名称会让人想起唐诗宋词里所描述的心领神会与传情达意。赵勇博士说，格灵深瞳的英文名是 Deep Glint，Glint 有点类似汉语里的象形词，意即微弱的细小光芒。我们经常可以看到日本二次元艺术绘画中的人物形象大都是大大的眼睛，而瞳孔之上必须描几笔白色高光才显得炯炯有神格外闪亮。正是因为如此画龙点睛的技法，每当大家想到漂亮的大眼睛时，就觉得都是闪亮的。而格灵深瞳作为计算机视觉公司，望文生义就会想到深邃清澈的眼睛。公司最初只想以“深瞳”命名，但是未能注册成功，于是便又前缀了两个字“格灵”，意即格外灵巧、聪慧敏捷之意。所以，就有了让计算机看懂世界的格灵深瞳。

创立格灵深瞳之前，赵勇博士已经在美国硅谷谷歌总部研究院工作长达四年之久，是谷歌眼镜（Google Project Glass）核心研发成员。他在上海复旦大学本科和硕士毕业之后，到美国攻读了常春藤名校布朗大学，并获得了计算机视觉专业领域的博士学位。在谷歌工作期间，他一直致力于计算机视觉领域的深度研究，而且亲自研发并独立申请了多项专利技术和知识产权。

赵勇博士在美国硅谷担任工程师期间，拥有很亮眼的职位、很高的薪酬福利待遇。随着在技术领域研究的不断深入和专业化、市场化的延展推进，他开始思考如何能更快更好地把科学技术转化为产业应用和生产能力。他判断计算机视觉领域的人工智能将很快迎来井喷式发展的黄金时期，此时回国创业应当就是最佳的选择、最好的时机。

二、为行业提供算法和人工智能解决方案

格灵深瞳的公司愿景是让计算机看懂世界，理解物理世界中人、车、物等目标的位置、属性、身份、行为和关系等信息，基于这些

信息挖掘深藏其中的数据智能。

公司自主研发的深瞳大脑和高性能计算技术构成了格灵深瞳的基础平台。深瞳大脑是一套由数据采集、数据预处理、数据标注、模型训练、模型优选等模块组成的人工智能在线学习系统，可支持数十亿数据、数百层深度的模型。而高性能计算技术充分发掘 GPU（图形处理器）、ARM（进阶精简指令集机器）、FPGA（现场可编程门阵列）、DSP（数字信息处理器）以及深度学习芯片等各种硬件平台的计算能力，提升计算机视觉系统的处理性能，在丰富多彩的边缘计算平台和云平台上打造高效、低成本的计算机视觉产品。

基于底层技术，格灵深瞳产品线已经非常丰富。在智能硬件领域，开发了深瞳慧目摄像机、深瞳人眼摄像机、皓目行为分析仪、小灵瞳学机器人；在智能引擎领域，已经拥有视频图像解析引擎和数据治理引擎；在应用平台领域，包括全目标结构化系统、视频图像解析系统、人脸识别系统、移动布控系统；云端服务产品为深瞳云。

目前，格灵深瞳的主营业务已经迭代升级到统筹整合所有技术和产品，更广泛地应用于产业并提供综合解决方案。例如，某知名生鲜类新零售超市采用了格灵深瞳的智慧零售解决方案以支持其顾客分析系统；格灵深瞳的智慧金融解决方案正通力支持中国农业银行智慧金融系统；在自动驾驶领域，公司拆分团队并引入新的合作伙伴成立了驭势科技……

三、深耕人工智能物联网，聚焦数据智能

六年以来，格灵深瞳已经成长为全行业领先的人工智能物联网（AIoT）科技企业，专注于把先进的人工智能科技转化为具备低成本、大规模部署能力的产品和服务，并深度结合应用场景，为行业提供高性能、可靠实用的解决方案。

目前，公司在智慧公安、智慧园区、智慧商业、智慧金融等行业，为全球客户提供包括智能传感器、智能识别、智能云计算和服

务机器人的综合智能解决方案和服务。据赵勇博士介绍，公司目前有以下五大核心产品：

一是“智源视觉计算平台”，该平台旨在提供基础的视觉计算能力，可以把原始的视频数据转化为基础的结构化数据，完成“从原始数据到智能数据”转化的任务，以人工智能核心算法为基础，构建云、边、端协同的视觉计算产品体系。

二是“灵犀数据智能平台”，该平台的目的是从各种结构化数据中挖掘行为规律、关联关系、消费习惯等有价值的信息，为上层的应用提供目标线索、安全管理、商业运营等方面的认知数据，实现“从智能数据到数据智能”。

三是“深瞳战狼公安大数据系统”，是基于底层技术的上层应用方案，主要应用于公共安全与交通管理，以视频/图像数据深度应用为核心，能够满足实时预警、精准布控、分析研判等多种业务需求，最终实现基于视频监控的全目标结构化分析、海量数据存储和大数据模型应用。格灵深瞳在公共安全领域已经覆盖了50多个千路以上规模级别的城市，应用在100多个城市，累计产生了10000多个战果。

四是“深瞳来客商业智能分析系统”，主要应用于商业和零售领域，助力运营者数字化线下数据，打通线上线下数据通道，协助商业决策的执行，最终完成智能运营的升级。该系统已成功应用于房地产、售楼处、便利店、珠宝店等领域，目前已经覆盖了全国多个城市，日均识别人脸数达到1000万次，累计为1.5亿人建立电子档案。

五是“深瞳金砖智慧银行系统”，该系统结合银行实际业务情况，可以对银行重要区域进行安全防护，在提供更安全的通行保障手段的同时，也从根本上解决了以人管人所带来的管理不规范问题。与此同时，线下对实体银行网点的数据采集，也全面推动了银行网点管理和运营的数字化。2019年，公司协助中国农业银行开发智慧银行系统。本系统主要功能在于协助加强管控金库、加钞间等关键节点的金融安全，同时进行银行业务营销与银行客户关系跟踪管理与数据分析，银行可根据大数据分析的结果，将金融信贷提供给信誉良好、行为习惯优秀的客户。

除此之外，公司目前还有很多正在进行研发、暂时不便对外透露的“秘密”产品。

四、健康的营收现金流，预期未来前景广阔

对于初创型的科技公司，如果全世界所有融资业务都停止，相信只有为数不多的企业能够活过三年，格灵深瞳必在其中。创始人赵勇博士信心满满地说。

由此可见，格灵深瞳的技术已经转化为产品并落地应用到了越来越多的产业领域，并且取得了健康的营收现金流。技术就是第一生产力，这样的理论在格灵深瞳得到了充分印证。

但融资也从未掉队，公司创立六年以来共进行了五轮融资，其中不乏很多国际知名的风险投资人以及产业链上下游的战略投资者。这些资本没有控制公司经营权限，从未挟持和绑架技术团队，从而激发了创始团队的积极性和创造性，这是技术和资本合作双赢的优秀案例和典范。

科创属性与高速增长就是格灵深瞳的现在。在公司人员构成中，300 多名员工超过 70% 为工程师，其中不乏很多名校毕业的硕士和博士。近年又招聘了很多经验丰富的行业人才，由此可以看到格灵深瞳的软实力和硬技术。

关于科创板和上市计划，创始人赵勇博士分析说，中国股市这些年得到了长足发展，尤其是科创板为科技型企业特别设立了鼓励创新的宽松区间，开辟了宽容的进入资本市场的绿色通道。长远而言，把未来发展布局在中国是正确的，所以公司已从注册地和资本等层面都进行了本土化安排。

谈及在国外所学、所得、所感，赵勇博士感触颇深的是硅谷关于知识产权的强调和侧重，值得中国在专利和知识产权领域改革过程中参考借鉴。

格灵深瞳创始人赵勇博士说，回望1998年以来中国雨后春笋般成立的互联网公司，有的已经成长为与美国的谷歌、脸书（Facebook）、微软等这样体量的大公司相提并论的世界级伟大企业，BAT尤其是腾讯和阿里巴巴这些巨型企业无论对于中国还是世界其意义都是巨大的，千亿美元体量的公司主要存在于美国和中国。就全球范围的创新创业而言，中国企业曾经稍稍落后，但是正在蓬勃发展，能够抓住这个机会是很幸运的，所以他要带领团队争分夺秒。

创业是人生挑战，创业公司能否活下来、能否成为百年老店，重中之重还是要瞄准技术、数据、应用、解决方案，这些是公司生存发展的核心和生命线。放弃很难，转折很难，创业更难，但是创始人赵勇博士和他带领的格灵深瞳团队已经度过了最艰难的阶段，进入发展的快车道。

五、月隐星潜长达两年，王者荣耀再度呈现

从技术中来，到技术中去。

这家优秀的公司曾经深潜于技术甚至在市场上遁迹长达两年。创始人赵勇博士认为创业公司没有必要总是那么高调，深耕于科技研发、厚植于产业应用，才是科技型公司成长的法宝和王道。

其实，格灵深瞳创业第二年就已经成为国家级高新技术企业，目前公司已进行了数十项专利技术和知识产权申请，累计获得几十种政府和行业荣誉。其中，获2019“人脸识别算法测试FRVT”非约束性自然环境人脸照片测试子项目冠军；赵勇博士于2017年被评为中国人工智能和大数据百人会专家委员，并成为北京市十五届人大代表。

公司初创之时在民宅办公，与中国众多初创企业，云集在民宅、咖啡厅和众创空间。随着公司不断成长扩张，办公室也不断迁移，

最终落户于东升国际科学园。

之所以像找到归宿般地依恋于此地，主要是基于东升国际科学园的生态环境、产业链关联度、同类企业聚集、园区对初创企业的鼓励和扶持。这里的办公与生活氛围都特别像硅谷，赵勇博士仍然可以像当年那样趁着下楼买杯咖啡顺便散个步，或者约着合作伙伴在园区边走边聊。人口和建筑低密度的环境特别适合低调的科技研发和战略思考，非常怡人并使人从容。

居安思危，由于技术研发成本高、产业落地周期长，虽然有底气但是亦要戒骄戒躁步步为营。作为公司创始人要时刻能够沉下心思考，企业必须永远在安全与发展之间寻找平衡。稍感欣慰的是，最近两年更多产业如金融、零售等行业的公司也成为格灵深瞳的合作伙伴，不把鸡蛋放到一个篮子里，这句民谚也可以形容公司健康、安全、平稳、可持续发展，这也是保障成功和降低经营风险的公开秘籍和法则。

格灵深瞳创始人赵勇博士这些看似非常前瞻的想法和预警方略，亦是送给创新公司的朴素经验和生存处方。

格灵深瞳的人工智能不仅看懂了世界，也看清了创新创业深水区的前行之路。

创业方法论

核心生命线：创业对创业者而言是人生挑战，所创立的公司能否活下来并且能够持续经营成为基业长青的百年老店，重中之重还是要瞄准技术、数据、应用、解决方案，这些是公司生存发展的核心和生命线。

分散风险：不把鸡蛋放到一个篮子里，以有效地分散经营压力和相关风险。

现金流为王：技术和资本固然重要，但更重要的是核心业务的变现，现金流为王。

华宇元典：法律人工智能的探路者

2017 年 5 月，美国百大律师事务所之一 Baker & Hostetler 启用了以 IBM（国际商业机器公司）的沃森（Watson）计算机为基础的人工智能律师 ROSS。对，就是在 2011 年美国电视节目《危险边缘》中打败人类选手的那个机器，于是律师工作将被取代的争论见诸各大报端。

2017 年 10 月，AlphaGo Zero 在没有使用任何人类棋局数据进行训练的情况下，三天之内通过自我对弈自学成才，将曾经打败过李世石的 AlphaGo 版本赶下还未坐热的神坛，之后又迅速击溃所有前代版本。这揭示出数据虽是淬炼人工智能的火焰，人工智能有时却不需要普罗米修斯带来火种而可以自我点燃；这亦说明人工智能已经站在无数人类巨人智慧的肩膀上，不仅能自主学习而且还能学得更好，甚至能迅速超越人类认识的局限而开辟出穷尽千年万世至今未能照见的新疆域。

“元芳，你怎么看?”唐代武则天时期的狄仁杰在判案关键之际总是习惯性地征求意见。如果对量子纠缠的世界观明察秋毫，福尔摩斯般存在的侦探、检察官、律师等司法业界同人竟然已经在线。人工智能、大数据、云计算、区块链等技术被整合运用于法律平台，日新月异的科技在法律行业的研发应用产生了更加高效精准的普世价值，公平正义就在弹指之间。人工智能法律平台实现了论点、论据、论证之间的智能连接和科学逻辑推演，把案件的侦察、审理和判断等法律工作建立在对数据、模型和资料案卷的科学分析和精准推演的基础之上。

2016 年诞生的人工智能法律平台名曰华宇元典，低调潜藏于中关村东升科技园。走，让我们悄悄地过去与他们进行深度面谈。

一、“达特茅斯之夏”会议室的“今日说法”

数九寒天的季节，我们在“达特茅斯之夏”的会议室开始了热腾腾的深度访谈。

“达特茅斯之夏”对于法律人来说是略显陌生的词汇，但在人工智能界代表着渊源，因为 1956 年夏季在达特茅斯召开的人工智能研讨会揭开了人工智能序幕。

华宇元典专注于法律大数据的研究和挖掘，在“实体识别引擎”基础之上运用自然语言理解、法律逻辑挖掘、法律概念认知等综合技术，结合专家团队对法律行业的理解和实务实验，形成法律文本知识挖掘的“法律认知引擎”，继而跨领域地对律师、法院、工商行业进行大数据整合，形成法律行业垂直数据库，进一步融合形成以法律知识图谱为基础、通过自然语言处理和机器学习提供法律认知能力的大数据知识服务平台即元典睿核平台。

迄今，华宇元典已基本完成在法院端、检察院端和律师端的产品链布局，相关产品都由元典睿核作为智能底层针对不同业务场景提供技术支持，诸如法院智能办案系统“睿法官”、检察院智能办案系统“晓督”、刑事案件办理工具“智能刑案助手”等。

2016 年，北京市高级人民法院上线华宇元典自主研发出的法院智能研判系统“睿法官”，从案件提交上诉材料开始，机器人法官“小睿”就开始源源不断为法官提供办案规范和量刑分析等精准信息，以大数据推算法律适用和裁判尺度，与审判业务深度融合，与法官办案无缝对接。

2017 年 3 月 12 日，撒贝宁《今日说法》栏目走进北京三中院探访高科技法庭，对话全国首个导诉机器人，解析法院三级联动、智慧执行、步步为营、打击老赖绝不手软的断案过程，节目展现了法院利用人工智能、单兵系统作战、无人机侦查等科技手段促进判决结果精准高效且公平公正的全过程，其中就有“小睿”法官的身影。

华宇元典已经布局到全国公检法系统，携手贵州省检察院创建了大数据系统，为广东省法院定制小程序，协助解决劳动争议与仲裁。

元典睿核、元典律师工作平台、元典智库等三个模块构成了华宇元典的法律人工智能基础平台和总体解决方案，专注于法律与人工智能结合与交集的领域，致力于为法律全产业链、法律生态圈研发智能产品，真正让数据流动起来，让智能渗透法律人日常工作，帮助法律人创造更多价值。其实，华宇元典的发起机构已经在中国电子政务领域深耕细作十余年，凭借深厚的行业经验，融合大数据、人工智能以及自然语言等技术领域的优势，为各类政府机构提供优秀的信息化整体解决方案。

但是每个单点突破，都意味着海量内容梳理与技术连接，比如知识图谱提炼过程分为几个步骤，即小样本研究、监督学习、人工标记、人工检索、强化学习、交叉验证、原型开发、模型测试、部署试用、模型调整……再如已经完成的刑事 55 个罪名可以覆盖 95%案件量的法律知识图谱研发，已形成核心底层技术并运用到华宇元典的众多产品中。极强的专业性，复杂的工程性，高端纷繁，但令人兴致盎然。

二、华宇和元典有机融合的来龙去脉与源远流长

元，始也，象征源头与事物根本，AlphaGo Zero 中文译名也是“阿尔法元”。

典，意味着基准与法则。立法文件编纂的集大成者，为法典。

“元典”是清华大学法学院许章润老师的赠名。生其智谓之元，

正其义谓之典。

华宇元典是华宇软件旗下子公司，源于华宇 17 年的坚持专注与行业积累，在法院、检察院信息化建设领域持续深耕，借道近年新兴的人工智能技术顺势而为、乘风而上，打造法律人工智能新概念。

华宇元典创始团队的初衷是将法律和人工智能相融合，让机器逐渐习得法律认知能力，在数据孤岛间搭建连接的道路，使法律制定与实施更加公正、明智、透明，为世界带来更好的秩序。人工智能的本质和范畴包括但不限于语音识别、计算机视觉、自然语言处理、信息检索、机器学习、智能控制机器人、无人机与无人车等，精准的人工智能科技形态与混沌复杂的法律领域无缝对接尚有距离，华宇元典自称为法律人工智能的探路者，CEO 邹劭坤在多次公开演讲中谈到关于法律人工智能的真实当下与可能的未来，引用行业用语来说就是“有多少人工，就有多少智能”。

目前的法律科技领域仍然坑多水深，他们从未指望把一堆文书丢给机器而坐等脱胎换骨的机器法官和机器律师，不仅大数据要与以往的关键词检索匹配，而且要尊重世界的复杂性而事必躬亲地进行大量的具体工作，付出巨大的经济和时间成本，甚至踏踏实实地花笨功夫。

《三体》作家刘慈欣说，法律人工智能不过处在刚刚起步的史前时代。

三、随机森林，来自法院检察院律师的核心团队登临忒修斯之船

华宇元典有很多间会议室，每间会议室的命名都有一个故事。

“随机森林”，1995 年产生于笔者多年前曾经造访过的位于美国新泽西的贝尔实验室。在机器学习中，随机森林是包含多个决策树的分类器，并且其输出的类别由个别树输出的类别的众数而定，恰如多个人组成的攻关团队，每个人都需要有其他人不具备的能力。

元典以此命名会议室，一方面是技术团队的象征，另一方面寓意元典本身就是不同行业和领域人才的相互融合。公司希望将具有不同知识、经验、能力的人组合在一起，将融合智慧淬炼成机器智能。

“0725”是华宇元典唯一一间以数字命名的会议室，0725是元典成立的日子；“薛定谔的bug屋”代表着华宇元典对“bug无”的美好期待；“忒修斯之船”是法哲学中同一性的问题；“达特茅斯之夏”是纪念60多年前达特茅斯会议人工智能兴起的源头……华宇元典用这些故事来寻找法律问题的解决之道并为行业带来探索发现的灵感和曙光。

积沙成塔，集腋成裘。华宇软件在行业中有着深厚的积淀和品牌影响力，元典研究的领域也非常具有挑战性和趣味性，创新立意和深厚底蕴吸引了法官、检察官和职业律师等优秀人才。CEO邹劭坤、COO黄琳娜之前曾是检察官、法官，从政府官员华丽转身为创业者兼职业经理人，转身的角度和力度都很大，如何实现职业角色的变换和跨界，中间肯定包含着许多有趣和凑巧的故事情节。

CEO邹劭坤曾从事涉外法律服务，后在检察院做公诉人，承办过大量具有典型意义的新型案件，之后又辗转做过私募和商事律师，是一位喜欢挑战和尝试新鲜事物的“不安分”的人。在他看来，整个法律行业在大数据和智能化方面还较为滞后，不仅体现在工具上，还体现在意识上。这种局面一旦改变，法律行业的生产力会被进一步激发，而华宇元典就具有这样的使命感。

COO黄琳娜毕业于北京大学法学院，是香港城市大学的普通法学硕士，既有法院的民商事审判经验，也熟悉律师市场。辞掉上一份工作时，她面对着几个不同类型的录取通知举棋不定，直到遇见华宇元典，没怎么犹豫就答应了邹劭坤的邀请。这位语笑嫣然的南方姑娘谈及公司和行业时说：“信任邹总，是因为他对大数据的未来有深远纯粹的奇想，而且愿意付出日日夜夜的辛劳。我是个对大词儿无感的人，不爱提梦想，说服我的与其说是愿景的堂皇，不如说是诚实且认真地对待当下真实局面的态度，点滴改善，逐渐突破。所以每次对外讲座或交流，我都会泼冷水，说法律大数据是个水深坑多的行业。”

华宇元典跨界融合了上市公司的稳健与初创企业的激情，也融合了法律人、NLP（自然语言处理）算法工程师、程序员、产品经理等思维气质迥异的群体，并把他们变成亲密伙伴，相互协同在法律科技领域深耕，探索用智能技术解锁法律领域更多可能，如今这片如意快活的随机森林已有近 200 名员工，包括本科和国内外硕博，他们既可以激烈争执，亦可以相视大笑，这样的状态构成了快意工作场景。

四、以人工智能和算法链接精准解析数据孤岛

FOR LEGAL INTELAGENCE（为法律人工智能而战），这是华宇元典官网首页的英文关键词。

让机器逐渐习得法律认知能力，在数据孤岛间搭建连接的道路。大数据、云计算、人工智能，在这些应用之间建立黏性和协同，是华宇元典以技术架构法律智能化的工作要点。譬如类案推送，必须要选择跟当前案件的案情精确匹配的类案，才有真正的参考意义。案件里存在各类因素和要件，法律本身也往往存在大量争议和模糊地带，如何让机器认知要素和整体案情，区分相似与不同，并且让区分越来越精细，如何将法律人的经验智慧转化为机器智能并在实务场景中服务于法官、检察官、律师是极具挑战性的研究领域，也是亟待解决的核心问题。虽然最终这些智能输出是由机器完成，但是在研发过程中有广大法律人的深度参与。

之前发生的明星醉驾案，关于量刑众说纷纭，有人说 6 个月短，有人说长。当法律无法被量化、结果无法可视化的时候，争议在所难免。华宇元典的智能量刑辅助系统针对此案立刻做出量刑预测，最后与实际裁判结果几乎完全吻合，这是大数据和人工智能使然。

目前，在量刑建议机制和智能决策系统的辅助下，广州、深圳检察机关使用认罪认罚从宽制度的量刑建议采纳率高达94.46%。

本质而言，并非人工智能替代了人，而是人工智能平台系统辅助了人，单纯的“法律+人工智能”结不出法律人工智能的果子，真正打开其宝库的钥匙并不完全在于机器学习和算法，而在于人，在于法律和人工智能的链接，华宇元典正在深度尝试并践行。

五、法律智能领域的深度研究和豁达开放的竞合态度

华宇元典正在融合“公、检、法、司”整个政法系统资源，为公民提供法务便利，让审判更加公正高效智能，让司法管理更加有据可依，让可视化、透明化且简捷高效的“阳光司法”“一键立案”落地成真。通过数据挖掘自动搜索关联信息，揭示预测法律风险点分布，为建立“精准案例信息推送”奠定基础，为官方立法修法提供数据支持，华宇元典正是与公检法司联动工作的智能审判、智能司法的技术探索者、研究者和支撑者。

目前，案多人少和冤假错案等现象级矛盾亟须解决。正如凯文·凯利所言，科技的力量有两种，一种是效率，另一种是解决其复杂性。人工智能已经在改造法律行业，规模和速度不仅取决于技术进步的步伐，而且取决于整个法律共同体对于新技术新模式的接纳程度。工业和信息化部2018年11月发布的《新一代人工智能产业创新重点任务揭榜工作方案》对于行业而言是重磅利好。

华宇元典非常重视域外交流，高频的切磋探讨可推动从更专业的角度迭代跃迁，亦带来更多思考，诸如人工智能技术框架和各国法律支撑的人工智能法律平台如何实现全球化、大陆法系和英美法系的交叉空白与落差如何相互补充与对接、技术标准与口径如何统一并行，这是积极主动“走出去”并让世界变得更加扁平坦荡的必经之路，而全球同业领域甚至整个产业链生态圈将会成为可视化透明化的竞技场，同业机构都想成为独角兽，所以未来竞争将会更加

激烈。论及行业竞争，COO 黄琳娜幽默地说希望出现更多友军，如此，创业途中便不会太寂寞。

访谈结束之际，她拿出华宇元典人工智能研究院编著的《让法律人读懂人工智能》，亲笔签名以字相赠："愿达特茅斯之夏的阳光照亮我们迈向简单的旅程。"里面竟有凯文·凯利亲笔题词：AI law will be a new kind of law.（人工智能法律将成为一种新的法律。）

其实，笔者想回复关键字：华宇元典，天下无案。

华宇元典于2017年搬到"创新工作+快乐生活"幸福指数很高的创新人才生活圈东升科技园，并与园区环境、氛围、资源、精彩纷呈的各项活动互动，对公司团建和企业文化起到了意想不到的推动和融合作用。业界合作伙伴戏称华宇元典为"小狮子"，那么这只"小狮子"如何领跑世界成为"狮子王"？对这部法律人工智能领域的国际大片，我们拭目以待。

离开中关村东升科技园之际已是华灯初上，辉映着每扇亮着的加班加点的有故事的窗。

创业方法论

有机连接：本质而言，并非人工智能替代了人，而是人工智能平台系统辅助了人，单纯的人工智能结不出产业的果子，真正打开其宝库的钥匙并不完全在于机器学习和算法，而在于人，在于行业应用和人工智能的连接，创业成功的重要秘诀可以说是技术与产业巧妙的有机连接。

跨界融合：脱胎于大型企业或上市公司的初创公司，既保持原来成功企业的稳健，又饱含初创企业的激情，也要融合技术和算法领域的工程师、程序员、产品经理等思维气质迥异的群体，并把他们变成亲密伙伴，相互协同在科技和产业领域并驾齐驱地深耕，探索用智能技术解锁产业领域更多可能。

绿湾科技：更懂社会治理的人工智能

远亲不如近邻。一起打球并且互为邻居的两个人就这样作为合伙人联合创业了，于是诞生了杭州绿湾网络科技有限公司。

首席战略官（CSO）齐飞称呼当年请他入伙的创始人张凯为凯哥，他说这是其乐融融的公司文化，所有员工不论职位高低都以花名相称，这大概是因为受到了绿湾注册地杭州即阿里巴巴原生根据地所衍生的江湖氛围的浓郁熏陶。

齐总拥有非常丰富的职业经历，在华为工作 6 年、在百度 8 年、在优酷 1 年。2014 年绿湾科技在杭州注册成立，经过几年发展会聚了全球顶级工程师、科学家以及行业专家，由大数据公司顺势而为地转型升级为大数据和人工智能科技公司，成为行业内颇有知名度的行业大数据和人工智能解决方案供应商，助力政府和公民构建更安全、更高效、更美好的社会环境。

“智子”平台、全民卫士、掌上 110 这些自主研发的系统和产品，使大数据和人工智能真正落地于行业应用，可以说，绿湾科技已经成长为最懂行业的人工智能公司之一。

据悉，绿湾科技在社会治理领域的贡献可以对标美国硅谷 Palantir，那家技术公司曾通过整合分析挖掘 40 年的海量数据帮助警方证实了麦道夫的庞氏骗局，并协助多家银行追回了隐藏的数十亿美元巨款，而绿湾科技也已经协助全国多地公安机关神速侦破各种经济和刑事案件，其基于大数据和人工智能的侦察技术早已远远超过神探福尔摩斯……

一、以大数据打通信息孤岛

绿湾科技这家低调而神秘的黑科技公司仿佛一匹快马，“三年磨一剑”打造了一款“杀手锏”，被业内人士认为是真正可对标 Palantir 的技术公司。在这里，工程师们都喜欢科幻小说《三体》，主张 See Beyond Data，热衷于实现类似《谍影重重》里那样的黑科技，塑造一个数字化管理各行各业的“智脑”。绿湾科技“智子”、数据治理平台、机器学习平台、移动政务综合平台已经广泛应用于社会治理领域。绿湾科技的“公共安全+人工智能”行业解决方案已经应用于智慧安全、智慧法务、智慧检务等公安司法领域；“智慧城市+人工智能”行业解决方案已经应用于智慧安防、智慧政务、人口大数据、产业大数据；“金融证券+人工智能”行业解决方案已经应用于金融反欺诈、证券稽查执法、保险等行业。

绿湾科技创始人兼 CEO 张凯具有多年创业经验，早在 2013 年就洞见政府各个相关部门掌握着的海量数据一直沉睡在机构服务器中，而且它们的痛点是尚未充分挖掘应用这些数据来为警务做服务，于是他便思考是否可以用人机结合等技术手段来创新公安使用数据的方式以提升警务效率。他认为当今社会已经进步到高度发展的文明时代，应该是由数据信息驱动支撑各个行业，相信只有如此整个社会效率才会得到很大提升，也可以促进各行各业更有效地互动和关联。

2016 年 12 月国务院印发的《“十三五”国家信息化规划》指出，要建立和完善社会治安综合治理信息系统和公安大数据中心。不过在实际工作中大数据究竟该如何使用，绿湾科技究竟能够多大程度协助公安干警，公司与社会多方仍然在探索中。目前，绿湾科技研发的技术产品和平台已经可以从大量千亿级的实体当中去挖掘出人物的各种关联关系，比如 1 度、2 度甚至 3 度的关系，乃至从表面数据看不出的一些暗藏信息。在配合公安和警方的工作过程当中，绿湾科技的技术人员经常与一线民警紧密接触与配合，在工作实践中逐渐磨合应用并逐渐改善升级。比如说在公司协助侦破系列盗窃案件过程中，相关部门通过绿湾科技的“警务云”上传了盗窃案件周边旅馆住宿人员信息，迅速锁定并抓取了违法犯罪团伙的核心骨干成员，又通过核心骨干成员信息迅速关联到团伙内其他成员，这样就迅速挖掘出将近十几个盗窃团伙。这一过程传统手段可能需要几十人三天到五天时间，现在只需要一个人在操作台上大概 30 分钟左右就能完成，大大提高了破案效率。这种技术成果已经交付很多地方政府和省级公安厅和智慧城市建设管理部门，它们都认为绿湾科技真正地从业务场景上给予了数字化智能帮助。

绿湾科技打造的基于行业知识图谱的多元易构大数据引擎，融数据治理智能和搜索关系挖掘为一体，专注于为政府及行业客户提供针对具体场景的大数据解决方案。公司曾经协助警方成功破获一起 22 年前的命案，技术人员作为大数据专案组成员介入工作，把专案组收集到的线索和数据拿过来重新关联发掘分析并逐渐锁定嫌疑人范围，最后成功破案。

二、以人工智能解决社会痛点

绿湾科技团队非常年轻，核心技术人员大都毕业于清华大学、北京大学、浙江大学、上海交通大学、哈尔滨工业大学等知名院校，而且拥有在百度、阿里巴巴、腾讯、微软等国内外著名机构从业的背景，均是行业顶尖专家，站位前沿而底深厚的人力资源阵容决定了绿湾科技既能深度挖掘核心底层技术，亦能在行业应用领域稳扎稳打、厚植深耕。

所以，绿湾科技研发的平台和产品线不断迭代升级，打磨知识图谱数据融合引擎，自主研发“智子”大数据智能应用系统、数据治理产品、知识图谱产品、机器学习平台、智慧城市人口大数据分析系统、"全民卫士"互联网+政务便民服务系列产品，绿湾科技已经成为为公安、法院、检察院、发展改革委、金融证券等政府及行业机构提供针对具体场景的大数据和人工智能解决方案的供应商。

绿湾科技随着人工智能+垂直领域的整合不断加深，借助知识图谱、机器学习、数据挖掘等人工智能技术在公共安全、政府管理及企业风控领域的落地，结合标杆客户的实战应用，推动智慧公安、智慧检察、智慧法院、智慧金融、智慧医疗的建设，成为"更懂行业"的人工智能企业，加速政府和企业数据价值的真正落地。绿湾科技以成就客户为基石，目前已为北京、吉林、山东、江苏、天津等十几个省市公安机关、法院等机构成功提供了一系列大数据产品及解决方案。2018 年，绿湾科技被授予"最佳大数据解决方案"及"全国公安系统警用装备十佳品牌"两大奖项，且"互联网+政务"平台"掌上 110"成为浙江省公安厅落实"最多跑一次"改革创新项目。

吉林省公安厅一直走在公安信息化改革的前沿，为最大限度地激活数据价值，它们也借助绿湾科技"智子"系统整合打通各垂直行业的各个业务系统的海量数据通道，建立所有数据与对应实体的关联，打造亿级知识图谱，充分挖掘实体关系网络。在党的十九大和全国"两会"安保维稳期间，吉林省利用"警务云"获取人员关系、活动轨迹线索上亿条，快速锁定控制犯罪嫌疑人，大大提高了公安机关的工作效率。传统办案需要多人数天，现在通过绿湾科技平台的大数据和人工智能技术只需要一人一键完成，这就是"智子"在实战中创造的价值。

三、冰雪聪明的系统"智子"

"智子"名字来源于刘慈欣科幻小说《三体》，通过将质子二维展开，再将二维的质子通过电路蚀刻改造成计算机后转回到高维，从而可以监控地球的一言一行，而地球人却看不见它。

“智子”的大数据智能思路也是将大数据低维展开，展开成实体、实体属性、实体关系三元组，进行深入融合以后再高维折叠，折叠成人、车、物、案、时、空的图谱和模型，从而实现降维融合、升维打击。

绿湾科技首席产品官（CPO）、“智子”团队领头人秦锋剑说，他们花了半年多时间将这个想法初步实现以后，就到公安系统的县局、派出所等一线实战部门去试用，自己也亲自参与一些案件的分析和侦破，包括一系列大案要案，如 2017 年侦破的浙江第一悬案——绿洲珠宝行抢劫杀人案，也有涉及 3000 多人的团伙走私案件，并将这些分析和破案思路重新训练到机器模型里，经过这样多轮反复的迭代，就让“智子”越来越聪明。其实团队很早就切入公安这一垂直领域，用了非常多的时间和精力去了解这个行业，挖掘他们的需求和痛点，探索“智子”在实战场景中落地的方案，努力做到“比客户更了解他们的实战需求，做到比公安更了解公安”，这可能也是“智子”能快速落地、赢得信任的原因之一。

“智子”对数据治理和数据价值的有效释放可谓劳苦功高。

首先是数据治理的自动化，“智子”能够实现对实时、动态、增量的数据源进行自动清洗，就像进入大数据池子里的每一根进水管都安装了净水器。此外，还可以实现所有地址信息的自动落点落图，支持 GIS（地理信息系统）实战。秦总说他个人走访了十多个省的公安厅，还从没有看见类似的产品和能力。

其次是数据融合，“智子”采用国际上最领先的知识图谱技术，可以支持千亿实体万亿关系，国内同类产品一般只能支持到亿级，而一个省厅的数据大多在千亿左右，所以绿湾“智子”的应用一般在省厅级或公安部。

再次是数据的搜索和挖掘分析，“智子”致力于让每个功能和服务都做到极致，比如搜索，一般的系统只支持关键词搜索，而智子还可以支持语义搜索、人脸搜索、团伙搜索、关联搜索、画像递进搜索、时空搜索等，真正实现一键即搜、一键即得。

最后实现良好的人机交互，“智子”采用人机共生的大数据可视化技术，充分利用人的优势（直觉和推理）和机器的优势（容量大、算力强），对快速变化的警情做出实时的决策支撑。

“智子”就像大家联合起来共同培养的一个孩子，它的成长离不开产品技术团队加班加点用心抚养，就像父母一样；同样，也离不开公安行业客户在战法和研判思路层面给予的指导和反哺，让“智子”越来越聪明。“智子”和团队、用户、社会等生态圈已经形成了相辅相成、相得益彰、相互反哺的正向关系。

四、人口分析、全民卫士、网络报警等行业应用铿锵落地

致力于打造更懂行业的大数据智脑。

绿湾科技依托城市电子政务基础设施，通过汇聚并整合政务数据、社会数据等资源，建立各类人口主题库，并建立相关数据分析模型，充分利用人工智能和大数据分析挖掘技术，与城市治理专项行动业务需求相结合，构建该领域专属的知识图谱，建立人口、城市空间和专项行动之间的内在联系，为城市精细化管理、专项行动科学决策等提供数据支撑。

全民卫士是依托于公安大数据和互联网数据研发推出的政务综合服务平台，支撑公安、法院等政府机构的便民业务办理、数据治理、智慧城市建设等核心工作。平台遵循“惠民利警”双赢原则，最大限度地实现网上服务集中提供、政务信息集中公开、警方声音集中发布、数据资源集中共享，做到“让数据代替群众跑腿”。平台通过省、市、县三级架构设计，打通了原先孤立和分散的系统，并通过后端的数据共享交换体系，实现跨部门、跨区域、跨行业的政务服务事项的整合应用，是吻合现阶段国情和用户对移动互联网需求的一次成功实践，也是浙江省公安厅落实“最多跑一次”改革创新实践项目之一。

宁波公安基于“一盘棋”的建设思路、“一网通”的数据流转、“一站式”的集成服务、“一步先”的创新原则，基于全民卫士平台构建了公安便民服务移动互联网统一入口，即“阿拉警察”App。阿拉警察以贴合民众高频需求、解决刚需为目标，提供覆盖全警种的网上审批、办事、服务、宣传、管理等一站式内容，已实现185项全警种事项在线办理，最大化实现民众办事“零跑腿”目标。2018年5月，宁波成为全国首个证照电子化试点城市。依托大数据人工智能等技术，将身份证、户口簿、驾驶证、居住证等六类证照电子化，连接线上应用与线下场景，开创了身份验证的新模式。

掌上110是由浙江省公安厅、公安部第一研究所和浙江公共安全技术研究院共同指导，绿湾科技基于全民卫士平台自主研发并运营的全国性互联网报警平台。当前，公安机关面临警力不足、接警压力不断上升的问题，且传统的110报警很多时候无法核实报警人身份及地理信息，还有不便于电话报警等情况。掌上110在认证用户报警的第一时间就能展示报警人姓名、手机号、身份证等关键信息，能有效提升接警效率，防止虚假报警等行为。同时，用户可通过图文、音视频等多样化形式一键报警，为特殊情况下无法电话报警的用户提供方便，且丰富的报警材料可以为后续警情处置和调查提供强大支撑。掌上110可直接指派警单，也可接入接处警系统由110指挥中心统一指挥协调，达到快速反应、统一应急。

顺应互联网科技发展趋势的特点，充分运用“互联网+”思维，务实改革，创新报警方式，以实时视频为主的互联网报警平台逐渐融入人民群众的生活中，为群众进一步拓宽报警求助渠道。绿湾科技互联网报警平台的建设，不仅提升了服务群众的水平和社会治理的能力，也通过科技手段提升了警务效能，助力公安警务改革。平台利用互联网信息传输功能，实时向110指挥中心发送GPS（全球定位系统）位置信息，并推送现场音频信息到互联网报警接警席。全要素全方位采集报警人轨迹以便快速实施求助。平台嵌入了微信、百度地图、微博、美团、支付宝等互联网服务平台，实现群众多种入口提交报警需求。

大隐隐于市。绿湾科技已是中关村和国家级高新技术企业，其北京公司隐藏于高科技公司云集的东升科技园某栋办公楼有露台的一隅，窗外如织如毯的绿色草坪正好映射了公司名字。感知数据、转化知识、赋能行业，这是绿湾科技躬耕于此的方法论和路线图。“当有了数据基础，万物皆可以智能，比如这窗外的小草也是可以智能的，只要连接了技术。”齐总凝视着绿草如茵的窗外说。

创业方法论

技术懂得行业：譬如人工智能人工智能+，随着人工智能在垂直领域的整合应用不断加深，借助知识图谱、机器学习、数据挖掘等人工智能技术在行业应用的真正落地和不断赋能，对于人工智能研发机构而言，致力于打造更懂行业的大数据智脑，显得更为重要。

技术赋能行业：Touch 数据、转化知识、赋能行业，这是躬耕于此的初步方法论和路线图……

第3章
物联网、3D打印、平衡车、测试测量

他们正在把智能化查抄亿万级仪表的物联网、大数据、云计算、人工智能等种种理想一步步变成现实。足不出户，天下皆知；万表归一，一目了然。

要鼓励创新，要鼓励某个领域中的高瞻远瞩的想法，有人要懂得并且能够支持协助。有时不能只看财务指标，而应当看更长远的未来，企业家是这样，投资家亦然。

羿娲科技：多表合羿，娲掘新知

中国科学院与麻省理工学院联合培养博士创建羿娲科技

上古时期的神话传说竟然也能与现代科技完美结合。

中关村东升科技园有家名曰羿娲科技的公司就是引用了后羿射日和女娲补天故事的深刻含义，撷取两位主人公的名字严丝合缝地组合成为企业名称，这家现代高新技术公司的核心业务不是传播神话故事而是泛概念意义上基于算法和图像识别的仪表人工智能领域。

我国是人口大国，各种仪表诸如水表、电表、气表等也许比人口数量还多，而且广泛分散于家庭、企业、机关、学校、楼宇、园区、社区等各个领域甚至犄角旮旯的隐秘位置，范围大、数量多、分布杂、标准不统一，所以很难实现仪表数据查抄的精准化、实时化、标准化。生活和工作当中，我们大都经历过工作人员上门前来查抄水表电表时敲门打扰、各种确认、模糊误抄等情况，不法分子以抄表为借口入室行窃等事件也时有发生，如果这些仪表能够自动报数就能规避此类风险。随着科技的进步尤其是人工智能、图像识别、算法技术的落地应用，制造业正在向智能化转型，羿娲科技随着“中国智能制造 2025”落地实施应运而生。

他们正在把智能化查抄亿万级仪表的物联网、大数据、云计算、人工智能等种种理想一步步变成现实。足不出户，天下皆知；万表归一，一目了然。而在仪表远程查抄和数据统计分析领域鲜见整合者，而这家公司是如何发现这个蓝海并且探索远航的？我们特别深度访谈了北京羿娲科技有限公司的创始人谷鹄翔博士。

一、后羿主攻降低能耗，女娲解决跑冒滴漏

羿娲科技创始人谷鹄翔博士说，后羿射日是降低能耗，女娲补天是解决跑冒滴漏。

公司名字正是源于中国古代神话传说中的后羿和女娲，故事的来龙去脉和讲究立意都与他们正在解决的行业痛点和产业焦点问题不谋而合，用高新技术解决直到今天在仪器仪表领域仍然经常发生的能耗过高与跑冒滴漏现象等痛点焦点问题。另外，公司标识“EVA”发音是《机器人总动员》里的人物名字，中外结合、传统与现代结合的立意更能体现纵横八万里的鸿鹄之志，这与创始人的姓名也非常契合。

2017 年公司创始之初，谷鹄翔博士拿出自己的积蓄联合几位合伙人凑了启动资金，几个人身兼数职地做技术、数据、市场等各种复杂而初始的艰苦工作，当时最主要的目标就是一门心思、千方百计地赶紧把算法做出来并且能够行业领先。当时最痛苦的是没有数据，他们经常亲自跑到各种仪表现场寻找挖掘数据，把研发的新产品亲手扣到仪表盘上、手动拍照，以这种原始方法一点一滴地积累数据。彼时，谷鹄翔博士经常与小伙伴们飚数据到晚上 10：00 乃至深夜或凌晨。与谷鹄翔博士并肩作战的另外一位合伙人同样也是“80 后”，大家当时年纪尚轻，加班也加得起，身体也还吃得消。创业公司最大好处是大家为了一个共同目标、一个共同方向不计薪酬不计代价，撸起袖子加油干。

正是由于项目的未来可期，2017 年 12 月羿娲科技就完成了近千万元天使轮融资，2018 年 8 月又完成了 3000 万元 Pre A 轮融资，资本的次第快速到位如催化剂般促使公司步入超常规发展的快车道。

可以说，两轮融资之后，羿娲科技亦完成了成人礼，定位于图像增强识别与数据分析挖掘技术专业机构，提供水、电、气、热等

仪表行业及应用领域的智能抄表与统计的能源大数据解决方案，帮助客户实现准确、及时的表盘数据采集和云端智能识别，提供基于能源大数据的增值服务，实现全国仪表物联网化，助力智慧城市、能源大数据与工业互联网的系统化落地。

二、“克强指数”，通过能耗监测国计民生

公司创始人对于行业选择有着独特的视角、依据和准确判断。

谷鹄翔博士表示，“克强指数”的宗旨就是通过能耗来监测国计民生。“克强指数”源于李克强总理任辽宁省委书记时通过耗电量、铁路货运量和贷款发放量三个指标分析当时辽宁省经济状况。该指标自推出后，受到花旗银行在内的众多国际机构认可。其中，碳排放、减污染、健康环境、可持续发展、减少损失、无伤化、避免安全事故等这样的关键词无论对个人还是对企业而言都非常重要。

技术创业的选择方式有千万种，无论从微观角度还是宏观意义，创始人谷鹄翔博士正是基于这种家国情怀选择摄像远传仪表业务领域创业，必然和偶然的机会发现与机遇碰撞最终使他锁定了这一行业契机，也是他们在此领域精耕细作的因由，即使现在回顾当初这种定位仍是正确的。因为公司存在的意义就是解决行业的难点、痛点和问题点，而水电气仪表产品往往是各个不同生产厂家针对不同行业不同用户进行研发制造，所以在全国各地的用户和消费市场中广泛存在协议不统一、平台不统一、标准不统一的现状，造成了我国数十年以来一直用人力手工原始方式查抄仪表数据，海量仪表缺乏有效即时精准的查实、统计、分析是消费、生产等各个领域普遍存在的沉疴。如何对症下药，从根本上解决这些疑难杂症？羿娲科技研创的以智能仪表数据为基础业务定位、以人工智能方式构建数字仪表的物联网，为各类能耗及大数据管理平台提供解决方案，是可以实现“多表合羿、娲掘新知”、为客户和社会创造价值的秘籍。

让天下没有难抄的表。羿娲科技专注于电气热和工业仪表识别

的人工智能物联网，将人工智能与物联网技术完美结合，以降低成本、高效率的方式赋能各类仪表，快速推进仪表智能化，积极响应国家节能减排行动的号召，助力数字中国建设。人工智能市场近年已经成为资本下注的热门领域，面对如此诱人的市场机会，相关行业也开始蠢蠢欲动，以从中分得一杯羹。早起的鸟儿有虫吃，羿娲科技已经在此领域提前布局、深度研究、精耕细作而且快速成长，已具备行业独角兽的潜质和特征。

羿娲科技的产品线条非常清晰，包括如羿读、云平台、随羿查等条块。羿读是摄像远传抄表产品，采集终端能够按照人工设置的拍照间隔定期对表盘进行拍照，并自动传输至服务端进行表盘图像的识别，是公司的核心技术。羿读云平台基于物联网、深度学习、数据挖掘等技术，对表盘照片进行存储、学习和分析，从而构建清晰的、一目了然的仪表总分关系图，将读数结果与相关信息提供给用户，人工智能技术可以快速定位低效坏损设备，及时发现偷漏损问题，实时发出异常告警，减少意外事故和经济损失。云平台提供标准化 API（应用程序编程接口）接口，通过调用和主动推送等方式轻松满足企业用户的数据需求，第三方平台可以按需调用 API 获取相关数据，羿读云平台亦可以及时主动推送相关数据到第三方平台。随羿查是仪表读数自助查询小程序，能快速打通仪表数据的获取通道。

人工智能、深度学习、大数据、云计算、物联网、区块链等这些科技似乎都可以对标羿娲科技，创始人谷鹄翔博士解释说这些概念都是外在标签和工具用语，他们不太关心到底是哪种技术，关键是这些技术研发应用能为客户创造多少价值、节省多少成本和人力成本、减少或规避多少风险和损失，这才是真正的价值。

三、成功入选麻省理工学院—清华大学“中国未来城市创新网络 2019”

羿娲科技创始人谷鹄翔作为中国科学院自动化研究所与美国麻省理工学院联合培养的博士、模式识别国家重点实验室助理研究员，曾发表多篇 ECCV（欧洲计算机视觉国际会议）等国际顶级会议论文和杂志学术论文，获得多项国际荣誉，在他就读博士期间就参与了麻省理工学院联合项目，两位合伙人也都是在麻省理工学院求学期间的同学好友。

正是基于深厚的学术渊源，2019 年 3 月 18 日，羿娲科技水到渠成入选麻省理工学院—清华大学“中国未来城市创新网络 2019”。2019 年 6—7 月，羿娲科技和来自清华大学、麻省理工学院的其他 15 支团队开展为期两周的“中国行”活动，在广州、深圳等试点城市实地考察，与行业领军企业进行交流。羿娲科技希望以此为契机，联合尖端力量，吸收先进经验，深入行业痛点，探索产品在未来城市发展中的各种可能。

羿娲科技专注于解决亿万级海量传统水电气等仪表在智能化升级过程中面临的问题，诸如停产改造、成本不可控、施工事故、无法大面积快速覆盖等，以低成本的城市资源消耗计量数字化，快速形成城市资源管理大数据，提升资源管理的精细化与智能化水平，为构建智慧能源城市提供基于仪表节点的基础感知层数据与上层应用服务。

四、开垦处女地，远航新蓝海

在美国麻省理工学院超过一年半的学习经历很大程度上激发了谷鹄翔的创业激情和想法。

这位从湖南农村读书走出来的学霸和低调才子，一直以来都是佼佼者甚至是家乡城市的高考状元，随着他离开家乡愈来愈远，他感觉到大环境之下个人能力的微不足道，然后渐渐在这种状态里觉醒并超脱出来，想着可以为全人类做些事情以回报社会。偶有郁闷，偶有启发，麻省理工学院导师可以花50年沉浸在学术研究领域，国内很多做科研的师友们大都会为项目申请往来奔波，想想自己前30年既然可以从偏远地区走到都市中心，现在也可以再花30年走向新的目的地，这是他在麻省理工学院产生的小小心愿，亦是创业理想萌芽，也许可以先在一个小领域做出持久的被全世界称为第一的事情。他的专业是计算机数学，从事的研究是比较热门的课题，再加上那段时间经常思考物理空间度量和海量级仪表节点关联和数据统计，如园区管理、消防行业，可谓表比人多，而这些正是形成大数据的关键和基础，所以他就想定位于物联网、人工智能领域创业，具体落地在仪表识别领域应当更靠谱更接地气。

他回国之初曾给业界老总做过产业升级培训，希望大家不要在错过互联网后再错过人工智能，讨论过程反复涉及仪表数据管理领域，逐步发现这个领域是值得研究的新蓝海。现在，只需要把羿娲科技产品安装到仪表盘上就可以实现智能监测和分析统计，目前公司已经服务73家B端客户、86个项目，在全国覆盖20多个省份，合作客户遍布水务、物业、燃气、通信、工业等诸多领域，公司已经申请专利和知识产权40多项，在图像识别、数据挖掘、终端低功耗、仪表物联网等人工智能+物联网技术领域处于行业领先地位。公司与中国科学院自动化研究所模式识别国家重点实验室建立了长期合作关系，2018年12月成为国家级高新技术企业，并与中国联通、中国信通院、阿里巴巴联合起草行业标准。

先把专业做深做透、构筑技术壁垒和护城河，再着力进行规模化推广，这是羿娲科技发展的路径图。

五、融资、上市、行业标准

谷鹄翔博士说，能够把定理写进小学课本的科学家才是最牛的。最接近真实的才是最长久的，小而美的产品往往会占领大市场，这是非常注重商业逻辑的朴素道理，而羿娲科技把人工智能应用于仪表图像识别领域不仅可以节省能源、拯救有限资源，还可以保障财产和生命安全。某知名投资人说这是人工智能领域最易落地、最土、最接地气的落地应用。这样的评价其实不是讽刺而是褒奖。为何是你而不是其他人？想做这个领域的人很多，但是谷鹄翔博士团队因仪表结缘人工智能应用，从客户培训到发现市场到产品意义和技术价值，行业的天花板已经很高，羿娲科技的先发优势已经非常明显而且正在形成商业闭环，主动发起的智能产业链和生态圈已经成长并渐趋成熟。

谈到上市计划与国内热议的科创板，谷鹄翔博士说这些都是公司发展到一定程度后水到渠成的结果，公司不会为了上市而上市，商业的本质是创造价值并分享价值，帮助别人解决问题后自己赚到利润，股权、债权和证券化都是企业发展过程中的融资工具。正如业界所言，科创板是一瓶卸妆水，估值还是有泡沫，一级市场是文字式，而二级市场是数字式，本质是业绩和规模，亦是本来的商业逻辑，把自己之前的论文中所研究的技术做成产品，打磨产品，服务客户，创造价值，薪火相传地培养团队，形成学以致用的产学研链条，这是创业的初心，也只有这样才能吸引到志同道合的人，这才是最重要的。

创业是一条不归路。忆及创业之初曾与 100 位董事长谈交叉验证想法，技术仪表领域有很多空白可以去填补，相对来说这是小空间，但有拥有广阔市场潜力。做事情要有原则、有技术，更重要的是这个事业于社会有意义，要众人认同、正义必胜、志同道合者聚集、团队与个人结合，在所选择的行业填空而且填得够深、全世界称好。作为创业者，谷鹄翔博士曾经不断打磨自己的想法和技能，亦曾经被打击得体无完肤，经过煎熬过程才得以自我重生，而今天他不仅为自己负责还要为更多跟着自己的人去战斗。他的合伙人和核心团队来自麻省理工学院、清华大学、香港中文大学的 MBA（工商管理硕士)，也有不少来自摩托罗拉和阿里巴巴的资深人士，将近百人团队的人力成本和运营成本都比较高，羿娲科技也乐于在将来成为行业的黄埔军校。

近闹市而不喧嚣。羿娲科技已从创业之初的孵化器搬到了东升科技园并迅速扩张。这里花园般的园区环境、浓厚的科创氛围、贴心的配套服务对公司长足发展产生了令人喜出望外的推助力，大家仿佛工作生活在田园牧歌之中，这是乐活灵动的人和欣欣向荣生态健康的园区之间最充分的融合。

中国的神、欧洲的神、古希腊的神的名字也被羿娲科技命名为会议室名称，非常吉利而有趣，聚宝盆、光明地、通天阁、思过崖、财神庙、仙灵岛、桃花岛、有求屋、必应屋……公司发展亦如有神助般突破了智慧水务、智慧物业、智慧园区的范畴，正在步入协同建设智慧城市、智慧国家的新领域。

“吾生也有涯，而知也无涯。”羿娲科技在东升科技园的快乐无忧和想象的无边无际，正是创业公司在春天里茁壮成长的样子。

创业方法论

创业意义：选择对社会有价值有意义的事业和行业，因为公司存在的意义就是解决行业的难点、痛点和问题点。

水到渠成：上市是公司发展到一定程度后水到渠成的结果，公司不会为了上市而上市，商业的本质是创造价值并分享价值，帮助别人解决问题然后自己赚到利润，股权、债权和证券化都是企业发展过程中的融资工具。

技术壁垒：先把专业做深做透，构筑技术壁垒和护城河，再着力进行规模化推广，这是羿娲科技发展的大概时间表和路径图。

合纵连横：“一条龙”式地把技术、产业、市场统筹起来，距离行业第一和世界第一就不远了。

清锋科技：3D 打印的智能制造蓝图

3D 打印，也称增材制造，具有缩短制造时间、降低生产成本、制造更为复杂零件、个性化需求制造等突出优势，被视为第三次工业革命重大标志。作为战略性的新兴产业，3D 打印正在快速改变传统的制造方式。随着《中国制造 2025》《国家增材制造产业发展推进计划》等政策的相继颁布，我国将发展 3D 打印上升到国家战略的高度，促进我国从制造大国向制造强国的转变。

但是，当前 3D 打印技术受制于速度和性能等问题无法完全满足工业领域批量化、规模化的应用需求，限制了该技术的普及应用。在中国，有这样一家起源于工艺美术的科技企业，正在悄悄成为 3D 打印产业领域的独角兽。2017 年 12 月 14 日，在中关村东升科技园凯莱酒店，和着舒缓的背景音乐，我与北京清锋时代科技有限公司的执行总裁姚志锋先生进行了长达三个小时的咖啡清谈 3D 打印……

一、从清华大学到 3D 打印

姚总是湖南郴州人，2007 年考入清华大学美术学院雕塑系。从功课层面而言研究了四年人体造型，边工边读边创业是他在清华大学读书时期的真实状态。上大学期间，要经常旷课跑到校外的公司参与创业项目，毕业论文内容设计也是在班主任再三催促中灵感闪现的，浓缩着自我的毕业雕塑作品《脑残的青春》，历经三个通宵的修改最终通过。《脑残的青春》饱含他的状态感知。虽然“脑残”

是每个人的“青春属性”，但当时他的感知或许比别人更加强烈。

他的求学故事也算励志佳话。从高二那年突发奇想要考清华大学，到临阵磨枪速学美术，并一举通过专业课考试；从因英语的落后，三度参加高考，均无缘清华大学，到在社会闯荡三个月后，在别人异样的眼光中，又踏进中学大门参加第四次高考，终于如愿以偿。他的身心都得到磨炼。用他的话说就是“第四年，我很平静，平静得周围的人都以为我疯了”。新东方创始人俞敏洪也是三度参加高考，实现北大梦。姚志锋四度参加高考，实现清华梦。执着是二人的共同之处。

清华大学美术学院雕塑专业每年只招 15 人，以培养大师为宗旨。姚志锋觉得自己成为大师的概率很小，便在大学期间开始谋生创业，想把复读的时间追赶回来。当时正值北京奥运会，各项体育项目如火如荼开展。那时他和创业团队跟风组织了体育类项目，其中，被骗过、坑过、踩过。记忆犹新的是策划鸟巢举行的中国足球嘉年华，当时的志愿者就招募了 300 多人。庞大的工作量，烦琐的工作细节，给他后来创业提供了宝贵的经验。

作为雕塑专业出身的艺术家，在种种的职业尝试和选择中，不断地寻找出路。偶然一次，他所在的机构承接了北京航空航天博物馆的浮雕设计，为了精简复杂的技术工作，团队就开始琢磨如何用雕刻机代替手工，这是他染指 3D 打印技术的契机和开始。最后，他发现 3D 打印行业最能与艺术紧密相连，恰巧发挥了专业的特长，于是沉浸在该领域至今。

这个时间正好是 2011 年。

二、国内外调研，3D 打印就是增材制造

1986 年，3D system 公司创始人查尔斯·胡尔（Charles W. Hull）发明了第一台工业 3D 打印机。设备利用紫外激光，对液态树脂进行逐点扫描，使被扫描的树脂薄层产生聚合反应，由点逐渐形成线，

最终形成零件的整体模型。从全球范围而言，2011 年，3D 打印产品更多地进入大家的视野。2014 年 11 月末，3D 打印技术被《时代周刊》评为 2014 年 25 项年度最佳发明之一。

时至今日，越来越多的 3D 打印技术应用于医疗、航天、汽车等领域。生活中也随处可见一些定制化的 3D 打印糖果等。

当他刚接触这个行业时，他查阅了这个领域的很多资料，到国外调研并找来艰涩的专业论文研读，即觉得神奇又觉得很恐慌和敬畏。自主研发设备时，为了蹭清华大学的实验室和设备等免费资源，把工作室从顺义搬到了五道口。

各种尝试，有的错了，有的对了，最终，他发现其实 3D 打印本身就是制造。

谈及创业的艰辛，姚总坦言最痛苦的是那种独自摸索的孤独感和寻找合伙人的漫漫过程。创业，人是最重要的因素。而新行业、新领域，志同道合的人更少。他频频参加行业内活动，多认识一些同业中人。一年之后，一位研究新材料的人才加入了他的创始团队，工艺设计流线外观加之绿色环保新材料制作，便是他们对自己产品未来的定义。

从此，他在学院路租了个小房子作为工作室，方便合伙人联合办公相互切磋，加班加点是家常便饭，经过半个月的“泡面生活”，他们终于攻克 3D 打印的“老大难”速度问题，比当时市场主流 3D 打印机速度提高了 100 倍。2016 年 12 月的一个凌晨，他手捧刚打好的样品，竟像当年拿到清华大学录取通知书时一样平静，好像早已知道结果就应如此。然而，当他走在凌晨两点多寒冷空旷的大街上，回想机器完工停止的那一刻，热血沸腾得真想振臂高喊！

三、紧接着开始的融资

论及行业的国外技术，美国仍然占据领先地位，carbon 3D 公司时而会在科学杂志发表文章，更是在全球申请发明专利，给行业人为地竖起了一道道不可逾越的墙。姚总和所有的合伙人决心跨过种种障碍和壁垒，甚至探索能够支持更多体系的材料技术。现在他们也已经拿到多项核心专利。就纯粹技术角度而言，可以在行业间进行竞争的，是支持各种材料的种类，包括自由基和阳离子，这是 3D 打印项目的核心价值，正是基于这些新材料才能实现把工艺变成产品的制造。

在产业扩张方面，清锋科技在北京、宁波和台北同时布局。宁波是全球最大的模具注塑机设备的生产基地，中国第一个“中国制造 2025”试点示范城市，是材料研发与科研集中的地方。尤其高分子材料是 3D 打印行业最为重要的基础原材料。通过参加一系列创新创业的比赛，清锋科技获得了宁波市政府 500 万元的基金扶持和奖励。

中国台北与日本的制造的肌理体系有些相似，即一位合伙人率队做设备工艺流程的研发。北京仍然是重中之重，这里有各行各业的人才，包括但不限于软件、平台研发、系统工程、设备、软件、材料、光学、热变形、机械、电子等综合性工业领域。公司已经获得北极光数千万元天使投资，中关村东升科技园也有投资，参与其中的相关机构都在期盼着这家具有独角兽潜质的公司能够尽快站到行业风口。

四、物联网概念下的按需定制与柔性生产

虽然已经研发出国内领先的 3D 打印技术，但是他们并不以卖设备为商业模式。

因家族关系，姚总本人对中国制造业知之甚多，亦研判得知中国工业的痛点所在。智能制造是未来的方向，3D 打印技术不仅在很大程度上实现行业替代和原材料节约，而且效率可提高 10% 以上。例如，全国注塑业每年有十万亿元的工业产值，大部分产品的成本、模具、人工，单价远远高于他们新研制的 3D 打印机打印出来的产品

单价。

姚总兴奋地描绘着未来的商业场景：经过向传统工厂进行科学普及和理论基础支撑，将 3D 打印设备免费送给工厂使用，通过中枢技术管理，使用设备厂商的原材料，赋予每台设备物联网的概念，闲置设备有效调用、酌情下发订单、科学安排生产、物流就近取货、自动汇总分发、就近交货。这种“化零为整”的方式极大地提高了生产效率，节约了劳动时间，可谓真正实现工业革命！之前有国外相关专家提出的无人工厂观点，现竟然通过自己的创业公司得以实现：无人工厂，远程控制的精准布局，全局监测的工业 4.0 概念。这些发现和新的进步让他备感激动和欣喜。

复合性很高的高分子领域有很宽的拓展面，零部件几分钟就可以做出来，如果技术普及到了超级工厂、理顺了原材料上游资源、稳定了下游的物流协作、把最先进的设备最广泛地免费推广出去，客户端与平台系统无缝对接，那么，富士康这种拥有几十万员工的劳动力密集而资产过重的企业，该当如何？

五、未来，做以技术梳理产业的平台

设计固重要，关键是落地。

姚总开玩笑说，3D 打印的按需定制，甚至可以很容易地打印出来枪只子弹，所以，技术的快速发展对监管提出了同步的要求，比如用大数据监测危险信号，以杜绝“糖衣炮弹”的可能。如何避免诸如此类的事情发生，就需从源端进行侦测，所以公司从 2013 年开始探讨这些与监管相应的流程，开始思考承担社会责任。

目前，物联网甚至互联网还不能完全统筹规划传统的制造业，这是整个产业的痛点。中国是工业大国，传统的制造方法和艺术不改变就解决不了瓶颈问题。而 3D 打印梳理工业生产的思路一旦成功，物流行业会得到根本改观，迂回和浪费就会从源头上得到充分的解决，因为平台的系统安排可以实现区域制造，复杂的事情经过统筹和大数据分析就会简单化处理。阿里巴巴淘宝、天猫的逻辑是按照客户需要给工厂下订单，姚总则认为未来的工业化核心是创意，是避免积压的以需求定制产量的差异化个性化产品生产。举例说明，阿迪达斯生产某款鞋子，鞋底的蜂窝、透气与弹性、与脚形符合的程度等之于运动员要求很高，3D 打印就可以做到完全按照个性化要求进行定制化生产，没准儿，很快未来就可以普及生产定制化的鞋子，在鞋店等半小时甚至 10 分钟就可以穿上专门量脚定制的鞋子。

鞋子合不合适，只有脚知道。

不久的将来，3D 打印将打印出最合适最舒适的鞋子，以此类推，以至无穷。

六、科学教育是责任也是市场

再次谈及商业模式和 3D 打印设备免费赠送工厂、生产的流水形成的强关系与造血功能、剩余劳动利用和价值产生，在新技术梳理之下就会形成良性循环的生态系统。大家可能会说谁是 2C 的、谁是 2B 的，未来应当都是 2A 的，A 是 ALL，是所有的业务和最原始的东西。如影视中的道具造型，随着影视播出系统的高清升级，越来越要求剧中道具更加真实，制造更要精细化。产品设计、3D 打印、上色等艺术加工，世界上独一无二的剑。

人的创造力需要引导和激发，3D 打印也是教育的工具，现在北京很多学校都有 3D 打印机。姚总说 20 年之后未来的样子就是现在小孩子未来 20 年的样子，教育是公司的未来市场。现在的孩子，他们长大了做的事情也是我们现在所想象不到的，未来的企业应当是更有技术含量和社会价值的企业。

最后，大家意犹未尽地谈笑说 3D 打印没准儿会打印出什么惊世作品。姚总会心一笑，打开手机里的一张照片，介绍说是国家领导人访美时，微软赠送的船只模型“柳林海号”。货轮模型就是经由他手打印出来的。这是否说明中国的 3D 打印技术以及未来的智能制造蓝图从那时已萌发?

文章落笔之时，得到喜讯，清锋科技凭借智能智造技术及革新营销思维，从 700 余个创业项目中脱颖而出，荣获 2017 年第五届“东升杯”国际创业大赛特等奖，获得 100 万元的创业奖励。同时，园区内新扩的办公室也将投入使用。

清锋科技的春风悄然来至，中国 3D 打印的智能制造蓝图也已拉开帷幕。

创业方法论

试对试错：创业初期往往会经过各种尝试，有的错了，有的对了，但是最终总会发现真正有意义有价值并且可以得到长足发展的前沿领域。

寻找合伙人：创业之初最痛苦的是那种独自摸索的孤独感和寻找合伙人的漫漫过程；创业，人是最重要的因素，而新行业，新领域，志同道合的人更少，所以经常参加行业活动不仅有利于开拓视野、发现机会，更重要的是还可以找到志同道合的合伙人。

纳恩博平衡车：联袂红杉与小米，与香奈尔、宝马与法拉利合作

自然、空旷、舒朗、整洁、井然有序，再次走进东升科技园，到了纳恩博所在的区域仿佛到了硅谷，特别像美国谷歌总部所在地的氛围和气质，大概比较年轻的以黑科技为创业方向的公司风格都大抵如此。

接待我们的是副总裁，据悉以平衡车为主要产品线的纳恩博已经在世界范围内首屈一指，让我们顺藤摸瓜地追问并检索其中的因由和秘籍吧。

一、从机器人到平衡车的创业

纳恩博的两位联合创始人是从北京航空航天大学毕业的校友高禄峰和王野，一位负责战略、投融资、并购、市场、品牌，一位负责研发、供应链、制造。

其实他们在刚刚毕业时开始创业的方向是互联网、机器人相关的项目，后来发现出行领域会有比较大的市场，偶然的机会发现平衡车是一个不错的产品，看似是富人阶层的出行小玩具式的短步车，每台可以卖到 1 万美元，可以作为消费级产品，不妨深度尝试，于是开始设立公司并进行产品研发、市场开拓，很快产品和技术就从第 1 代升级到第 2 代，更加智能小型轻便化，没有扶手、满大街跑。从公司成立起，其业绩每年都有 5~8 倍的成长。而在 2012 年成立公

司之前就做了机器人领域创业探索，而且获得了机器人世界杯足球赛三次世界第一。

二、诸多投资机构的密切关注

笔者工作的地方与小米公司总部相邻，经常看到年轻人和孩子们踩着各种各样的平衡车在院子里及附近的街衢行动自由地跑来跑去。

原来，看似源于小米的这些平衡车产品都是纳恩博生产的。平衡车作为富裕阶层的年轻人喜爱的短途代步工具，早在 2012 年就吸引了小米等投资机构密切注意，发现纳恩博就是这个领域的研发和生产机构，于是没聊几次就谈定了 A 轮 8000 万元融资，小米领投，顺为资本、红杉资本和华山资本等机构跟投。诸多资本为何青睐纳恩博？红杉资本创始人沈南鹏说，那是因为纳恩博在过去的一年中销量超过了美国同行业销量的总和，而且产品大多销往海外。纳恩博创始人兼 CEO 高禄峰在推介自己的产品时说自公司成立以来，相继推出 WindRunner（风行者）系列、Ninebot 九号系列、Ninebot One 系列，已在全球 50 多个国家销售，拥有 200 家体验店。就智能硬件而言，体系化的营销和追求价格优势思路非常重要，高禄峰认为，“智能硬件是随时演进的，它会变得非常简单粗暴，大家会一步到位直接采用小米的市场模式，根本没有探索的阶段。”

小米不仅成为纳恩博的重要股东，也是非常重要的战略合作伙伴，为对方承担了包括但不限于品牌形象、渠道搭建和 O2O（线上线下）销售等很多非常重要的工作。小米卖的平衡车都是我们生产的，张总说，比如九号平衡车的外观与性能都是同业最好的，基本没有其他品牌可与之竞争。

一做就是行业里的第一，小米和纳恩博的合作可说是锦上添花、完美无比。

三、全球布局与跨境收购

对平衡车品类的产生进行追根溯源，其是美国发明家于 1999 年发明的产品，第一辆出现的地点是美国东部的城市，当时在科技领域和社会上引起了很大轰动，于是就此成立了赛格威公司，并且很快融资 5 亿美元。

而纳恩博当时就与美国赛格威公司有业务往来，在此过程中发现原股东有出售的想法，而纳恩博有购买的意愿，于是经过双方几次愉快的谈判就达成了全资收购的协议，具体时间是 2015 年 3 月 31 日。

这是一次双赢的非常成功的并购，因为事实上双方在产品定位与管理理念等方面都非常契合，中美双方两块基因合并起到了“1+1>2”的效用。双方合并之后，几乎留用了赛格威所有高管，并在此基础上进行整合，所以管理与研发团队非常稳定，中美管理层经过讨论之后把赛格威作为美洲区的总部，中国研发放在北京东升科技园，美国研发仍然保留在原公司，生产依然在美国工厂生产。美国赛格威本身在品牌积淀与技术积累方面有一定底蕴，而纳恩博在互联网、机器人、品牌建设等方面也有自己的积淀，战略达成得益于双方管理层的前瞻性以及双方的理解与宽容，否则也不可能那么快就完成并购。纳恩博不仅继承了赛格威的技术，也保存并发展了美国既有的品牌，因为欧美国家对其认知度非常高，渠道与伙伴都非常愿意与其合作。

最底层最全面的技术传承与市场渠道的发扬光大，是纳恩博与赛格威并驾齐驱进入美国市场的最好通行证。

四、消费升级与普惠价格

可以说，在新能源出行代步工具领域，长途有特斯拉，短途是纳恩博。

纳恩博平衡车可感测驾驶者姿态并自动保持平衡，即通过智能底盘来感知身体重心进而调整速度，具体而言即通过内置的微机电陀螺仪和加速计构成一组精密且快速的姿态测量传感器，该传感器以每秒200~500次的速度来感测车身所处的姿势状态，通过高速处理器计算出适当的指令后，驱动马达来移动车身，在自动保持平衡的前提下迅速运动。除了利用身体姿态控制产品的前进后退外，驾驶者如果想要转弯，身体姿态会自然地朝转弯方向倾斜，此时驾驶者左右摆动产品操纵杆部分，使车辆左右两个车轮产生转速差，从而达到转向效果。

纳恩博创始人兼CEO高禄峰如此形容自己的产品——就像玩iPad一样容易上手——这也是产品风靡全球的重要原因。

随着技术的精进和产品研发，纳恩博和赛格威旗下的产品也在默默地培养着市场与消费人群，从当初的富人玩具延展扩大成为大众消费级产品，就销量而言，从2016年以来一直是美国市场占有率排第一。目前，中国市场占比在一半以上。以美国和欧洲为代表的海外市场需求仍在逐渐增加。

在产品定价方面也已经非常普惠，国内价格低至1999元，海外版也不过500~600美元，且国外的价格已经考虑到运输与税费问题。

在生产方面目前国内有两个工厂，一个在天津武清，另一个在常州科教城，研发和管理都在北京。美国赛格威工厂兼具美洲区管理总部功能。整体而言，北京为总部。公司于2016年在欧洲设立子公司，负责欧洲与中东地区的销售，总经理聘请的是荷兰人；在新加坡设立了售后和维修中心；德国慕尼黑办事处负责欧洲区域市场的售后服务工作。O2O方面除了小米，网上商店还有京东和天猫等。

2018年，平衡车的市场态势是供不应求，即需求大于供给，公司2016年就推出过电动滑板车，现在聚焦于以平衡车为代表的短途出行工具，家附近、园区等5千米半径都是很好的距离，而汽车则用于满足长距离出行。平衡车的电源是可充电锂电池，操作系统与用户手机互联，所以能够掌握用户数据，而购买人群最集中的年龄段是30~40岁，这些消费者一半是买来自己用，另一半是买给小孩子玩。用户中大部分是有车家庭，放到后备厢就可以随时用于短途代步与娱乐。而20~30岁的年轻人更乐于直接用以出行。纳恩博非常注重安全、品牌、质量、保障，每辆车都带着以人身意外险为主的保险，以便为用户提供更多保障。

五、合纵连横与跨界合作

随着技术研发的突飞猛进，纳恩博加强了同业与异业之间的广泛战略合作。近些年来公司与麻省理工学院、哈佛大学等国际名校合作过，关于论坛讲座、机器人理论深入研讨，2016—2017年公司参加了麻省理工学院新加坡创新中心及波士顿总部的创客大赛并获得佳绩。

同时，公司还与德国宝马建立了技术合作伙伴关系，博恩纳以自主研发的机器人平台为德国宝马开发了自动泊车辅助机器人。另外，公司还投入近亿元用于包括但不限于视觉导航技术的人工智能研发，并且与德国宝马、美国英特尔等国际著名机构联合研发自动驾驶与人工智能在短途交通和长途交通的前沿应用。这些应用的端口是开放的，即第三方开发者可以在此基础上进行定制开发。公司还与法拉利、香奈尔等国际著名奢侈品品牌合作开发了品牌标志产品。

纳恩博最近这些年一直保持着稳中有升的营收状况，盈利水平及财务报表都很不错。2017年10月完成了C轮融资，资本方以中移基金和国投创新基金为主。之前的B轮融资来源是新加坡主权基金和英特尔投资。C轮融资之后便是规划在2~3年内上市，具体板块尚在讨论中。

东升科技园纳恩博办公区非常具有硅谷气质，之所以结缘于此，是因为这里的配套、园区活动、孵化器项目、整体氛围等都比较符合初创公司需求，如友好的睦邻关系、温暖的园区关怀、新项目与新公司的生机与活力、广泛而丰富的行业交流、多姿多彩的社区生活，尤其是东升科技园为入驻公司员工提供了福利多多的租房服务，高于市场价租过来再低于市场价租给园区企业的员工或高管，还准备了民宿类租房供高管们短期居住，而且这里还有自主开发与管理的星级酒店和民宿，对园区持卡企业消费接待坚持零利润原则且优先保证园区企业。东升科技园以不同的专业团队向入驻企业提供着各种各样的诸如酒店、人力资源服务、校园招聘、宣传与品牌、市场拓展、基金与投资服务等。其实纳恩博最初的办公区在望京，后来才终于找到如此匹配的科技园区作为公司长久驻地。

栽下梧桐树，引得凤凰来。

好的关系和强关系一定是彼此吸引和相互成就的，正如东升科技园与纳恩博。

创业方法论

全球布局：最底层最全面的技术传承与市场渠道的发扬光大，是产品进入国内外市场的最好通行证。

资本关注：除了独到的技术，只有不断扩大的最好最高的市场占有率才是赢得资本关注的最重砝码。

强关系：好的关系和强关系一定是彼此吸引和相互成就的。

泛华测控：
计算机技术基础上的测试测量解决方案集成

测控，如此偏重于理工科的概念，貌似距离普罗大众很远的专业概念和高精尖技术领域，事实上已经不再止于研究院和实验室，而是形成了更加贴近国计民生的高新技术产业。位于北京中关村东升科技园的北京中科泛华测控技术有限公司董事长左毅先生就以他从中国科学院下海创业的故事和轨迹，描绘并演绎出了该行业的现状和未来发展的新图景。

他说，测试测量就遍布于生活中，比如去医院看病，医生肯定先开几张检测单，诸如此类的细节大部分与测试相关。认识世界必须经过测量和观察这些手段，没有测量就没有自然科学和验证科学……

访谈结束之际，左总派助理带我们下楼正好经过 EMC（电磁兼容）研发实验室和装配与加工车间，有几批仪器和软件产品正在打包发往老挝、缅甸、泰国、墨西哥和巴基斯坦以及中国台湾等地……

一、从中国科学院到下海大潮的世界观

泛华测控创始人左毅先生属于中国最早期辞职下海的创业者。

他毕业于中国科技大学，5 年学制的计算机专业本科毕业后就直接读了中国科学院计算技术研究所的计算机体系结构专业的研究生，从中国科技大学所在的合肥回到了生于斯长于斯的北京。1984 年研

究生毕业后顺理成章地留在中国科学院计算技术研究所工作，与柳传志和倪光南同在中国科学院，而且是同一个研究所。当时的计算技术研究所共有3000人。

他属于从政府机关事业单位下海的第一批人，在中关村希望电脑工作近十年，随着职业和工作的变化，便从计算机转到测试行业。

测试是国计民生和自然科学的基础，大部分的物体之间都存在测试与被测的关系。测试是验证的手段和信息来源，他认为，无测试即无控制。

就职业转型的具体时间而言，1994年他才进入测试行业，而且是亲手创立了一家公司。在当时国内的科技界，每年进口机器、仪表和相关技术设备的金额多达几千亿元，国外的产品在中国有广大销售市场，但是对中国实施技术封锁。他认为，我们中国应当尽快在科学技术领域自主研发并且拥有自己的专利技术和知识产权。

摩尔定律众所周知，其实计算机的快速发展已超越了这个定律的范畴。爱因斯坦的相对论亦然。随着科学技术的发展，任何理论都有被打破的可能，而作为发现并研究自然规律的自然科学，其变化是最大的，甚至曾经出现过物理和数学是否要退出自然科学领域的争论。社会科学是研究人的活动而形成的学科体系，有的科学家研究到一定程度无法充分论证和验证他所面对的问题时，就会转到神学领域，有的自然科学家也会转到社会科学领域。究其原因，大都与测试测量有关。

说到他们那波下海潮，左总幽默地说，有的是主动跳下去的，有的是被踹下去的。之于他，因为偶然的机会也就被涌流裹挟着来了。

二、创业公司的合伙与股权

直到1998年，他才从中国科学院拿出档案放到了人才服务中心。因为出身于中国科学院，所以公司名称为中科泛华，但是公司现在已经没有中科股份了。目前只有两位股东，一是东升科技园，二是他本人。这样简单明了的股权关系是好的，因为处理事情会非常简单。

关于遴选合伙人，寻找合作伙伴比找老婆还难，这个道理不是所有人都懂的，左总幽默调侃着打了一个形象比喻，夫妻两个人是为共同利益而往他们共同拥有的家里搬砖的，但是合作伙伴是往自己家搬的，这么多年以来，他已经看到了种种与此相关的冲突。

泛华测控目前与东升科技园的股份比例是 82∶18，左总是大股东，而东升科技园的投资对泛华测控而言非常重要，方方面面的帮助亦非常多。2013 年，泛华测控是入驻东升科技园的第二家企业，刚搬迁时这里几乎看不到企业也没有人，只有楼，甚至所有的办公区域可以随意选择。

关于股权融资，左总以为资本不是鼓励创新的动力，大部分的资本都是逐利的，而且是急功近利的，80% 的资本不愿长期支持研究，所以，不一定所有的投资者都能帮助公司发展，但是泛华测控是可以的。比如当时做国外代理和搬运工的公司现金流和营收状况非常好，但是它们的投资与公司的战略发展之间就少了很多协同。

左总大学期间学的专业是计算机，班上 32 名同学中有 27 人在国外，只有 5 人在中国，他觉得出国很容易但又觉得没必要长期在国外，中国更需要发展，到国外学习进修固然不错，但要学习其思想而不是仅仅学到雕虫小技，现在我们国家科学的发展还是磕磕绊绊，需要更多专业技术人员心无旁骛地在此领域精耕细作。

对于技术驱动型的企业，资本就应当鼓励研究与创新。以测控行业为例，目前在中国几乎很少有人懂这个行业，甚至鲜有机构把测控当作行业来对待，但细分领域的前途如果以技术驱动研发生产，未来的前景和对社会的贡献度其实比其他领域大得多。

“测控、测试与测绘，终归要把东西测得准才对。”左总说。

三、中国芯，高新技术支撑的产业蓝图

泛华测控的核心业务是测试测量，目前包括三大模块：一是货架产品，如机箱、相关工具、计算机硬件；二是定制系统，如汽车传感器与零部件、高铁测控系统、星云图像、核电军工甚至航空航天等都是重要客户；三是围绕产品展开的维护服务体系，以此保障可靠稳定的工作；四是培训。国内有些客户如航空航天和中国中车，其特别定制的系统诸如高铁刹车仿真系统，现在倾向于使用我们国产产品和自有技术而不再从德国和日本进口。

欣喜地得知，我国基础设施领域的测试测控基本实现了国产化，测试测控在整个工业系统的作用亦越来越明显，越来越重要。

由过去的研发、生产制造衍变为现在的研发、生产、测试、安装一条线的系统，汽车零部件要经过 100% 检测，而不再仅仅是抽检，只有这样才能保证产品质量是稳定的和安全的。有的产品价值较低，原因一是环保方面做的不够，二是测试功课没有做或不到位。

左总说，我们得承认某些技术与国际最高水平还有差距，比如中国目前没有自主研发生产的航空发动机，主要表现为机理上尚未研究透彻，叶片工艺和载重量的细节研究和技术与日本还有差距，这个领域的高精尖的技术设备还离不开日本，这是中国之痛。所以，作为中国的高新技术企业，不能只做中国皮，还要做中国芯。

泛华测控具有国家级高新技术企业、航空航天产业联盟单位、保密资格认证委员认证、国军标认证、NI 白金级系统联盟商等多项高端资质，拥有大批行业背景精深的专家，主要研制和生产终检设备、综合测试设备、装备保障设备、试验设备，核心产品涉及国防、军工、电子、汽车、雷达通信等行业。目前，研发中心落地在中关村东升科技园，并在上海、西安、成都等城市设有技术中心，在全国 7 个城市设有办事机构，在 13 个城市有常驻人员，真正形成了以北京为核心的辐射式研发与支持力量。泛华测控凭借十几年测试系

统研发经验与丰富的行业底蕴，一直行走于测控技术的最前沿。

四、重中之重是以人为本的核心技术

对于高新技术领域的人才，国外的大公司与国内小公司都在疯抢，但很多创业型的公司付不起专业技术人才的高薪，这些人才就成了行业“黄埔军校”甚至竞争公司的“卧底”。

具体到中关村，真正拥有核心技术的公司仍然太少。有的自称自主研发，其实是拿了国外的产品，因为该领域的很多公司并非专业深厚，仅仅看着很时髦，比如人工智能、大数据、区块链等，真正研发并拥有核心技术才是王道。

在行业组织方面，中国也有测控行业的会议与展览，但是尚未能形成产业链条与上下游充分协同的关系，需要很多链条联结在一起才能构成完整的生态系统。

而泛华测控早已放弃了每年营收 1 亿元的代理业务转为自主研发，这种断臂求生的硬着陆做法曾经使其在很长时间里失去了巨额利润，直到今天才转亏为盈。在转型升级过程中，泛华测控帮着很多公司做了精细的测试系统，有的已经作为实验系统。目前，泛华测控已经建立了高标准的测试规范、软件测试管理体系并已经拥有 SMT（表面组装技术）全自动生产线，能够以柔性测试技术和分布式测试及振动测试采集信号与数据信息，通过测试仪器和平台为汽车电子、轨道交通、航空航天等有关国计民生的基础设施领域提供专业的测试解决方案集成。

五、科学家应当推动高新技术产业化

左总说，作为技术领域的专家不能独乐乐，关键是能找到方法带动形成一个产业并推动一个产业发展。

科学家不能仅仅指出问题或看到问题，只有能用技术解决问题才是真正的大家与大师，对国计民生才更为重要。

企业家亦然，投资人亦然。要鼓励创新，要鼓励某个领域中的高瞻远瞩的想法，有人要懂得并且能够支持协助。有时不能只看财务指标，而应当看更长远的段位与未来。关于泛华测控与东升科技园的合作，当时两位董事长曾经聊过很多轮次，然后东升科技园决定注资泛华测控 1200 万元，以当时的资产作价而非现在的市场估值。至于吃亏还是占便宜，“谁知道呢。”左总云淡风轻地说。泛华测控希望做能提供有核心技术的解决方案的公司，必须承认中国在这个领域还是落后的，所以有很大的机遇，未来会出现计算机设备测试系统，会产生测试测控的大数据，使所有问题都能工具性与系统性地解决。

最后，又谈及创业，大家不禁感叹，跟随创业容易，独立创业太难，但是既然做了就不要后悔。还要呼吁更多拥有技术专长和梦想的人加入创新创业的生力军。

一花不是春，独木不成林。

创业方法论

珍惜合伙人：遴选合伙人甚至比找老婆还要难，这个道理不是所有人都懂的，但是创业者一定要懂得，并且珍惜身边的合伙人。

技术产业化：作为技术领域的专家不能独乐乐，关键是能找到方法带动形成一个产业并推动一个产业发展。科学家不能仅仅指出问题或看到问题，只有能用技术解决问题才是真正的大家与大师，对国计民生才更为重要。

一定要鼓励创新和高瞻远瞩的想法并看到更远的未来：企业家亦然，投资人亦然，社会亦然，要鼓励创新，要鼓励某个领域中的高瞻远瞩的想法，有人要懂得并且能够支持协助。作为资本机构，不能只看财务指标，而应当看更长远的段位与未来。

第4章

科技金融、数据存储、芯片硬件

超越了现在，跨越到未来。

举手触摸着门口矗立的那座高及屋顶的变形金刚，仰目观瞻悬挂着一张张证书的专利墙，感觉像是走进了4D电影院观看科技大片，又仿佛化身为微信App初始界面那位孤独的探索者抵达了外太空的浩瀚星河，面对漫天星光和无垠空间，不禁感慨吾生也有涯，而知也无涯。

91 金融：科技赋能金融变革

一、引言

“中关村企业家进校园”活动始于 2010 年，是由《中关村》杂志社联合海淀区文明办、海淀园管委会、海淀区教委共同主办的教育宣讲系列活动。俞敏洪、李开复、冯军、尹卫东、秦升益、梅萌、李志强、苏药、吴文雄等几十位中关村企业家都曾经陆续走进海淀区多所高校和中学。《中关村》杂志社社长卫汉青指出，希望创业领袖的力量可以为年轻的大学生和创业者带来灵感和动力，让他们深信，在当今中国，只要有智慧、有想法、有毅力，就有创业成功的可能。

互联网金融从 2013 年元年开始到现在经历了从野蛮生长到行业的整合、洗牌的过程，其中包括很多业态如互联网支付、消费金融、P2P 等。对于如此之多的新物种，有些人看好，有些人视其为洪水猛兽，还有的认为是大好的致富机遇。蓝海与红海兼具，机遇和挑战并存。现在的行业现状和未来的产业格局到底如何呢?

2017 年 11 月 22 日，91 金融副总裁吴文雄带着他的“科技赋能金融变革”的思想来到中国人民大学商学院……

吴文雄，91 金融联合创始人，创业导师、行业观察家，在互联网金融投资、财经媒体等领域从业多年，深入了解国内外金融市场，2014 年创新性地提出互联网金融生态系统概念，推动了互联网金融在中国的兴起与腾飞，曾出版《蔓延式创新》。

二、不断迭代却又竞相繁荣的行业

从有互联网金融这个行业名称开始，其社会关注度就一直比较高。从政府到媒体到公众对这个行业也有很多的影响，不像传统的互联网行业，只要把产品和服务做好，通过适当的资本运作，借助一个风口就可以快速发展起来。互联网金融行业有它的特殊性，因为靠近金融的业务领域，所以有着严格的监管和非常高的竞争门槛。即使如此，该行业每半年都可以看到有新公司和新业务出现，比如支付、风控、消费金融、互联网保险、互助产品、股票配资、私募、金融数据，以及更多衍生业务和应用场景等，已经呈现出百花齐放的局面，不像过去那些互联网创业公司快速崛起又快速倒下到最后只剩下几家幸存者支撑运作的惨烈局面。

所以，这个行业有很多参与者，不仅包括传统的金融机构的互联网单元和互联网公司的金融业务，有些民间金融进行改造升级后产生的互联网金融业务也都可以与这个行业产生交集，并寻求突破和登陆资本市场与退出路径，从产品、技术、服务、业态到金融监管的策略也都在进行创新。

没有一劳永逸的产品可以让你一直都安全地活着。

不断摸索和不断迭代，是互联网金融的常态。91 金融做了七年时间，也是不断触碰热点的过程，亦是得失兼具的过程，业务进展也曾经遇到很大的瓶颈和障碍。2014 年互联网金融最火的时候，当时有上市公司找 91 金融谈资金和业务模式的合作，最终没有完全把握住机会。后来痛定思痛，近两年发展迅速，用户用量大幅增加。

三、严监管时代下的创新之路

互联网金融行业强调创新，但是创新成本与门槛都很高，比如人才门槛、杠杆风险、政策红线，不跨越这些壁垒很难打造在行业里的优势。

互联网金融要求资金成本、用户忠诚度、资产优势、技术方面的互联网化的因素，这些都意味着其与传统行业不同。国有企业往往有强势的背书和大型产业链作为支撑，但是很多新兴互联网公司正好缺乏这样的应用场景或者与此相关的产业支撑，更多则是通过简单的互联网技术手段做风控和产品模型，这种类型的创新风险很高。

互联网金融从 2015 年开始被监管，2016 年“人人喊打”，2017 年政府出台相关细则，引导互联网金融进行备案，2018 年 2 月，互联网金融备案大幕隆重开启，由此可以推断，这个行业里的企业开始陆陆续续地合规并即将迎来新的生长周期。那些做到一定数量规模、用户规模、资产规模并且在业务模式和科技金融模式上有所创新的优秀公司已经成功上市，它们抓住了比较好的窗口期。

监管之后，国家引导金融服务实体经济，互联网金融行业长期来看亦随之进入蓬勃发展的新阶段，仍然蕴藏着非常大的潜力、生命力和成长空间，为产业链上下游提供各种服务的公司或创业模式都将具有大量机会。征信体系、风险控制、数据挖掘，分析检索、资产定价、技术革新、消费场景建立和产业升级的过程中都会产生更多更新的机遇，所以，可以判断这个行业正处于井喷或爆发前期。

四、中小企业金融仍处于深水区

行业中真正做得很优秀的互联网金融公司仍尚未完全达到国家对于互联网金融未来发展的预期。尤其是中小企业的融资问题，尚未得到充分解决。在互联网金融产业链上下游通过科技手段借助传统金融的方式，为中小企业和个人群体提供低成本的、快捷高效的金融服务的企业和公司仍然是非常少的。

未来较长的时间，中小企业融资仍然困难，即便是政府主导某些项目，找到好的金融领域合作伙伴或者运营合作伙伴也相对较难。蚂蚁金服和京东金融解决不了所有中小企业的金融问题，类似 e 租宝的问题公司大量出现，风控缺失、谋求暴利、踩空跑路、恶意欺诈等诸多因素导致这个行业被认为是纯粹的高利贷行业。

市场期盼并呼吁的，是真正能够把国家意志和行业发展捆绑起来的机构，来带领大家实现行业蜕变，从而改变过去几年纯粹资金交易的现状。

这样的行业背景，正是金融变革的前夜。

五、不断丰茂的消费金融应用场景

随着技术革新，互联网消费金融仍将继续繁荣。

中国 7 亿多网民通过互联网介入日常消费，关于衣食住行的在线交易与借贷担保、相关大数据的收集和整理以及相关服务平台的物联网化，使数据后端的作用非常明显，这在之前是不存在的。而与个人相关的金融使用和消费模型愈加清晰，如助学贷款、住房贷款、融资租赁、股权融资、财富管理等，说明以金融为核心的消费型社会正在形成，消费场景亦将因此更加丰富，互联网对应金融的契合度更高，这些无疑都是新时代的需要，金融业态定会发生根本性的变化。

微信支付和支付宝引领的无现金社会，在线理财的智能化和便捷化，中小企业和个人需求所产生的无处不在的分时的、定量的、个性化的、定制化的金融消费产品，正在形成快速的流动性，帮助整个社会实现高效低成本的运转，这是互联网+金融社会和时代的变化，中国正在先于世界其他国家进入这个无现金的新时代。

数据的累积，信用的建立，使金融产品的丰富度和层次越来越高，而在此基础之上的互联网金融一定是未来社会最有效率的工具，帮助实体经济和整个社会高速运转。

91 金融创业多年，从未放弃过探索新模式，只要有新的热点和新的风口，一定会去尝试，不断累积用户、累积技术、累积产品，由此建立行业新门槛。

这些也是行业的信心和信念，引领这个时代向前发展并领先世界，因为美国和欧盟的互联网化程度都没有中国这么高，每个中国人基本上都无可避免地和网络连在一起，网络生活导致没有任何界限的沟通和交流，丰富的消费场景给整个互联网金融应用带来非常肥沃的土壤，银行、保险、券商、基金以及下游的中小金融机构等服务提供商所面临的机遇和前景亦非常广阔。

六、信息不对称问题的解决与风险管理

余额宝的出现给我们提供了新概念，即金融产品可以通过互联网的方式定制化。

这掀开了传统金融的面纱，过去我们觉得金融产品只有银行能够给我们，而且是以非常繁复的手段。因为信息不对称、知识不对称、服务不对称，之前的互联网用户没机会认知金融产品背后的逻辑。其实无论金融产品如何丰富，都可以通过互联网面向不同群体包装出不同的多元化金融产品，并普及到广大用户。

而监管政策在这种互联网金融的早期是非常不明朗的，所以才有市场野蛮生长的机会，直到 2015 年高速发展和包括但不限于 P2P 的各种各样的产品出现，通过各种借款、资管产品分拆、信托权益产品分拆、银行基金的产品分拆、股票配资等，把过去高门槛的金融产品通过互联网细化和分化，从而衍生出更加随机更加小额的普惠方式。

但是，由此带来的系列风险在所难免，互联网亦同步放大了这种风险，创新步伐越来越大而风险亦越来越高，这也是某些互联网金融机构在风险爆发之后跑路的原因。

2015—2016 年是问题集中爆发的时段，比如有的没有互联网金融牌照的机构研发出股票配资产品甚至绕开传统的券商路径直接为股民提供证券服务，完全超越了传统监管机构对于互联网金融的监管能力和认知能力，这些都在倒逼监管层充分理解互联网金融并进

行有序的管理。虽然经过了这些年的长足发展，但是中国的互联网金融仍然处于试水期，而2018年是整个行业的新起点。

七、大数据支持的普惠金融和征信系统

互联网金融的极致是普惠，人人皆可获取。

传统金融往往有较高的门槛和阶梯，因为银行体系运营成本和利润率指标相对较高，银行因追求回报利润而更加倾向于服务高净值客户，普通客户则没办法得到银行服务，这是金融和资本逐利的终极表现。而互联网金融的追求是人人皆可获取，中小企业亦然。

但优质客户的数量总是有限的，正如大量的风险投资更愿意投资高科技、有着未来趋势性的行业；而中国大量的中小企业在传统领域生长，还没有能力实现产业升级和转型，大量中小微企业还在泥潭之中生根发芽，这些群体是银行业务所不愿涉及的，这就是互联网金融需要解决的问题，由不同的平台遴选这些不同层面的客户。

在此过程当中需要构建的，一是基于数据的征信体系。二是可以满足大额支付要求的平台和交易系统。现在行业中所构建起的B2B或者C2C的交易平台和系统依旧是沿袭早期互联网电商时代面向C端用户，依旧没有足以支撑交易控制的更深厚的基础系统。三是基于数据安全的IT服务，能够保障平台在风险控制或者IT层面的安全而不会产生“裸奔”的情况，过去很多平台因为没有技术保障而曾经出现记录篡改、黑客盗用、数据泄露等IT风险问题。在金融创新方面，亦需要金融资产交易的平台，以对接目前P2P平台系统出现的坏账或者负资产交易的退出机制、资产修复和二次交易。

八、金融科技新时期：区块链、人工智能、生物识别……

越来越多的消费场景出现，如何实现并支撑海量数据的线下线上的平台合作，科技和传统金融的融合是能够帮助这个行业不断实

现平衡的要素。

金融科技不断升级在不断为产品和服务创新提供新的体验。平台界面及其相应的前端、中端和后端，线下需求反应、智能客服、语音识别、搜索引擎等新技术的应用是降纸交易成本、提高效率的重要工具。欧洲或北美某些科技金融公司用户数据已经累积十几年，样本数量已经足够支撑起业务范围，我们可以借助或引进海外优质的科技创新技术来提升并丰富我国的互联网金融产品的业态，国际先进的黄金、期货、外汇、风险控制和支付工具等领域的技术就值得借鉴。

效率取决于通道，价格取决于信用。

金融科技能够降低这些问题发生的概率。打通数据之间的壁垒是实现数据共享的基础，而区块链、大数据、云计算、人工智能、生物识别、移动支付等诸多金融科技的发展推动了金融业务的安全性、层次性、丰富性和多元化。金融手段的智能化和智能化的金融手段，能够加速金融交易效率提升，无论是从成本，还是从反馈速度，或从风险管控与应用场景来说，这些在过去都是无法想象的。尤其是区块链技术的使用，加密货币、智能合约、信息透明、去中心化、不可篡改、可追溯、信任机制和共识算法等技术使社会信息传输成本降低，由此带来的交易成本必将越来越低，而金融服务亦将越来越普惠化。

从资本层面来看，金融科技也将面临爆发式增长，创业投资或者风险投资对该领域的关注空前炙热。就中国国内创业环境和融资需求而言，也意味着窗口期的来临。吴总判断，下一步，那些对市场有极强的资金吸纳能力、有风控技术、有商业模式的科技公司将能够快速获得资金，那些有数据有盈利能力并能为金融平台提供各种服务的技术型公司亦能获得资本的青睐。未来，智能投顾、消费金融和人工智能三大板块会是蓝海区域，技术流和场景流兼具的消费金融，资产证券化的智能应用或基于某个领域的算法，诸如黄金交易、外汇交易、股票交易或者任何在垂直领域有极强的算法和模型的平台或者团队将会是行业黑马。技术应用在于对用户的理解，从用户规模推动到技术创新推动，各种基于技术和金融变革的产品将层出不穷并将以更高的速度进行迭代。从前端营销到中台运营到投资到风控再到后端技术研发支撑，前、中、后端不同的技术综合将极大地提升运营效率，从数据的获取与分析并结构化，到输出应用，再到高频交易，量化和高频的 IT 创新正对金融领域产生重要影响，不再靠风险控制和专业人士的判断分析，完全靠机器和算法来对垂直领域做交易。

技术重塑金融，是金融科技的要义。

在此背景之下，风险管控将越来越完善越来越专业智能，从 IT 技术到防黑客和攻击都是完善的。我们国家也在主导信用建设和金融服务实体经济，而之于我国的 3000 家中小企业，我们与它们产生的黏性有多强，它们存活与发展的能力就有多强，谁能活到最后谁就是赢家。而互联网金融的本质是人人金融，从传统的金融服务高大上群体到互联网金融服务精准人群再到科技服务人人，这是时代的变化。与传统金融前辈相较而言，我们是幸运的，因为我们可以不再以资源套利，而是可以创造新物种。

创业方法论

机遇和挑战并存：互联网金融近年来从初萌，经历野蛮生长，到行业的整合、洗牌，产生很多业态如互联网支付、消费金融、P2P 等。对于如此之多层出不穷的新物种，有些人看好，有些人视其为洪水猛兽，还有的认为是大好的致富机遇。蓝海与红海兼具，机遇和挑战并存。

守住底线和风险：从行业现状放眼未来产业格局，守住道德底线和控制经营风险是重中之重。

忆恒创源：数据高速存储的云端科幻

超越了现在，跨越到未来。

举手触摸着门口矗立的那座高及屋顶的变形金刚，仰目观瞻悬挂着一张张证书的专利墙，感觉像是走进了 4D 电影院观看科技大片，又仿佛化身为微信 App 初始界面那位孤独的探索者抵达了外太空的浩瀚星河，面对漫天星光和无垠空间，不禁感慨生也有涯而知也无涯。

这就是置身忆恒创源（Memblaze）多功能会议室的现场感。忆恒创源是位于东升科技园的具有创新基因的科技公司，致力于提供 IT、互联网、通信、云计算等领域的企业级 SSD（固态硬盘）产品和解决方案。忆恒创源的使命是让数据更加高速和智能，自主研发的闪存卡能够显著减少用户对于主机资源的消耗，大幅提高产品性能和稳定性，广泛应用于数据库、虚拟化、CDN（内容分发网络）、HPC（高性能计算机群）等领域，公司研发推出的国内首款支持 NVMe 标准新一代 PCIe 闪存卡，最大限度释放 PCIe 数据传输潜能，为闪存行业引入了新标准，让企业享受技术变革带来的便利和价值。这家公司已经为国内 Top50 互联网企业提供了数据加速服务，成为百度、腾讯、优酷、奇虎 360 等企业级核心闪存供应商，成为阿里巴巴、京东、美团、中国电信等超大规模数据中心用户的核心闪存服务商，同时与 MPC、东芝、浪潮、惠普、戴尔、曙光、联想、VMware 等建立了紧密深入的合作关系并形成了连接产业链上中下游的生态系统。公司已经在互联网、云计算、金融、运营商等行业为600余家企业提供了高速存储解决方案，以不断迭代的技术和产品为业界带来高速、智能的闪存存储解决方案，并逐步全球化布局以博弈SSD主控芯片的既有江湖。忆恒创源以安全、稳定、低能耗、高效率和高性能SSD为数据中心加速，新产品PBlaze5 910/916系列采用64层3D NAND（计算机闪存设备），最高容量达15.36 TB，不仅拥有稳定的高性能以及高可靠性，而且能源效率较前一代有着大幅提升，能够为数据中心提供更加高效节能的存储方案。

无论“互联网+”，还是大数据、云计算、人工智能、区块链以及虚拟银行等，这些前沿的技术研发、金融创新和产业应用大都在云端开疆拓土，而只有海量的、安全的存储之道才是所有技术创新和海量数据赖以存在和安放的土壤，这几乎是所有科技创新的核心根基和底层基础设施。

一、创业之初，资本关注

戴着厚厚眼镜的联合创始人兼CEO唐志波先生从敞开的办公区走过来，理工男式的欢迎词非常直率而朴实，开玩笑地自嘲是美其名曰的总经理，其实没有专属办公室，更喜欢与大家联合办公，而且可以事无巨细身兼数职，在业务和技术所需要之处忙来忙去。他接触了其他两位更早期创始人，不久便应邀加入公司担任总经理，彼时他已经在英特尔工作了11年。基于敏锐的行业嗅觉和深刻的研究洞察发现固态存储的未来商机，于是两位“80后”创始人自筹资金创建了这家公司，公司注册成立于2011年2月15日。

公司成立不久就参加了当时的创业大赛创新中国DEMO CHINA，并且幸运地荣获一等奖，之后就像开了挂似的受到包括中关村创投和以色列英非尼迪在内的很多资本的密切关注，不久就获得A轮融资2000万元。资本方认为公司处于新技术前沿而且已经有了较为成型的产品，所以没有经过天使轮和Pre A，而是直接就融到了A轮资金。

二、快速迭代，转型升级

获得了资本注资，产品研发和业务拓展就步入了快车道。

2012 年，企业开始启动第二代产品 Q520 研发，员工从上半年 6 人到下半年增加到 12 人，客户数量虽然只有七八家，但是当时炙手可热的优酷、豆瓣、人人网等互联网公司都在使用公司产品。企业级产品推广需要过程，客户需要建立信任的时间，而当时公司产品在技术占位上处于行业最前沿，具有比较优势。

第三代产品 Pblase 是公司发展的里程碑，2013 年开始研发并快速推向应用，当年 8 月 9 日公司在团建路上获得中标百度的喜讯，在其采购总量 100 多片之中占有 90 多片席位，而另外 10 多片则是来自美国公司。这也佐证了忆恒创源是技术性产品公司而非营销机构，客户往往先认可产品。CEO 唐总说，在技术上要能把握趋势、安全稳定，在标准方面亦要对标技术协议不断推陈出新，百度的审慎选择是对 Memblaze 的充分认可。

忆恒创源公司不仅做硬盘，还着手开发操作系统和相关驱动程序。2014 年开始研发第四代产品并于当年获得 B 轮融资，当时的投资机构较多，最终由德国贝塔斯曼（BAI）领投，跟投机构美国公司 MICROCHIP 则是公司做芯片控制器的厂家，中兴合创、腾讯、中国通用也都参与了该轮融资，当期资本到位总额 7000 万元，这轮国内外战略投资为公司拓展全球市场打下了很好的基础。

2015 年 11 月 C 轮融资启动，中国通用领投，美国高通跟投，资本到位额度 1 亿元。该轮融资快速推动了公司产品规模化部署和迭代升级，2015 年底正式推出第四代 Pblaze4，当年实现营业收入 4700 万元。此后，营业收入连年翻番，2018 年实现营业收入 4.7 亿元。

2016 年，海外机构开始批量采购公司产品，这对中国公司而言相当于技术输出，表明中国企业自主研发的技术和产品正在走向国际市场。

2017 年公司发布第 5 代产品，这是当时全球最大容量最高性能的企业级固态存储产品，一个盘突破 11 TB，性能突破 100 万 IOPS。当年，公司的 C+轮融资到位，同有科技斥资投入 8000 万元，至此公司累计融资 2.5 亿元。

2019 年，公司正在进行 D 轮融资，计划额度 2 亿元。同时参与公开投标机会也比较多，该产业领域的竞争赛道上竞争对手大多是国际大型厂商，英特尔既是伙伴也是对手。

如此清晰的产品迭代和资本加注的时间节点和脉络，表明公司的核心竞争力与资本的助力相辅相成，形成了正向互补的良性循环。

三、潜质独角兽，数据替代石油

按照模型匡算，公司 2019 年 D 轮估值 8 亿元，唐总 2019 年谦虚地说不敢言称独角兽。

从产品线而言，目前主要体现为企业级硬件存储，诸如硬盘和闪存卡等。但是在 90 多位工程师中软件工程师占据了较高比例，这正体现了未来公司在软件和硬件领域都要进行研发的预设和布局，既要做硬件固态存储也要有操作系统，软件领域存在着更大更广阔的发展空间。如何通过软件系统把硬件驱动起来，这是公司正在考虑的命题，也是公司发展的未来和下一步。硬件、软件、开发、验证、生产、销售，公司整个研发和生产过程是系统化和周期性的庞大工程，一项新产品从调研到生产往往经过一年时间，产品迭代亦是如此，当然也有少数短平快的 flash 产品升级只需半年即可做到从研发到出品。

唐总认为公司产品其实属于高新技术领域的基础设施，与大数据、云计算、人工智能、5G 等量齐观，但是算法和人工智能都建立在数据基础之上，人工智能通过大量的数据和算法支撑并具有更强的逻辑，而公司目前看似研发硬件但是更重要的则是软件和硬件有机结合和相互驱动，就如同石油那样为汽车社会提供强大的能源动力。传统意义而言，石油是世界上最重要的能源，来源于千万年以来的存储。忆恒创源公司的价值观则认为数据是新时代的“石油”，不久的未来在数据领域将会发生激烈的竞争，数据的重要性将替代石油。

忆恒创源正在为这样的数据“石油”提供生生不息运转的载体。

四、高新技术和专利布局

忆恒创源已是国家级高新技术企业，早在 2016 年就成为中关村第一批前沿科技企业和新锐企业十强。

忆恒创源是技术导向的公司，非常重视专利技术和知识产权的申请，以建立技术壁垒和产业护城河，通过知识产权建立并确定研发创新的独有价值。目前已拥有 195 项技术专利，涉及闪存管理、数据保护、QoS、SSD 架构、功耗控制、存储系统等领域。其中，国内授权专利 45 项、发明专利 24 项、美国专利 5 项，至今尚有 125 项专利和软件著作权亟待申请。日益完善的研发及质量管控体系是 Memblaze 的产品技术领先于国内市场的关键因素。

在欧洲，公司也正在积极筹备申请专利和知识产权保护。对于世界市场，忆恒创源非常尊重国外的法律法规，比如产品的原材中不能含有铅铝等元素。2014 年公司开始开拓海外市场，到目前，公司与其他国家从没有产生任何冲突，亦没有产生大型官司和经济纠纷。公司在北美和伦敦聘请了当地人员进行业务拓展，但是技术研发主要安排在国内，销售办公室设立在深圳和杭州。闪存管理、数据保护、质量保证，这是产品走向市场的基础。客户要求安全、稳定、可靠、不能有任何抖动的产品，阿里巴巴双十一、腾讯红包等这种需要超大规模容量的 IT 部署都在采用忆恒创源产品进行支撑与承载。

国金证券运维经理如此评价公司产品：忆恒创源 PBlaze5 系列

NVMe SSD 为消除系统瓶颈提供了完善的解决方案，在保证系统稳定性的同时极大地提升了系统性能，数据库分析所需时间下降为原来的 1/10，大大提升了用户体验。

某国有大型银行 DBA（数据库管理员）说，基于通用的硬件平台打造的数据库一体机集中了当前主流的数据库和加速技术，高速网络互联和忆恒创源 PBlaze5 系列 NVMe SSD 的部署使整体方案性能优越并易于维护，同时也便于对存储和数据库计算节点进行扩容，为打造敏捷数据服务提供坚实的基础。

忆恒创源矢志建立中国自己的 flash 科技，研发中心目前主要布局于北京、上海、苏州，其中 60% 在北京、10% 在苏州。武汉、西安、成都等地都是公司研发和生产拓展的考虑范围。

就行业标准而言，因为产品属于技术前沿的企业级产品，目前尚无统一规范，公司正在联合安全可靠技术联盟制定行业标准。经过多年发展，公司已有比较完整的质量体系和管理流程，ISO 认证正在进行中。每次产品迭代都要经历从功能版、产品版到规模化可靠验证的过程。大量人力用于设计开发，大量时间用于检测验证，以高质量和严要求应对复杂的应用场景，因为每个产品都要与相应的服务器匹配，备板、PCIE 质量、掉电保护、数据保全、电容保证、角落里的情况应对等，产品研发和交叉验证是长周期复杂的系统工程，每款产品都要对应专业领域的 PCI（外设部件互连标准）接口，每款产品的发布都要做很多认证。

公司把既有芯片研发团队拆分出去成立忆芯科技公司，并在北京、上海、成都分别布局，这家起源于忆恒创源的芯片公司由股东独立持股，2016 年融资 1 亿元，2017 年和 2018 年再次融资 1.1 亿元。

从固态存储向芯片领域的扩展是忆恒创源新的战略部署，公司产业升级的远景规划由此可见一斑。

五、公司运营与上市计划

忆恒创源的营业收入从 2014 年开始连年翻番，出货量在不断增长，因为技术和行业因素，研发投入连年高企，2018 年扭亏为盈，比最初的预期提前不少。

关于公司上市和 2018 年 11 月推出的科创板，公司从股东到员工都非常感兴趣，中关村安排了相应的政策解读会议，相关券商已经开始协同公司梳理相关工作，并基于中外合资的架构进行股份制改造的预设，虽然在董事会层面还没有正式启动上市计划，但是也已经开始未雨绸缪。其实，忆恒创源更注重的是技术、业务、产业链和生态圈本身，公司在技术上属于创新领域前沿，但业务上处于产业链的中游地带，上游有东芝、美光、浪潮等，合作伙伴均为大型机构。但是 B2B 的企业不是一天炼成的，而是长期合作建立信任关系的结果，测试、验证、采购团队要经过复杂而完备的流程逐渐熟悉从而建立互信，接下来才是业务合作，通过实际订单进行业绩积累。“在腰部发力”是公司业务在生态系统的形象比喻，面对上游机构诸如长江，公司是其方案供应商，面对下游客户，公司要拉动需求，上游是推进去、下游要转起来，只有建立这样的推拉机制才能建立和谐平衡业务闭环。产业链的重中之重是打造互信关系但首要的还是产品给力，总之 B2B 业务需要稳健平和地精耕细作。

就像播种和收获，该产业的生态圈特点是今年收入大都是对去年铺垫好的业务进行收割，而今年的努力是为了明年。忆恒创源在中国处于较为显著的领先地位，国外厂商和国内相关友商也非常重视，公司持续发展的关键是坚持，要熬得住，即所谓十年树木，百年树人。

六、技术与文化默契兼容

正如面包和面粉生产制造和供应商有着不同的世界观和方法论，

一片闪存之上镶嵌数百个元器件，便是技术派公司的产品常态。

忆恒创源作为SSD企业级应用解决方案提供商和开发商，可靠性、稳定性、安全性等各项功能都要强大，要领先于消费级存在，服务器的要求则更高，要在激烈竞争中长久保持独特优势和核心能力就需要不断研发、不断迭代、不断创新。2018年，公司研发投入6000万元，占年度总收入15%，而以人为主的薪酬与管理费用占年度总收入70%。公司现有博士2名，硕士研究生占比35%，公司员工“85后”较多。创始人和高管层大都拥有在知名中外企业的工作经验。CEO唐总说，在大平台和国际企业工作就像机器上的螺丝钉，但是加入创业型公司能拥有新型的未来市场机会，感受到社会发展趋势。当年跳槽至忆恒创源，现在回想起来还有些无知无畏的感觉，当时并没有预设太多困难，没想到一做就是七年。正是因为看到希望才去努力，而不是等到有成果再想加入。

硬科幻氛围浓郁的忆恒创源文化内涵非常丰富，公司有四个以星座命名的会议室诸如猎户座和赛博坦，以《三体》为代表的科幻图书和技术派图书就摆在会议室书架上，员工可以随时阅读亦可赠送给客户，虽然价格不高但是其中有很多定理值得学习推敲，比如黑暗森林法则、降维攻击、宇宙文化、思想戳盖钢印等对于创新非常有启迪意义。

忆恒创源于2014年8月搬到宽敞明亮的东升科技园办公区，员工和客户都非常喜欢这里。环境优美、近在咫尺的凯莱酒店也很好很方便，以至于公司年会和发布会经常安排于此。园区组织的人才招聘、政策解读为企业提供了经营协助，健步走、篮球足球比赛与平衡车骑行、服装搭配、美妆时尚活动和文化讲座丰富了员工的业余生活。以商务英语为代表的专业培训非常契合公司内部的培训积分计划，鼓励员工线上线下持续学习，公司认为，学习是员工的最好福利。

唐总说他从开始担任公司CEO至今，一直延续秉承以人为本、创造价值、正向开放、共享共担、务实创新的宗旨，其中他最看重并经常强调的就是：人是公司最重要最宝贵的资产。这句话最令人动情和动容。

创业方法论

互信关系：产业链的重中之重是打造互信关系，但首要的还是技术和产品要非常给力，业务更是需要稳健平和地精耕细作。

腰部发力："在腰部发力"是公司业务在生态系统中的形象比喻，对于上游供应商机构和下游终端客户，要因地因时制宜，上游要推进去、下游要转起来，只有建立这样的推拉机制才能建立和谐平衡业务闭环。

永续经营：就像播种和收获，产业生态圈特点是当季耕耘下季收割，今年努力是为了明年；公司持续发展的关键是坚持，要熬得住，即所谓十年树木、百年树人。

技术与文化默契兼容：正如面包和面粉生产制造和供应商有着不同的世界观和方法论，一片闪存之上镶嵌数百个元器件，便是技术派公司的产品常态。

中矗集团：计算机外设与芯片国产化复盘

中国经济正在重振和恢复，而新冠肺炎疫情仍然在全球某些国家和地区继续蔓延，全球价值链、产业链和供应链仍然处于不断碎裂的状态。我国科技产业在此种情况下遭遇到了严峻挑战，在零部件断供风潮和信息安全漏洞及威胁等多重因素影响下，国产化率快速提升愈来愈迫切甚至上升到国家战略高度，计算机及其外设行业亦然。

不要浪费任何一场危机，危机亦是生机，有备而无患。在世界经济断崖式下滑、多边贸易关系恶化和高端科技及相关原材料断供风潮愈演愈烈的情况下，以计算机外设产品为主营业务的创业公司中矗集团经过多年绸缪和厉兵秣马，正在从技术端、客户端和产品端等维度从容应对，公司经营在行业逆境中却呈现出订单不断增长的发展趋势。他们如何从战略战术和近远期规划等维度谋定而后动，全方位应对这种逆全球化的威胁，从而成为自主研发、自主可控的民族高新技术产业的中坚和新秀？

近日，笔者在中关村集成电路设计园中矗集团办公室深度访谈了公司创始人兼董事长王文明先生。

一、凝神聚气顶天立地的行武精神

中矗集团，如此霸气和大气的公司名称不禁让人肃然起敬，体现了出身军界的公司创始人与核心团队的鸿鹄之志与磅礴立意。

站有站态，坐有坐姿，有条不紊，有型有款，而且以服从命令为天职，这是行武之人所特有的凛然风范，也是中矗集团这个名字的内涵。在公司命名之初，他们想到成功的创业楷模和科技精英不乏军人出身，而自己更应当向行业领袖学习，通过创新创业助力中华有为而且笔直地矗立于世界民族之林。军人豪情，家国情怀，夯实基础然后昂然矗立于行业生态圈，这是中矗集团的第二、第三层深意。

经过抽丝剥茧的提问了解，原来，公司的创始人和几位重要合伙人都曾经效力军事领域。董事长王文明有过三年军人生涯，在部队做过装甲车驾驶员和侦察兵，退伍转业后回到中原老家河南基层派出所工作。朝九晚五的作息时间和两点一线的生活状态圈不住他重新飞到外面的世界去尽情闯荡的渴望。

怀揣着借来的路费，王文明又上路了，坐着绿皮火车一路抵达首都。至今，他仍然清楚地记得到北京站的那一刻，1997 年 11 月 27 日凌晨 4 点。

二、从打工到自主创业的路线图

初到北京，身无分文，他匆匆找了家 IT 公司打工，不经意间便和中关村结下了不解之缘。

军营生涯磨炼出的坚忍不拔再加以中原人的朴素实在，使他在公司业绩突飞猛进，头两个月的工资奖金竟然高过了他在原单位工作时好几个月的收入。早期依靠打工养活自己同时积累市场经验和客户群体，他在轻车熟路之后就开始尝试独立创业。

王文明董事长略显羞涩地说，穷人的孩子早当家，创业之初有种种迷惑和困难，但是随着时间的沉淀和各种经营条件以及行业资源的不断积累和不断改善，从炒货代理到创建自己的品牌，他的公司也随着 IT 产业发展而不断转型升级。

侦察兵的敏锐嗅觉，让他比别人更能真切地感到市场的微妙变化，客户越来越多地提到国产化产品。而他代理的国外知名品牌似乎正在一点点受到冷落。王文明带着疑问谦虚谨慎地请教业内专家，忽然发现这是一个产业发展的良好机遇。2006 年国家提出“核高基”专项来推动我国电子信息产业国产化之后，计算机外设产品国产化已成必然趋势，而这意味着庞大的产品容量和市场前景，未来将会大有可为。同时他也深知各类产品结构复杂，知识产权壁垒很高，纯粹的国产化道路艰辛而又漫长。

但是，他仍义无反顾地踏上了计算机外设产品国产化和研究开发之路，并且就从熟悉的打印机、扫描仪、高拍仪、复印机等产品入手。同时，还邀请了几位志同道合的退伍军人组建研发团队，开始了计算机外设产品自主研发的“攻坚战”。

不用扬鞭自奋蹄，中矗集团犹如蛰伏的一匹业界黑马，开始在自主研发和国产化道路上狂飙。

三、自主研发与原创就是行业风口

2013 年“棱镜门”事件给我国敲响了信息安全警钟，随后中央国家安全委员会的成立，标志着我国自主可控的信息安全工作正式展开。网络信息安全也被确定为国家主权安全和我国第五疆域。

以打印机为例，该产品在信息安全领域重要程度极高，尤其是在党、政府、军工、金融、国企等关键领域和重要行业，若使用国外产品极易造成信息泄露。诸如打印存储器泄密、网络泄密和耗材芯片泄密等。众所周知，如果联网进行打印，某些不易觉察的漏洞或者原创单位预留的“门”就有可能造成网络泄密，甚至喷墨打印机的墨盒和激光打印机的硒鼓内置“小芯片”也都可以由开发者进行远程操控。所以，只有从芯片、耗材到打印机本身都实现国产化和自主可控，才有可能从根本上解决文件打印安全问题。而打印机作为极重要的办公设备，据 2018 年和 2019 年数据，国内市场占有率排名前十中，国产品牌市场占有率仅仅为 0.9%。所以，该行业未来的国产化空间非常广阔。

2020 年暴发的新冠肺炎疫情在全球蔓延，国际双边关系和地缘政治问题导致国内很多全球化程度很高的企业产业链遭到重创甚至碎裂，科技产品的国产化与自主研发更是被快速地提上议事日程。

这种局面看似危机四伏，但是正如事物均有两面，危机中也蕴藏着宝贵的机会，而机遇从来都是偏爱有准备的未雨绸缪者。其实，中矗集团早在 2015 年就开始瞅准计算机外设并且着手进行自主研发。彼时，他们边进行传统产品的营销，边进行前沿新锐技术的摸索，准备着、准备着，行业的风口终于来了。

四、明晰的产品策略和研发布局

安芯之选、一印俱全。

这是中矗集团的愿景。安芯之选寓意有三，产品搭载的是安全的芯片，服务宗旨是让客户安心，客户选择将是安心的选择；一印俱全寓意亦有三，产品线种类全，产品功能全，解决方案比较齐全。

中矗集团聚焦于计算机外围设备躬耕细作，坚持软硬件创新设计，目前已经研发推出了支持龙芯、兆芯、飞腾、鲲鹏 CPU 和 UOS、中标麒麟、银河麒麟、中科方德、Windows 操作系统的打印机、复印机、扫描仪、高拍仪等，基本可以为广大客户提供行之有效的解决方案。

公司主营产品线包括四大类，即打印机、复印机、扫描仪、拍摄仪，而产品参数和品质在行业内居于前列。

在此深厚的产品基础和形势利好前提下，公司目前与产业链上下游的机构进行广泛协同，构建了完善的生态圈。

中矗集团联合航天科工集团下属某公司共同研发外设产品，且已初见成效。公司已申请多项专利和软件著作权，而未来则会在产品核心控制芯片方面发力，让计算机外设拥有一颗“中国芯”，让更多的“中国芯”产品走出国门走向世界。

更加利好的消息是，公司自主研发的部分产品已经正式入围政府采购体系，包括但不限于政府机关、银行保险等金融业甚至涉密机构，而且从市场竞争角度而言基本位于蓝海区域。可以想象，随着新冠肺炎疫情缓解、经济复苏和社会各行各业的复工复产，公司在万事俱备的情况下随时可以实现规模化量产。

五、栽下梧桐树，引得凤凰来

一位司令，一位政委；一位往前冲，一位往回拉；一位雷厉风行，一位三思而后行。互补、互勉、互动、互学，这便是董事长王文明和创业搭档及公司高层的关系和相处的状态。

独行快，众行远。集团几位核心成员，有清华大学的博士，有军队院校和研究所的技术精英，还有长期在外设市场耕耘的专家。大家因共同的军界职业履历和更多共同语言而走在一起共同创新创业，因为大都是同龄人甚至是大学和研究生时期的上下铺的室友，是多年的同窗而今的同事，有些多年之前的老同事现在又成了新同事，在一起工作的沟通成本很低而效率很高。

团队成员之间有着心有灵犀的默契，志同道合的他们在长达十几年的业务合作之后，又成为另外意义上的并肩作战的战友。这些国防和军界出身的创业者，他们有的离开了部队，有的离开了当年的岗位和研究院所，而今又重新走进了同一栋楼的同一间办公室，共同描绘他们自己想象中的高新技术蓝图。

六、鸾翔凤集，羽仪上亲

2019 年 7 月 16 日，公司在 IC 国际会议中心举行了隆重的乔迁庆典，并与北京中关村创业投资发展有限公司签订股权合作协议。

产业集群对创新型企业的产业链和生态圈非常重要，谈及公司与中关村集成电路设计园的机缘，王文明董事长悉知园区内所有企业均为集成电路上下游供应链和生态圈中的企业，王总多次考察，

2019 年终于把公司办公室迁到了园区，而且矢志把芯片研发作为公司未来战略和长期规划。

中矗集团的新办公室几乎位于楼王位置，站到第 13 层的落地窗前俯瞰，可以远望北京城、鸟巢、玲珑塔、盘古七星和龙脉西山，甚至可以仰望在天空演练的直升机。王总对公司的新办公室非常满意，志得意满侃侃而谈，说这是整个园区最好的位置，无论视野还是远望的感觉都非常惬意。

甚至，从这间新办公室还可以回望到他年轻时打工和创业起步的地方，诸如海龙大厦、鼎好大厦、科贸大厦，当年熙熙攘攘的卖场和琳琅满目的 IT 产品，遥想当年的蚂蚁雄兵成就了现在声名赫赫的中关村。

王总说，每当工作疲劳之时，只要到窗前俯瞰矗立片刻，尤其远望当初在中关村创业的地方，就会满血复活。

七、单丝不成线，独木不成林

王总自夸中矗集团的最新研发出炉的产品，比如打印机和扫描仪不仅手感流畅，而且国产化的各种元器件足以保证信息安全。

2017 年，中矗集团通过了 ISO 9001 质量管理体系认证；2018 年，中矗集团的国芯安全打印机和红黑双色安全打印机两款产品通过 3C 认证，同时集团也成为中国电子工业标准化技术协会信息技术应用创新工作委员会会员单位。

正如王董事长在公司官方网站所言：这是一个伟大的时代，中矗集团及全体员工都恰逢其时，有幸见证这个新时代，更有幸在新时代与伟大的祖国一同成长。

新时代意味着新征程，新时代寓意着新收获，新时代孕育着新力量。在国际局势风云变幻的今天，在伟大祖国蓬勃向上的时代，中矗集团正昂首走在新的征程上，“安芯之选、一印俱全”是公司的战略愿景，更专业、更可靠、更智能是中矗集团的努力方向。

功崇惟志、业广惟勤，由此可以洞察到中矗集团的敬业精神；单丝不成线、独木不成林，亦可以理解中矗集团对产业链上中下游合作机构的包容与协作精神。

众所周知，芯片技术的开发难度几乎是全球各大科研机构都难以攻克的堡垒。谈及中矗集团在全球芯片产业领域所在的位置，王总谦虚地说，中矗集团到目前为止还是位新技术领域的追赶者，也许还是后来加入的搅局者、领跑者。

中矗集团的产品发展轨迹和动线包括打印机、复印机、扫描仪、高拍仪、耗材配件以及在此基础之上自主知识产权的芯片研发，在防火墙与信息安全漏洞弥补缝合为关键词的信息化社会，我们可以想象安全可控的文件、方案和代码程序，魔法表演般地绽放异彩，在某个既定时刻打印或复印出不同凡响的秘密未来。

创业方法论

团队之间要有心有灵犀的默契：团队成员之间有着心有灵犀的默契，志同道合的他们在长达十几年的业务合作之后，又成为另外意义上的并肩作战的战友。

危机中育先机，变局中开新局：这种局面，看似危机四伏，但是正如事物都有两面，危机中也蕴藏着宝贵的机会，而机遇从来都是偏爱有准备的未雨绸缪者。

第5章
孵化器、创业公司、产学研

创新不易，创业维艰，路漫漫其修远兮。

能把初创企业汇合聚集协同砥砺的机构，当属科技园中的孵化器、加速器和众创空间。授之以渔并授之以鱼，锦上添花更雪中送炭。这些不断创新创业、不断升级迭代的后生，没准儿长大之后就是别样的华为和腾讯，青出于蓝而胜于蓝。

东升科技园的众创空间：锦上添花，雪中送炭

创新不易，创业维艰，路漫漫其修远兮。

能够把科技领域的初创企业汇合聚集在一起抱团取暖、彼此砥砺、相互协同的机构，最好最奏效的做局者当属科技园，更加具体而言，当属科技园区里的孵化器和加速器。好的孵化器和加速器，不仅授人以渔，亦能慷慨地授人以鱼；不仅能为初创企业锦上添花，更能在关键时刻雪中送炭。

再次来到东升科技园已是树木仍然葱茏但是枝头的果实正在渐趋成熟的秋天。记得初次抵达这里是吐气成云、雪落青竹的冬季，从彼时起便时常找些理由到此参访默默耕耘的初创企业创始人，问问他们在创新创业历程中走到了哪个段位、意将去向哪里、还需要哪些帮助和协力。

对于东升科技园的欣赏和钦佩，首要原因是园区已成为高新技术企业集群，另外理由便是这里学院派的建筑和庭院与大学校园和美国硅谷颇似，与清华大学和外研社某些区块的风格颇似，又恍然以为到了哈佛大学、加利福尼亚大学伯克利分校、斯坦福大学……当然，世界上几乎所有的创新高地和科技研发重要区域都与世界著名高校或者毗邻或者浑然一体，东升科技园亦如此……

一、孵化成功的初创企业

绕过翠竹掩映的篱墙，进入东升科技园创新中心的赭红色办公

楼，在泰利驿站采访室里见到了赛弗网络总经理王小华先生。这位儒雅而略显羞涩的年轻人和他的创业团队正酝酿着大手笔：打造中国出行领域最大的 Wi-Fi 服务商，每年服务上亿用户。赛弗网络公司 2014 年 4 月注册在此，经过几年发展已从初创发展到 500 多平方米的独立办公空间。说到公司快速发展，离不开园区这块“沃土”。园区帮助他们申报政府扶持资金，引荐园区相关联企业进行上下游产业链对接，可信赖的园区平台帮助他们大大减少了企业拓展市场、建立上下游供应链体系的协同成本。赛弗网络正是这样几乎没有花费拓展成本就找到了稳健的服务器合作单位，2015 年还获得了园区基金投资。所以从某种角度而言，东升科技园与入驻企业相互渗透互融互通，既是企业股东又是公司成长的孵化器，已然形成“创业导师+专业孵化+天使投资”的孵化模式的成功范式。

画吧也是经由东升科技园孵化成功的代表性企业。创始人朱皓与东升科技园的结缘是因为位于中关村创业大街的东升科技园孵化器“66 号成长屋”。他带领团队建立的画吧平台和社区，不断成就粉丝们成为“梵高”级的画家，附有笔触轨迹跟踪功能，绘画痕迹全程记录，程序与作品自动产生知识产权，既可创作又可交易，平台代币既是购买力也是生产力，可以说画吧每天都在产生 IP。画吧在技术方面又推出了全新的绘画引擎，各种功能和效率都有很大提升，团队更加专注技术优化、深挖、交易、变现以提升平台自身的资源、技术和作品的转化力，画吧营业收入也有了明显增长，基本实现盈亏平衡。

2018 年初春，笔者又在东升科技园具有道教文化气息的凯莱酒店访谈了清锋科技创始人兼 CEO 姚志锋先生，他创办的 3D 打印公司已成长为行业内具有独角兽潜质的明星企业。

二、东升科技园泰利驿站的“坚小持”

前几日，在东升科技园的见道空间·泰利驿站见到了 2016 年就在这里创业的“坚小持”微课的创始人劳海龙。毕业于浙江大学英语专业的小伙子 2008 年 7 月来到北京工作，先到新东方做老师，曾经担任过教学主管、经理、校长等职位，2016 年嗅到了在线英语学习的市场机会，毅然辞职开始了以精英商务英语为高端品牌的创业项目。公司遴选办公室期间偶然得识东升科技园，当即就被这里的创业氛围和学院派园区环境所吸引，于是立刻决定落户至此。

之所以选择英语培训领域进行创业，劳海龙认为线上知识付费时代已经来临，很多网民和学习者们愿意在线付费买装备、看视频。创业者不用很大的办公室就可以实现网络化教学，把线下英语搬到线上，以录播课程、音频、微信端等方式提供微课。

说到“坚小持”这个有趣的名字，他风趣地解释说是因为成年人英语学习往往坚持不下来，所以希望这个生动有趣而富于幽默感的名字可以激励大家。一对一、三对一在线交流，线上英语角，中文英文交互的阅读空间，“语伴”等线上语音即时交流营造的口语对话场景都是“坚小持”的带入感特色。目前，“坚小持”的学习群体分布于北京、上海、广州、深圳、武汉、成都、重庆等地。

英语培训仍然属于红海，竞争非常激烈。但是，“坚小持”英语学习平台人数在不断上升，在线学习氛围仍在逐渐浓厚，这和他们的自我创新有很大关系。

“坚小持”的英语课程大都由老师们自己教研、自己编课、自己录音、自己上传到系统中，一节课为 20 分钟，这种片段式的剪辑和篇幅适合学习者们在跑步、做饭、用餐期间听，可以充分利用碎片时间见缝插针地安排英语学习。为学习者们提供的服务方式采用一站式解决方案，经过测试，按照级别，顺序有致地因材施教。目前公司已获得 8 项国家专利，基本可以做到盈亏平衡。

论及融资，“坚小持”创始人劳海龙说，2018 年 7 月刚结束第二轮融资。该轮资本将主要投入产品研发、系统升级迭代等领域，边提高教学产品质量建立行业壁垒，边搭建体系化营销系统，两手抓两手都要强才能让企业稳健成长。“坚小持”在线英语从 2016 年刚刚搬到东升科技园的孵化器到 2019 年已是第三个年头，公司已经由 6 人发展到 20 多人，而且仍在不断扩大规模。

可以说，在现阶段公司成长过程中，园区搭建的高新企业服务生态圈，能够让企业专注于科技研发和企业发展，公司运营管理的职能工作诸如员工招聘、知识产权登记、政策申请、营销推广、财务顾问，乃至党工团建设等，都可以通过园区一站式服务，以及各个生态专业公司的陪伴式服务去解决。丰富的共享资源和周到的现代化企业服务，令园区服务蕴含于润物细无声之中，井然有序且深入细致地进行。

说到企业的发展过程，创始人劳海龙给我们讲述了一则小故事：公司在参加园区举办的足球队比赛中，偶然结识了英语培训领域的同道，于是结成了业务互补的合作伙伴关系，成为创业途中的同行者。

我还注意到，员工们的胸前大都佩戴着园区一卡通，据说这是园区的万能卡，购物和餐饮消费都很便利，而且经常还能享受到较低折扣和很多优惠。穿过园区钻石中心的科技大厅，就是 La Vie 生活美学馆 · 北京外研书店，各类图书俱全，共享空间提供咖啡和茶饮服务，轮回播放的经典电影和视频让整个书店的氛围灵动而活跃。在二层还有儿童阅读和亲子互动区，定期会有丰富的文化交流活动，附近很多居民慕名而来，尽享科技园区的高新科技与文化交融的氛围。从园区到社区，城市高端公共资源的开放和共享，仿佛架设开通了产业和社会相通相融的桥梁和直通车，多元化、开放型的科技型生态园区有效带动了区域发展和城市建设，提升了附近居民的幸福指数，或许这些正是对新型城市形态的积极探索，抑或已成为初步的表现形态。

三、孵化器中的“哪拍摄影”

顺着众创的话题深入了解，发现东升科技园旗下共有 1 个国家级孵化器、1 个加速器和 5 个合作孵化器，包括位于中关村创业大街 66 号的成长屋、清华大学东门附近的东升大厦智优沃孵化器、西直门附近的壹拾玖号绿能孵化器和北领地东升科技园的见道空间·泰利驿站。

在见道空间·泰利驿站见到了“哪拍摄影”“90 后”联合创始人王红雨。谈起“哪拍摄影”与东升科技园的交集，她颇多感慨，掩饰不住地说东升科技园已成为她和企业创新成长的福地，因为刚刚搬进来就获得了一笔投资。

2010 年，王红雨加入“哪拍摄影”后，开始在摄影领域及线上线下业务整合方面进行商业模式探索。从涉足婚纱摄影到 2014 年开始尝试团购，后来业务转型搬到线上，交易量曾达到 4 亿以上。

王红雨已经加入“哪拍摄影”团队 8 年。2010 年开始，“哪拍摄影”用团购模式（消费金先放到平台，服务满意后结算给商户）解决婚纱摄影市场消费痛点，实现平台 100% 透明消费，100% 满意拍摄标准。2012 年，为帮助消费者更好地进行消费决策，“哪拍摄影”重点打造真实客照平台，积累了 10 万篇真实客照案例。到 2015 年，合作商户达 3 万家，凭借对合作商户摄影服务的高品控，以及再摄影领域的商家规模，先后成为 58 同城、聚划算、京东、糯米口碑摄影类目最大运营商，交易额达 4 亿元以上。

2017 年，“哪拍摄影”转型，去团购化，不以多为主而是以品质婚纱摄影为出发点，发展了自己的联盟店和挂牌店，通过大数据，帮用户省时省心甄选品质商户，为顾客提供精准的品质服务推荐以及返利服务，全力提供 100% 透明消费、100% 全网最低价、100% 满意拍摄三大服务保障以惠及广大网络客户，先行赔付便是其中重要内容。2017 年 5 月，其获得了新势能基金投资。

“哪拍摄影”始终秉承“用户价值第一”原则为消费者摄影消费提供专业便捷的咨询推荐和折扣服务，并有效解决“隐形消费”“强制推荐”等摄影消费痛点，公司也一直处于高速而稳健的发展态势。“哪拍摄影”已汇聚全国300多个城市近10000多家品质机构。

由此可见，“哪拍摄影”已是在垂直电商领域做得很广很深的平台。

谈到在东升科技园的工作和生活，王红雨说这里的办公空间比其他孵化器要显得更加开阔，大家交流起来很方便很宽松。空间设计感十足，模仿蜂巢造型的高高的建筑屋顶营造出太空舱般的感觉，很有现代的网络质感，工作在此很是惬意。

近水楼台先得月，园区现成的健步大道和广袤的草坪就是“哪拍摄影”为消费者提供的私人订制的婚纱摄影基地。年轻人崇尚健康和自然，办公区附近的运动场、秋千、水车置景、小桥流水、杨柳依依的园林庭院环境都有可能成为个性化小资阶层的主题摄影背景选择。原来，东升科技园的园区就是“哪拍摄影”更广阔的延伸办公区和工作场景。不由惊叹艳羡如此之大的附加价值……

笔者发现，同呼吸、共命运并与创业团队休戚与共、相辅相成，已是东升科技园孵化初创企业的工作范式，作为园区管理者更是乐意见到亲手培植的创业公司不断发展壮大，这会给他们带来获得感和成就感。

迭代升级的中关村东升科技园，以聚焦创业热点、凝聚创业英才、共享创业资源、实现创业梦想为主旨，汇聚全维度企业成长服务资源，通过孵化、加速、投融资等助力企业全生命周期成长，已经形成导师咨询、投资对接、创业培训、项目孵化、产业升级、空间运营、生活服务、文化交流的多功能的众创企业服务生态圈。画吧、赛弗网络、清锋科技、“坚小持”、“哪拍摄影”……这些在东升科技园进行孵化和加速成长中的企业，没准儿长大之后就是别样的华为和腾讯，甚至青出于蓝而胜于蓝。

创业方法论

聚合创业：能够把科技领域的初创企业汇合聚集在一起抱团取暖、彼此砥砺、相互协同的机构，最好最奏效的做局者当属科技园，更加具体而言，当属科技园区里的孵化器和加速器。

授人以渔：好的孵化器和加速器，不仅授人以渔，而且能慷慨地授人以鱼；不仅能为初创企业锦上添花，更能在关键时刻雪中送炭。

雪中送炭：与创业者同呼吸、共命运并与创业团队休戚与共、相辅相成，是孵化初创企业的工作范式，亦能给孵化器、加速器运营者带来获得感和成就感。

画吧：手机涂鸦社区到数字绘画基础平台

一不小心就有可能成为“梵高”级的画家，动辄出炉齐白石式的长须龙虾，比宫崎骏还动漫，比陈逸飞还工整，笔触轨迹跟踪如影随形，成长的痕迹全程记录，程序与作品自动产生知识产权。既可创作又可交易，画币既是购买力也是生产力，日日都是可纪念的IP的诞辰……有间专门成就美术天才的平台名曰画吧。走，我们去跟创建者直接对话——

采访时间：2017年11月15日下午；采访地点：中关村东升科技园；采访人物：画吧创始人朱皓；采访话题：从大公司离职到创业的奇遇记。

一、竟然从华为离职

朱皓，2002年毕业于西北工业大学数学系，在创办画吧之前，曾在华为南京研究所工作十年，是位经验丰富的程序员，工作顺畅、待遇优渥。

大多数人认为从华为辞职是非常可惜的，但朱皓以为理所当然，在大企业从事技术的工作时间过长，随着行政性和流程性工作的增多自我价值感觉会慢慢降低，常规工作带不来新奇感，就让他有一种想逃离的感觉。于是2013年7月他与两个同事离开了华为，在南京创建了在手机上涂鸦的工具App，名曰“画吧”。

朱皓之所以选择画吧进行创业，不仅是源于对绘画的钟情，而且也是在移动互联网时代，希望用技术手段把绘画的过程记录下来并能够回放，让画的作者有一种成就感，并且这种成就可以追溯、可以查阅。在画吧里，人人都可以创作，都可以在闲暇、有灵感的时候涂上几笔，或许不小心就会变成简笔画达人。从心理层面分析，朱皓以绘画为创业诉求的原因是个人喜欢绘画，小时候家里挂着很多画，身为大学哲学教授的父亲业余时间爱好写诗和散文，大概是这样的家庭艺术氛围熏陶培养了他的审美爱好。工作期间，他经常趁出差机会去看当地的各种美术展。“70 后”的他现在也能和“00 后”无障碍交流最新流行的卡通动漫。

二、创业之初的研发与融资

公司成立时，只要有想法和技术的企业和个人就能拿到投资。但画吧的三个创业伙伴都是偏研发的理工男，都钟情于产品的研发，当面对不擅长的融资时，问题就显现了，一年多时间都没有找到任何投资。

创业公司要维持，新产品的研发要继续，人员也要生活，种种的困难一并涌来。朱皓最初用在华为积攒的积蓄为大家发生活费，维持公司的运转。在平台每天使用人数超过 1000 人时，终于拿到了也曾在华为工作但已经实现财务自由的几位老同事的 40 万元种子投资。于是，公司立刻招聘了一位苹果端开发人员和一位产品运营人员。

画吧需要生存，需要发展，朱皓开始主动出击，参加各类创新活动，寻找发展机会。2014 年 DEMO CHINA 创新中国的总决赛中，画吧获得了移动互联网的全国十强，其与“礼物说”两个项目最为突出。当画吧兴致勃勃地拿着与红杉资本 500 万元对价 10%股权比例的协议去签字的前夜，一篇资本寒冬说传遍了资本圈，画吧也阴差阳错地错过了 500 万元的投资。元禾原点的总裁也曾亲自到画吧在南京的出租屋做尽职调查，很多知名的机构也都纷至沓来，最终却都没有成果，没有融资的橄榄枝伸向这个年轻的团队。朱皓后来反思其中的问题：一是目光短浅，想着目前还有资金，等产品研发更完善后再融资会有更高的估值，没能把握住时机；二是团队结构不完整，当时对于商业化的构想还不成熟，对于互联网企业，商业和资本也是企业生存的决胜一环。

2015 年初，画吧又开始到处找资金，第一次来到北京，来到“大众创业、万众创新”腹地的中关村，并在黑马会举办的文化创意比赛中获第 1 名。画吧又开始被资本关注。2015 年 5 月，朱皓有幸参加了创新工场、真格基金和隆领投资联合主办的群英会 CEO 培训班，通过这次活动认识了徐小平、李开复、蔡文胜等很多国内知名的投资人，听他们讲授关于初创企业如何获取用户、切入市场、存活并发展的基本法则；还有已经成功的创始人来分享他们创业中的经验教训；来自四大会计师事务所的精英讲解创业发展中的股权架构与财务管理的知识；还从 HR（人力资源）专家们那里学习到了如何招聘员工与进行公司管理。学习间隙，群英会同学们也在各自项目推广上互通有无、互相协作，大家经常晚上住同一家宾馆，通宵达旦地交流创业路上各自的困难和经验，这样的过程很是难忘，收获更多。

中关村，是创业者梦开始的地方。2015 年 9 月，画吧决定把公司中心移至北京中关村，这里有创新的环境，是创业的沃土，有着画吧急缺的绘画与互联网结合的人才，比如爱画画的产品经理、会玩 Cosplay（角色扮演）的市场总监，更重要的是有着优渥的投融资机制。天时、地利、人合，画吧终于拿到中关村东升科技园 140 万元、传媒梦工场 100 万元的天使轮投资。于是，公司立即增加了运营团队与市场人员，终于能够阔步前行了。

朱皓说当时很多人看不懂他们的项目，有人说团队不完整，有人说产品不成型，但东升科技园还是慧眼识珠，毅然决定投资，这源于他们对文化创意产业的市场判断，也有着对传统文化传播的一种情怀，如同朱皓创建画吧，源于小时候对绘画的喜爱。这时画吧团队也搬到中关村创业大街东升科技园的 66 号成长屋办公。2014 年 6 月开街的百米长的中关村创业大街，两侧云集了各种创业服务机构，诸如车库咖啡、黑马会、Binggo 咖啡、联想之星等。各种创投活动、投资人活跃于此。2015 年 5 月，李克强总理曾视察此街并品尝 3W 咖啡。在咖啡味道伴随着的创新中，画吧团队逐渐完整，产品与 UI（界面）设计水平也有大幅提高，用户数量爆发式增长，2016 年底每天已经有 5 万多用户在画吧画画儿。

现在画吧共有 16 名员工，分布在北京、西安、南京三地。这三座中国古都，都有着深厚的文化底蕴，现在也都焕发着青春的气息。国画、油画、二次元文化在城市里相互融合，画吧布局三地构成一个稳健的三角形。

三、笔触跟踪与成长的痕迹

打开画吧 App，风格明丽、画质清晰，首页包含的绘画类别有二次元、国风、绘画艺术、漫画、涂鸦接龙、儿童画等十余个门类。其中，二次元作品占 70%，且在画吧的使用用户中 90% 为“95 后”和“00 后”。用户极易在详细的绘画菜单里找到喜欢的作品，点开相应作品便可观绘画全过程。而这一功能应用基于画吧自主研发的私有矢量格式图形技术，可以全过程记录作者绘画轨迹，跨平台播放清晰流畅，而且自定义的数据格式数据量极小，便于用户在移动端观看。创始人朱皓说，画吧是用手指选用颜色和笔触在屏幕上自由创作，而且用户们习惯用画吧的柳叶笔以区块创作的方式作画，这比传统的线条创作方式高效很多。当然，下笔之前还得“胸有成竹”，对于细节的描绘可以放大画布来进行。目前画吧平台上国画作品受画笔的限制，呈现效果还不是很理想，但产品完善是一个循序渐进的过程，在国画的笔触呈现效果方面一定可以有所突破。与国外图形软件巨头的移动端产品如 SketchBook 等相比，画吧会做差异化竞争，在做好基础绘画工具的前提下，加大娱乐社交属性，令在线的小画家们不再受困于绞尽脑汁的冥思苦想，而是用轻松愉快的创作环境滋养修为。此外，让画家通过画吧挣到钱，也是重要的差异化竞争手段，为此画吧开发了作品打赏、付费观看绘画过程、约稿、作品版权交易等功能，这样的模式正好契合了当下的“社群经济”。

四、对原创和知识产权的洁癖和敬畏

随着画吧的推广，越来越多的绘画爱好者找到了可以画画的工具和平台，那里也是他们交流绘画心得体会的乐土。

作为开发者，朱皓感到震惊的是，用户特别是孩子们对原创和知识产权的洁癖和敬畏，作品引用就会注明出处；如果有人临摹了名家作品却没有说明，会在平台上被其他用户批得很惨；对于同人作品，即使创作得再好也不能称为原创，而只能是二创。为了减少因作品创作性质不清而产生的争执，画吧于2015年借鉴美国、日本等动漫文化发达地区的行业惯例，将画吧作品创作性质分为原创、二创、临摹、写生四种类型，并强制要求作者发表作品时必须选择。对于创作性质填写错误的情况，画吧管理员还会进行纠正并对作者予以警告甚至封号的处罚。这些措施使画吧形成了纯净的创作氛围，很多高水平原创画师愿意在画吧创作和发表自己的作品，同时这也为画吧作品版权交易业务的推出提供了肥沃的土壤！

可以说二次元文化的兴起推动了人们对知识产权的认知，二次元文化的核心即人人参与创作。伴随着物质生活的富足和信息技术革命，当你喜欢一部漫画或者电视剧，不再只是读者和观众，你有条件Cosplay或者画出你喜欢的角色，为其编出新的故事。渐渐地，你会发现你可以自己在网络世界设计出独一无二的设定，包括形象、性格、身世、技能和装备，这更加让人着迷而有成就感。画吧很多孩子画画的目的正在于此——“虽然我可能画得不好，但这就是独一无二的我！”

画吧的用户们除了都很推崇原创，还都很爱国，非常具有文化自信，在平台上大都公开主张中国本土和中国特色的动漫形象开发，每逢节日都会创作出大量极具时代气息的贺图，这一特色也为画吧带来很多业务合作，例如华为荣耀手机在画吧举办的端午主题活动，以及上海教育出版社与画吧合作举办的“古诗新画”征集活动。

2017 年，画吧累计下载量超千万次，拥有 400 万注册用户，日活跃超过 10 万人，周末每日提交作品达 2 万～3 万幅，在国内绘画社区领域的市场占有率达 2/3 以上，已经做到了一家独大。

五、盈利模式与交易机制

目前的画吧仍处于投入和开发阶段，营业收入主要来自画币充值、作品版权交易、平台商业活动等，诸如联想吉祥物表情包创作大赛和相关广告都是平台收入的来源。

可喜可贺的是，2017 年 1 月画吧获得了来自黑云影业、上海尖晶资本、中关村东升科技园联合投资的 1000 万元 Pre A 轮。该笔资金主要用于提升团队战斗力、开发商业化功能、对绘画工具的进一步优化与投入。目前，某些技术在国内外都处于瓶颈期，需要公司进一步突破和研究。在画笔特效算法和底层基础图形绘制处理方面，国内甚至没有这样的岗位，连挖人都找不到地方。画吧所看好的目标人才既要有相关的技术基础，又要对数字绘画有所了解，而就世界范围而言，本领域本专业的高人大都在诸如 Adobe、AutoDesk 之类的公司，这些公司的开发者也是画吧之所需。

关于画吧的盈利模式，约稿是一个成熟的市场，包括个人约稿与商业约稿，都会在平台自动签署版权协议，由画吧集成之后再收取一定的服务费。另外，版权库也将是未来的盈利源泉，画吧现在已有近 10 TB、700 万张画及创作过程的相关数据存放在阿里云。伴随画吧绘画工具和版权交易功能越来越成熟，如果未来全世界所有的画都出自画吧，试想这个市场该有多大。数字绘画行业的独特之处在于，其生产者（画师的创意和技法）、生产资料（绘画软件）、生产关系（画的版权交易市场）三者可以完全不经过线下，全部在网络世界形成闭环，画吧正是为了实现这一目标而存在，希望通过多年的坚持和努力，最终成长为全球最大的数字绘画基础平台。

画吧创始人朱皓说，兼具画画与版权交易功能的数字绘画平台，目前全世界独此一家，而且尚未发现相似的竞争者。

创业方法论

鼓励原创：文创产业的技术平台对原创和知识产权的洁癖和敬畏显得更为重要，作品引用要注明出处，否则后果会非常严重。

支持交易：让原创者有收益、有获得感，这是平台更加具有公益责任的模式创举，兼容创作并附加了版权交易的平台就显得非常可贵。

赛弗网络：打造中国交通出行领域最大 Wi-Fi 服务商

赛弗网络在全国铁路免费 Wi-Fi 同业市场中堪称第一名，因为全国布局最广。东升科技园如诗如画的环境中，一群充满激情的小伙伴正在一起拥抱理想……

初冬时节的午后，绕过翠竹掩映的篱墙，进入东升科技园创新中心的褐色办公楼，在泰利驿站孵化器采访室里，我见到温文尔雅的赛弗网络总经理王小华先生。很难看出儒雅而略显羞涩的年轻人正在酝酿着一个大手笔：打造中国出行领域最大 Wi-Fi 服务商，每年服务着过亿用户，而且这个数字仍在高速增长！

一、结庐在人境：东升科技园的投资与孵化

谈到公司与中关村东升科技园的缘分，可谓非常深远，公司 2014 年 4 月 1 日注册在此，从最初的办公位到现在的 500 多平独立空间的四度调整，均在园区内完成。园区帮助企业进行政府资金的协助申报，引荐公司与园区上下游产业链企业对接，可信赖的园区平台减少了企业的市场成本。赛弗网络就是在对接中找到了稳健的服务器合作单位。2015 年赛弗网络还获得了东升科技园的投资，所以，东升科技园既是赛弗网络的股东，又是公司成长的孵化器。东升科技园已然是“创业导师+专业孵化+天使投资”的孵化模式的成功范式。

业界普遍认为，2013 年是商用 Wi-Fi 的风口和元年。王小华在那时就蠢蠢欲动，尤其在他参加了 2014 年在杭州举行的商业 Wi-Fi

产业峰会，在与同业及产业链上下游的机构交流之后，更加坚定了对该行业的信心。他确信该行业在市场价值和市场规模方面都将有广泛的成长空间。他组织创业团队整装待发，开启了他们的创业之路。目标首先锁定在大型公共场所，熙熙攘攘的火车站即是他的第一战场。每一位旅客候车时间、候车空间便是公司的商业机会，都潜藏着极大的开发价值。

二、为有车马喧：海量的数据与精准的分析

2013—2014 年，摆在商用 Wi-Fi 面前的仿佛是一片宽阔的蓝海，风投、资本竞相追逐，随处都是金矿。但王小华没有盲目地投入，而是另辟蹊径，思考如何提升用户体验，后台如何运维，如何打造不易复制的商业模式。王小华带领团队，入驻车站对乘火车出行旅客进行了细致的市场调查和精密的行业分析，得出了较为精准的参数数值，比如全国车站旅客的上网时间为人均 33 分钟，比例为 15%左右，预计 2017 年会有至少 30 亿人次乘火车出行。而 2013 年的年度出行总数不到 20 亿人次，公司运营图在他脑海里形成。显而易见，这是个增量市场，所以跑马圈地的速度就开始飙升，所到之处，几乎都已实现商用 Wi-Fi 全覆盖。

到 2017 年 11 月为止，公司已签约六大路局，全国签约车站达 200 多个，已经建设完成并投入运营 100 多个。全国客流量排行前 10 的火车站中，赛弗已签约或建设运营了其中的 7 个，包括北京西站、北京站、北京南站、天津站、石家庄站、郑州站、成都站。京津冀地区的车站网络实现全部覆盖，江西省、福建省、河南省等省的全境车站实现了完全覆盖。

谈到市场竞争，王小华总经理年轻的脸庞上闪现出“谈笑间，樯橹灰飞烟灭”的轻松惬意，他说，赛弗网络在全国免费铁路 Wi-Fi 同业市场中堪称第一名，因为把第二名甩得很远。

虽然北京、上海、广东等地也有公司在做相似的业务，有的甚

至比他们做得还要早些，但是就规模、品质和运营的逻辑而言，大家根本没有在同等层面，而且这些竞争公司在渐次退出。

路局系统的信任，用户体验良好，商务诚信，再加上公司不断采用新的模式和运营管理方法，稳扎稳打、脚踏实地已经成为公司的风格，各种优势与品质日积月累，使赛弗网络成为全国最大的车站 Wi-Fi 供应商。

三、愈来愈清晰的盈利模式与长尾收益

随着免费商用 Wi-Fi 的迅猛发展，越来越多的企业进入这个行业，餐厅、咖啡馆等小型场所都是商用 Wi-Fi 企业争抢的对象，就连空气中都弥漫着 Wi-Fi 的味道。但这些场所人流单一，流动性相对较弱，后台接口的商业价值体现不明确，加之 4G 网络套餐价格的冲击，现在也已快成为明日黄花。

赛弗网络自始就有着明确的定位：专注于火车站场景，因为该场景的特点是人流量大、流动性强，可以综合站方、旅客、站内商户及互联网合作伙伴的各方诉求，通过赛弗公司自主研发的“移动、消费、服务”生态平台，基于网络运营实现多方共赢。

相对于餐厅、咖啡馆路由器而言，赛弗网络的商用网络完全不在一个量级，没有可比性。公司布局的每个站点，涉及 Wi-Fi 所有软硬件都由公司进行投入，每个车站投入平均为 50 万元，目前总投资已经累计 6000 万元。对于普通的创业公司而言，这确实是一项不菲的支出。但为了更好地服务用户、黏连用户，王小华总经理还是不遗余力地确保硬件的投入不降级。当他谈到在北京西站随机测试时，赛弗网络仍然能保证平均 3M/人的带宽水准，甚至还能保证每位旅客都能顺畅看视频和使用微信语音时，他开心地笑了，这就是一位创业者的执着理念。

谈到公司的商业盈利模式，赛弗网络总经理王小华表示，市场广告和营销推广仍然是公司初创阶段的主要业务收入，但是，一切

都在悄悄地发生变化，各种微创新越来越多。

车站，是一个流动的社会。全国车站的旅客人群每天都在更新，人员数据亦每时、每刻、每天、每月同步更新，赛弗网络同平安保险、泰康保险、大都会保险、阳光保险等几大市场知名度高的保险公司结成合作伙伴，为保险业的合作伙伴定制了旅客出行险页面推送和需求调查，用户只需填写保单三要素便会较为精准地洞悉这些旅客的需求，为保险公司提供了实时数据。现在每天就有至少 2 万份保单生成，而且数量仍然呈现出大幅上升趋势。

在移动互联时代，“场景”不是一个简单的名词，它是重构人与商业的连接。《场景革命》一书描绘“未来的生活图谱将由场景定义，未来的商业生态也由场景搭建”。赛弗网络服务的每个场景，将会形成多彩的商业生态。目前开发的与自媒体公司绑定并引流的场景化运营和自媒体运营亦是公司新的且重要的衍生业务，已经有 50 万成熟用户。基于成熟的客户引流模式，新华社也成为赛弗公司的合作伙伴，共同在车站进行新华社的品牌推广、用户关注和内容引流。未来，公司战略还将以创新型的 O2O 方式向更广泛的宽度和更深的深度渗透与延伸，通过各种跨界合作和商圈消费行为的数据整理与模拟并在此基础之上协助决策，引流在线用户、沉淀数据信息、进行消费属性画像，这些都将进一步形成公司的核心竞争能力。

王小华总经理把在媒体和技术之上，在广告业务的基础之上，通过合作运营而生成的分成，称为长尾收益。因为从长期来看，广告业务不会是整个产业的全部支撑，尤其是现象级 App 已经有绝对数量的市场占有率，如微信和今日头条已经是行业中的巨无霸。与城市、场景更匹配的广告和网络是公司所追求的业务范畴，比如正在进行的特色小镇网络部署与数字信息化管理，以输出设计、管理和协助建设为主要模式，如石家庄特色教育小镇。

四、不断提升的融资段位与投资者关系

赛弗网络就股权结构而言，目前有两位法人股东，包括铁路领

域上市公司辉煌科技及公司注册地东升科技园，其余为以创始团队为主的自然人股东。另外 2015 年曾有两个股权投资基金的投入，目前已经满意退出。

赛弗网络从业务层面而言希望公司保持在国内市场占有率绝对第一的地位而服务质量能够不断提升，形成良性循环以便在资本市场和相关新领域做出更好的成绩。

随着业务扩张和融资的推进，赛弗网络也会适时地考虑并购与重组，甚至探讨与铁路部门进行混合所有制改革领域的合作，这些想法和计划已经不再是纸上谈兵，只等水到渠成。

赛弗网络正在随着出行路线的延长而不断拓展版图，初步形成的格局是中国铁路的互联网+……

创业方法论

孵化模式：既是创业公司的股东，又是创业公司成长的孵化器，这种“创业导师+专业孵化+天使投资”的孵化模式已经成为孵化器和加速器运营成功的范式。

场景革命：在移动互联时代，场景不是一个简单的名词，它重构着人与商业的连接。未来的生活图谱将由场景定义，未来的商业生态也由场景搭建。

长尾收益：创业步入快车道，主要业务收入会稳定增长的同时，其他相关的一切都在悄悄地发生变化，各种微创新和潜在收益越来越多。

博士后工作站：象牙塔连接科技园

深度访谈北京市海淀区博士后工作站的博士后

书山有路勤为径，学海无涯苦作舟。学士、硕士、博士、博士后，芝麻开花节节高的学位进阶背后的故事是十年寒窗之后的十年寒窗。

他大学毕业之后又继续边工作边苦读考研攻读硕士继而连读博士，一直读到博士后。十年之后又是将近十年，使人不禁对面前这位瘦弱书生肃然起敬。经济基础单薄的家庭使理工科出身的他倍加珍惜这些学术研究的机会。

躲进小楼成一统，管他春夏与秋冬。多年以来，他甘愿远离外界尘嚣和各种诱惑躲进校园和科技园的小楼潜心向学、专注科研甚至论文里充满的数据模型和代码程序，多篇文章被翻译成英文并在国际权威的专业刊物公开发表，而且作为第一发明人研发出多项国际领先的专利技术。

他就是北京市海淀区博士后工作站与驻站科技园企业协同互动、鱼水相生的博士后研究员艾海明。虽然在博士后出站后已经就职于北京市某教学科研事业单位，但是提及在站期间的三年学术研究和技术研发并与科技园互融共生的生涯他仍然如数家珍，从硕士研究生开始主攻生物医学工程专业，之后转型聚焦医疗器械领域，他的产学研时间表和线路图为科技成果转化提供了最好样本，亦是青年学子励志的榜样典范和故事读本。

“科研的目的就是后续的产业化。”他说。

一、学术初心与专业贡献

做任何事情都要抵达极致，潜心学术和学位进阶直到顶峰是他的梦想，可以说为此初衷他一直都很拼。

2002 年，艾海明毕业于江西师范大学计算机学院应用数学专业并获得学士学位。

2004 年，在工作两年之后考取了中南民族大学研究生攻读生物医学工程专业并获工学硕士学位。

2007 年，于北京工业大学生命科学与生物工程学院攻读博士研究生，研究方向为医学数字信号与图像处理及应用，获工学博士学位。

2011—2014 年，成为中关村科技园区海淀园企业博士后工作站与北京理工大学联合培养博士后，研究课题为心磁信号检测与专家诊断信息系统研究。博士后研究期间的成果和荣誉接连不断地涌现，2011 年被评为北京工业大学科研优秀奖和社会实践模范奖，2012 年被评为海淀区优秀人才，先后在国内外重要学术期刊以第一作者身份发表论文 10 余篇和 10 部专利，其中 SCI（科学引文索引）论文 1 篇、EI（工程索引）论文 5 篇、核心期刊 9 篇、计算机软件著作权 3 个、实用新型和发明专利各 2 项。

2014 年出站后仍然继续参与博士后工作站科研工作，主持制定了 2 项民政部行业标准《骨传导助听器》（MZ/T 067—2016）和《骨传导助讲器》（MZ/T 068—2016），并负责完成骨传导助听器上市注册工作，帮助博士驻站企业取得骨传导助听器注册许可证，为骨传导助听器产业化工作做出巨大贡献。

二、十年寒窗之后的寒窗

在非常艰涩和深奥的领域默默探索并适时进行专业转型，数学与计算机、生物医学工程、数字信号与图像处理及应用、心磁信号检测与专家诊断信息系统研究，这是他从学士、硕士、博士再到博士后的一次又一次的专业修订和方向转型，每一次成功转身都把自己推向了更加精深而寂寞的非常小众却又特别专业的领域。

他说，其实本科读的数学计算机为之后的专业选择打下了良好的理工科基础，就读硕士给了他调换专业的机会，于是适时转行于医疗器械，这属于临床医学与电子信息工程的交叉学科，比如说，MRI 和心电图属于医疗器械，在这个领域如果进行研究开发就要懂医学又要懂电子信息工程。本科毕业之后还很年轻，身边没有人随时进行人生指导，而当时江西老家还是信息比较闭塞的地区，所以到外面的学术世界攻读硕士就是学士之后的追求与信仰，于是工作两年之后考上了华中科技大学电子信息工程专业，但是因为考生爆满而调换到中南民族大学读生物医学工程专业，仍然属于电子信息工程方向，幸运的是导师仍然是华中科技大学的兼职导师。

全职攻读硕士学位期间，他才开始逐渐明确未来和职业方向并一直坚持两个信念：一是做任何事就要做精致，攻读学位亦如此，所以下一个目标定位是博士；二是一定做好专业研究，从研究的角度而言，硕士就是入门，而博士才会更加专业、更加全面而精通，所以他选择硕博连读，从南方的中南民族大学到北方的北京工业大学，开启了他向更高的学位进发之路。

从博士备考到毕业四年多时间，对他而言是非常痛苦的阶段也是蜕变的阶段。全校统考、名额有限而且一个博导只能带一个博士生，他必须面对这些无形的压力。彼时很多同学已经开始工作并享受生活，他却放弃了这样的机会而决意在学术领域坚持耕耘。而且攻读理工科博士非常困难，导师要求非常高，要有科研成果就要比别人付出更多，学业压力、毕业压力、社会压力都很大，全职博士每月 800 元补贴，但是需要承担的家庭责任诸如子女教育、父母赡养一样都不能少。长期处于压力和焦虑的状态久了就会抑郁，当时不少理工科博士易走极端。而他觉得自己算比较幸运的，一是自己未婚没有孩子，二是父母未老仍然可以自给自足，同时也得到了周围朋友的种种帮助和安慰，这才让这种巨大压力得以释放。另外，他的课余爱好是篮球，运动在某种程度上改善了体质。

不过，2011 年博士毕业时，他仍然面黄肌瘦。

他的博士论文比较偏重于医疗器械在临床中的应用，题目为《肝癌微波热疗手术规划系统》，这是个非常具有创新意义的课题，导师亦非常看重，不仅是科研项目而且是临床应用项目，同时也得到北京市自然科学基金的支持，还与中国人民解放军总医院热疗主任医师合作并得到了临床应用、热疗原理、手术痛点反馈、问题研究、结果验证等具体指导。工科课题理论创新是一个困难特别巨大的挑战，平常大量科研时间用于编写程序代码、做热疗模拟实验，很难再抽出多余时间用于理论创新并达到 SCI 期刊要求的理论创新高度，而他顺利发表了具有创新价值的学术论文，亦成功达到导师期望值，顺利通过答辩并如期毕业。

三、学以致用的最好途径

化茧成蝶，攻读博士是一个蜕变的过程。

毕业之后没有选择稳定的工作而是坚决要求做博士后，而且是依托于科技园在企业做博士后，不是在纯高校和研究所做博士后。他认为科研机构可能更多侧重于素质与理论的培养，自己的专业是工科领域的医疗器械，所以就要在技术产品领域深耕并得到社会认同，能满足这种目的和条件的机构和实战平台只能是企业。如何研发、生产、销售到用户，必须通过企业才能了解这样的通路，所以希望驻站企业平台把医疗器械、研究内容、产业方向这个通路打通，为更好地贴近生活和老百姓进行研究提供了实战的平台。

企业博士后也很多，为何选择中关村？他说机缘巧合的原因很多，首先是对中关村科技园的仰慕和园区为企业背书所产生的信任感。园内企业依托中关村科技园的管理规范，所以起点高，2011 年上半年正好中关村科技园组织园区企业到北大进行博士后招聘会，他遇到了这个良机，洽谈进站事宜和研究方向之后就和园区、企业签署了博士后入站三方协议。他签约的博士后工作站企业是北京美尔斯通科技发展有限公司。

在站期间，作为公司高级工程师和重大科技项目负责人主要承担3项公司重大产品开发项目，分别为中乌心磁图国际合作项目、电子助讲器项目和室内无线语音导盲系统。

国内相关单位对超导心磁图的研究相对滞后，主要存在以下3个问题：技术相对落后、普遍缺乏自主创新能力和关键核心技术、以低端产品为主而缺乏市场竞争力。针对这种局面，艾海明博士在公司领导大力支持下带领其项目团队苦苦地思索着如何走出困境。在数十次与国内外相关科研单位联系讨论技术方案后，于2011年8月向公司提出要以“实现国产化心磁图产业化”为目标，以“心磁图中乌国际合作为契机，全面引进和掌握超导磁异常探测系统设计制造技术，促进我国超导磁异常探测与磁测量技术领域跨越式发展”为方针，大力开发国产的心磁图仪及其临床诊断专家信息系统，以产学研合作为纽带，引领行业是技术创新之路。2019年，国产化的心磁图样机已研制完毕，临床试验诊断结果令人满意，正在申请国产化心磁图仪上市注册许可证和生产许可证。

传统电子人工喉需要进行手术植入，增加病人的痛苦，且手术费用昂贵。作为项目负责人，艾海明博士项目组创新式地提出基于结合骨传导与蓝牙技术的电子人工喉，其采用智能化语音信息处理技术，为无喉患者提供一种新型的助讲器，其佩戴方式舒服，操作方便，而且语音质量的真实感更强。

我国视力残疾人高达1000万人，是世界上盲和低视力者最多的国家。针对盲人如何安全行走的重大难题，艾海明博士项目组研发出一套功能完备的室内无线语音导盲系统，其中采用无线蓝牙技术可让盲人独享语音导航，语音质量清晰且不干扰他人，超声避障技术可保障盲人自由安全行走，骨导耳机可保护盲人因长时间佩戴而引起的听力损伤。本系统可帮助弱视人群和盲人在公共环境中进行定位、定向、避障、参观和浏览，特别是可保障安全行走。目前导盲系统原型样机已研发完毕，正在地铁车站、机场和医院等公共场所进行推广应用。

四、化茧成蝶的产学研蜕变

博士后入站之初，艾海明博士就对产业化课题研究的两个项目非常有兴趣，一是超导心磁图仪，二是骨传导助听器。心磁图仪当时在国内没有推广开来但是临床应用潜力很大，比如诊断时可以对病灶精准定位，而且无创，具有很高的灵敏度和特异性，能达到心电图达不到的技术效果。就诊断概率而言，心电图只能检测出 60%多，心磁图仪却可以检测出 70%多，而且无创，如冠脉造影是诊断冠心病的金标准但是是有创伤的，需要导丝插入心脏，这个过程也许会有生命危险，而心磁图仪则是无创安全的，与人体无接触，人躺在床上扫描即可。骨传导助听器与传统气传导助听器原理不同，直接通过振动把声音信号传到内耳，不通过外耳道、中耳与鼓膜，具有更好的助听效果，特别适合老年人。因为听觉器官会随着年纪增长而组织老化、功能衰退，所以他认为该技术价值会随着中国老龄化社会的到来而得到最大应用，社会价值很快就会凸显出来。而驻站平台公司是国内第一家取得上市注册证的骨传导助听器研发企业，当时该项工作主要由国外团队和乌克兰国家科学研究院来做，而艾海明博士基于专业好和外语好的学业优势自然而然成为项目带头人，带领团队与乌克兰国家科学研究院等权威机构进行沟通、谈判、落地、实施。

博士后只是暂时的研究工作，具有某种不确定性，而这家博士后驻站平台与自己的职业诉求非常匹配，两个医疗器械产品很适合、有潜力可以挖掘。他所负责的这些产品以其技术含量吸引了他，甚至使他爱上了自己所研究的专业，颇觉相见恨晚，终于找到了人生的方向和价值感。

按照规定和约定，博士后驻站时间最少一年半最多不超过三年。从 2011 年下半年到 2014 年三年时间里，艾海明博士发表了多篇论文，起草拟写了多篇专利，是多个专利的职务发明第一发明人，他亲自申请多个高新技术产品的注册证，亲自研讨多个产业化方案，对科技成果转化贡献巨大，从真正意义上协助了科技项目落地实施。因为懂产品、懂技术，他成为博士后工作站平台企业多个国际高精尖产品和技术的带头人。

博士后出站之时，他已是该机构的高级工程师。

五、用武之地：科技园的象牙塔

博士后期满，站内企业还想挽留艾海明博士继续工作，但是他希望能有更多时间做专业和理论研究，于是到了现在的工作单位。与他同时研修的还有位博士后同事，因为在同一博士后企业工作站，愉快的博士后研究工作经历使他们成为志趣相投的老友，出站之后那位同事选择了高校工作。

回望博士后站内企业的研究经历，他认为企业以创造利润和追求商业价值为天职，在某种程度上需要为股东、员工和公司可持续生存发展直接负责，但是博士后驻站企业如果发展到一定程度可以专门为博士后们创立创新研发基金，并对在创新领域做出突出贡献者进行鼓励和奖励，如果创新产品达到一定效果或具有产业化的条件和基础后再辅以相应的合伙合作机制，提供一个科技成果转化和研发应用的个性化平台，则更能激发博士后们研发创新的原动力，如果在此基础之上辅以期权与股权，则是锦上添花。

艾海明博士的这些建议很好，很适合应用于博士后工作站企业。

艾海明博士继续说，医疗器械属于关乎国计民生的千万种行业之一，涉及相关的体系和法规，最近几年发现有很多平台投资移动医疗但无法变现。他通过在驻站企业博士后的研读，能够洞穿行业发展与社会需求，这个珍贵经历无论对个人、企业还是行业和社会都非常有裨益。工科背景、贴近市场、实用好用、把科研想法实现于产业化平台，这个平台就是从事生产经营的企业，对工科博士而言非常需要这样的平台，借此把学术价值转化为产品输入社会以满足广大民众的需求，诸如骨传导助听器和心磁图仪这样的产品研发和推广应用在科研单位里几乎是不能直接做到的。博士后企业平台也可以让莘莘学子接触不同的社会层面，而不是仅限于科研与学术的小圈子，非常有利于综合人才综合素质培养。瞬息变化的社会和行业发展只有专业人才是远远不够的，比如社会亦需要拥有金融知识的金融人才，综合性的高素质人才更需要贴近生活和社会，更需要全方位地了解社会。无论大学生、硕士研究生、博士和博士后，他们往往都是象牙塔之下的骄子，但是对社会了解不够，学位研修只有经过企业才能更广泛、更好地发挥作用，博士后企业工作站就是最好的平台。

另外，企业博士后对性格的要求可能会偏外向，科研机构就会相对单纯，因为企业人员构成与经营环境比较丰富或者复杂，性格内向的博士恐怕比较难适应这样独特的经营环境。个人性格是否可以与复杂的企业环境共生长共发展，高级人才与企业员工如何水乳交融，这是企业平台和博士后人才都要思考的问题和未来一段时间长期存在的挑战。艾海明博士说自己的性格比较活跃，所以不仅能够应对得游刃有余，而且还能取得比较丰富的研究成果和研发创造。这些经验值得未来的企业博士后们借鉴。

艾海明博士继续说，博士后从学位而言已抵达了国家认可的最高学术巅峰，学术上已取得了一定的成果和造诣，也得到了社会某种认可，但是与自己的期望值差距较大，希望有机会能够自主研发创新型医疗器械以解决目前临床业界难以解决的问题，如无创血糖、心脑血管疾病的精准诊断与治疗和癌症对策等深水区疑难问题。这是一位博士后学术研究应有的担当。

从6岁开始读书，博士后出站时已是35岁。

十年寒窗之后的十年寒窗之后，目前两耳不闻窗外事一心只读圣贤书的艾海明博士已经成家立业。回顾这位江西才子求学人生的时间表路线图不禁感慨，在同龄人可以安排业余时间出去玩乐的大好青春时光，他却把自己牢牢地关在学校用功读书，一直在高压状态度过了校园生活和企业驻站博士后学业事业兼修的艰涩生涯，中关村科技园博士后工作站以最后的象牙塔名义安放了这位才子如此紧张的学术研究兼以技术研发的数年时光。

创业方法论

十年寒窗之后的十年寒窗：在学校用功读书，在高压状态度过了校园生活和企业驻站博士后学业事业兼修的艰涩生涯。

博士后创新基金与合伙机制：博士后驻站企业可以为博士后创立创新研发基金，对在创新领域做出突出贡献者进行鼓励和奖励，如果创新达到产业化再辅以合伙机制，提供科技成果转化和研发应用的股权激励机制与长期合作平台。

第6章
基因测序、生物工程、硅谷玫瑰

作为中国最早的创业者，他们经过了旷日持久的艰苦锤炼，用自己原始积累的血汗钱去开疆拓土，而不能像现在有各种资金资本去创业和试错。能忍、能扛、能等、能拼，这是创业者们必须要经历的种种精神境界。

尤其是对于创新创业的“硅谷玫瑰”，这种精神更加难能可贵。

齐碳科技：纳米孔基因测序

纳米是 10^{-9} 米……

微米是 10^{-6} 米……

只需以上这两个数字，就立刻从现实的宏观世界穿越到了微观世界。齐碳科技创始人、总经理胡庚说，一个纳米孔的直径就是一米的十亿分之一，齐碳科技研究的，就是纳米级的微观世界。

这不禁让人感慨。我们所处的世界，从宏观的角度而言，广阔得无边无际，从微观的角度而言，也精确到毫厘之间。

齐碳科技是一家基因测序科技公司。它的四位创始人虽然来自不同专业领域和不同地区，却志同道合地携起手来，以分布式联合办公的方式，以远程方式紧密地协同创新快乐工作，在肉眼看不到的微观世界里潜心研究，而且彼此配合得非常默契。从清华大学到东升科技园，从美国硅谷到中国本土，从四川成都到北京中关村，细数这家基因测序公司传奇神秘色彩浓郁的发展史，经历了与车库咖啡创业类似的辗转曲折和异曲同工，从 0 到 1 并且逐渐增加更多的后缀，以超前的科学思维在基因测序领域奋起直追，甚至以后来者居上的姿态把基因测序的代际阶梯从 1.0、2.0、3.0 升级迭代到 4.0。

基因技术有望成为下一个改变世界的技术。基因技术是生命科学的底层基础，而基因测序则是精准医疗的核心技术和基石。随着科学技术的发展，人类已进入精密医学和精准医疗的时代，基因测序被广泛应用在早期无创产前检查、试管婴儿、新生儿检查、遗传病罕见病研究、肿瘤分型等医学领域。尽管基因技术已经发展数年，但是在某种程度上而言，我国基因测序领域仍然缺乏自主研发的新锐新兴力量，而这种现状的背后原因是基因测序产业链条的不完善与不平衡。

基因测序产业链分为上、中、下游三个环节：上游是测序仪、试剂、耗材，大部分被Illumina、Thermo Fisher等少数欧美公司垄断，中游提供检测、生物信息分析的测序服务，下游是临床、科研等终端用户。我国在基因领域进行创业的早期公司大多选择布局基因测序产业链的中下游环节，这也导致了中游市场过度饱和、产品严重同质化、市场竞争较为激烈的现实状况。

齐碳科技联合创始人白净卫老师说，位于基因测序产业链上游的基因测序仪及配套试剂是整个产业链壁垒最高的部分，并且对产业化和工程化的要求极高。而这家创业不久的年轻公司却已经站在了该领域研究开发和市场应用的最前沿。带着种种好奇与疑问，我们在东升科技园开始了在基因测序领域的求索之旅。

一、碳基生物，见微知著

齐碳科技，望文生义地以为应当属于与碳排放相关的新能源产业，认真研读公司资料才发现原来是已经成为中关村高新技术企业的生物科技公司。之所以名叫齐碳，是旨在用基因测序技术探索碳基生物的本质。公司商标上富于创意的开放式双螺旋六边形，形象地表达着纳米技术在基因测序方面的应用原理。

在纳米孔基因测序技术的数据分析室，胡庚拿起桌上一只巨大的像爆米花的白色模具说，这就是纳米孔蛋白模型。顾名思义，纳米孔蛋白中有纳米级的极微小的穿孔，是纳米孔基因测序技术中的一个核心元件。纳米孔测序的基本原理是通过电场力驱动单链核酸分子穿过纳米尺寸的蛋白孔道，由于不同的碱基通过纳米孔道时会产生不同阻断程度和阻断时间的电流信号，由此可根据电流信号识别每条核酸分子上的碱基信息，从而实现对单链核酸分子的测序。

这种变革性的新技术，被业界称为第四代基因测序技术，也正是齐碳科技研发第四代纳米孔基因测序仪的基本原理。2018 年底，纳米孔基因测序仪工程样机出炉，这是中国目前唯一一台能够获得稳定测序信号的纳米孔基因测序仪。

小巧，是纳米孔基因测序仪给人留下的第一印象。它的尺寸小过一口电饭锅，将来还可能进一步缩小，小如一个化妆包，甚至一个 U 盘。要知道，论块头，无论是医疗机构还是基因检测服务公司，无论做癌症筛查还是产前检测，目前主流的基因测序设备比电冰箱还要大，移动不便，所以被“囚禁”在医疗机构、科研院所或基因公司的大楼当中。纳米孔基因测序仪则不然，它小巧便携，可以拿在手里，背在包里，走街串巷，说走就走，相当于能把原本深藏于“象牙塔”中的基因测序“实验室”带到全世界几乎每一个角落。

将来，纳米孔基因测序仪不仅可以在医疗机构使用，还有望与智能家居设备相结合，“飞入寻常百姓家”。胡庚说：“打个比方，我们的技术与智能马桶结合后，未来能够实现通过智能监测肠道菌群的变化，来为普通人预警其身体发生的健康隐患。”

纳米孔基因测序仪不仅小巧，而且快速。它不但可以实时输出测序结果，还可以利用大量纳米孔通道并行测序，提高测序通量，把测序速度提高十倍以上。传统测序技术需要十几二十个小时的测序时间，在纳米孔测序仪这里，最快 15 分钟就可以获取数据。

测序速度快慢，在医院的重症监护病房（ICU）中事关生死。试想，有的急重症患者只剩下 24 小时的时间，医患各方需分秒必争地和死神赛跑。用传统测序技术，检测结果还没出来，患者可能已经没有了。用上纳米孔基因测序技术之后，测序速度快一分钟，患者就能多一分生还，甚至康复的机会。

除了小巧和快速，纳米孔基因测序仪还拥有诸多得天独厚的技术优势。由于在技术原理上的本质创新，它具备超长读长的单分子测序能力，并且能够实时输出测序结果。这种形式的基因测序方法单次运行成本低，能够提供较高性价比的基因测序解决方案。无须复杂的文库制备，亦可直接检测核酸的表观修饰。

技术优势拓展了纳米孔基因测序仪的应用范围。它可以广泛应用于病原体即时检测、肠道菌群宏基因组检测、免疫分型、基于结构变异的肿瘤基因组快速检测、基于 DNA 甲基化检测的癌症早筛、表观遗传学、RNA 及转录组学等前沿生物研究和临床医学的应用，更全面地感知生命、护卫健康。

基因测序仪是国之重器，具有重大的科技、经济，甚至政治意义，但技术门槛很高，研发难度很大。那么，齐碳科技为何能够自主研发出国际领先的纳米孔基因测序仪呢?

二、术业有专攻的研究型团队

“跨学科”和“学霸”是齐碳科技研发团队的两个关键词。

打造一台小小的纳米孔基因测序仪，所需要的绝不是单一领域的专家，它背后其实涵盖了蛋白工程、半导体加工、电路芯片设计和生物信息学等多个前沿且庞杂的专业交叉学科，研发难度之大可想而知。

核心创始人白净卫博士清楚，要研发纳米孔基因测序仪，必须组建一支跨学科团队。白净卫自己是一个“学霸”。他本科毕业于北京大学化学系，之后赴美深造，在加利福尼亚州大学洛杉矶分校获得材料学博士学位，随后在 IBM 沃森实验室进行博士后研究，接着在基因测序巨头 Illumina 从事研发工作，一晃就是十多年。如今，白净卫已经回到中国，现在任教于清华大学药学院。

组建跨学科团队，白净卫首先找到了自己的老同事陈呈尧。陈呈尧是蛋白领域的专家，曾在基因公司 Life Technologies 和 Illumina 担任资深研究员，为提高 Illumina 测序试剂性能做出了突出贡献，并获得过2013年Illumina年度创新大奖。也就是在Illumina工作期间，陈呈尧结识了白净卫。

彼时，陈呈尧已经离开美国，回到中国台湾，准备归隐于高校，接到白净卫的邀请后欣然加入齐碳科技。

齐碳科技的另外一位联合创始人谢丹是生物信息学领域的专家，本科毕业于中国科技大学，后赴美深造，在伊利诺伊大学香槟分校取得博士学位，并在斯坦福大学开展博士后研究。目前，谢丹也已回国，在四川大学和华西医院工作。

四大专业背景，至此已有三个，就差电子电路领域的高手。于是，谢丹自然而然地找到了自己的中学同学、电子电路专家——胡庚。胡庚在清华大学自动化系本、硕、博连读，曾在西门子中国研究院长期从事仪器仪表的研发工作，在电子电路设计方面有着丰富的经验。

至此，齐碳科技最为核心的跨学科团队基本组建完成。四位核心创始人都是名校博士，著作遍布《科学》杂志等顶级学术期刊，“学霸”气场不必多言。四人分管各自不同的专业领域，同时紧密配合，招兵买马，组建团队。

2016年，齐碳科技应运而生，全力研发纳米孔基因测序仪。

几位专业背景明显不同的创始人是基于怎样的因由决定在一起创业？这样的决心与恒心到底源自何处呢？其实早在回国之前，在基因技术领域里浸染多年的白净卫和谢丹就看到了基因测序领域的发展方向，洞见了行业的未来成长空间，也发现了国内的技术空白。他们相信，中国的基因测序市场潜力巨大，要提前入局，提前准备，研发技术，打磨产品，用黑科技，用硬实力，和国外企业展开竞争，夺取科技、市场等方面的主动权。因此，他们暂时舍弃了在其他机构的优渥薪酬，决定走上自主研发之路。经过三年打拼，齐碳科技雏形渐成。

值得一提的是，为了研发纳米孔基因测序仪，齐碳科技选择了成立公司，而不是依托高等院校的研究机构。要知道，实验室的成千上万次实验才有可能形成产品，况且，做产品和纯技术研发是两个概念，如果单纯在大学的实验室做科技研发，因为基因测序对生化、蛋白、流体芯片等技术和流程要求很高，在学校很难短时间内凝聚高端专业人才，即使聚敛部分人力资源但是大家也很难全职投入，再加上奖惩机制的先天不足，就会形成科技成果转化的短板。这也是他们注册公司的原始动因，公司可以使专业背景差异很大的人才聚在一起长期磨合，即使专业和背景不同也能相互理解，能听得懂对方的语言，并且以最快速度达成共识，对技术的理解和对前景认可，是公司设立和决定自主研发技术的初心、恒心和朴素立意。

三、核心技术竞争力与未来独角兽

齐碳科技如今小有所成，但创业之路并非一帆风顺。公司成立伊始，条件简陋，几位早期的核心成员其实就在实验室和自己家里“倒腾”，有些类似传说中的小作坊或者美国的车库咖啡创业形态。但这种状态何尝不是中关村、中国乃至全世界科技领域创新创业的生动场景和缩影？

后来，公司初具规模，但仍然在研发过程中遇到了很多之前从未想到过的挑战。纳米孔测序技术毕竟是目前最为前沿的技术，放眼全世界，都没有哪怕一台成熟的、可以用于临床检测的纳米孔基因测序仪。如此前所言，这就意味着研发环节中有很多空白，需要以一己之力一一填补。举例来说，基因测序仪所需的蛋白无法在市面上购买，必须自己构建蛋白表达纯化系统，研究它的结构并进行测试；基因测序中用到的微流体芯片也需要团队自行设计加工。

胡康说：“行业里目前几乎没有可供对标的项目和公司，全靠自己在科研实践中产生全新的灵感和科学发现，只有这样才有可能做得比同业更好。”

技术超前是一把双刃剑，它一方面带来技术研发的巨大挑战，另一方面也意味着这是鲜有人涉足的一片蓝海。

基因测序仪是整个基因行业技术难度最高的环节。有鉴于此，国内基因从业者大多选择从国外进口基因测序仪，在国内市场提供基因测序服务。相对而言，齐碳科技则旗帜鲜明地跳过技术门槛较低的中下游，直取技术难度最高的上游基因测序仪。基因测序技术一日千里，然而时至今日，国内像齐碳科技一样研发第四代纳米孔基因测序技术的企业依然屈指可数。

超高的技术难度令不少人望而却步，迎难而上的齐碳科技却看到一片蓝海，铆足了劲，冲了上去。

四、中国制造挑战国外垄断

作为一家立足本土、自主研发的中国公司，齐碳科技的执着还有另一层意义：用中国制造打破国外垄断。

基因测序仪研发难度较高，国内企业鲜有问津，然而，这也恰恰是基因技术当中最上游、最核心的领域。同处基因行业之中，下游厂商可能受制于上游企业。如今，基因测序仪技术被国外少数几家大企业握在手中，中国厂商主要从国外购买测序仪和试剂，从事中下游服务，因而在全球竞争中处于不利局面。

国外上游企业掌握核心技术，还凭借众多的研究专利构建了严密的知识产权保护体系，因此议价更主动，可能单方面抬高测序仪和测序试剂的价格，增加中国中下游厂商的成本；甚至拒绝向中国厂商出售测序仪，也拒绝维护已经售出的测序仪；更有甚者，还可能对中国厂商参与的基因研究横加干涉。

“卡脖子”——有人如此描述这种局面。

当此之际，齐碳科技立志凭借国产的技术、国产的设备，研发出全球最前沿的第四代纳米孔基因测序仪，用“中国制造”打破国外巨头的垄断，夺回基因领域的主动权。

齐碳科技成立不到 3 年，主攻基因测序技术和设备的开发及应用，技术水平国际领先，现已拥有6项专利和7项软件著作权，并获得中关村高新技术企业认证，而且已经自主研发出中国唯一能够稳定获得单分子测序信号的纳米孔基因测序仪工程样机。

2018年4月，在第三届清华校友三创大赛中，获得生命健康专项一等奖桂冠。

2018年5月，参加成都全球创新创业交易会“未来独角兽”专场，纳米孔基因测序仪项目大放异彩并引起广泛关注。

2019年1月，在中关村国际前沿科技创新大赛总决赛中荣获唯一的一等奖，同时斩获医药健康领域TOP10企业称号，在九大领域、国内外600多个团队和近千个科技创新项目中脱颖而出，一举夺魁。

2019年6月，参加全国“大众创业、万众创新”活动周，在中关村国家自主创新示范区展示中心作为重点企业进行展示，受到多方关注。

齐碳科技的未来令人期待，第四代测序技术的未来充满希望。

五、从第四代基因测序到4.0时代的预判

基因测序技术如今已经更新到了第四代。

第一代基因测序速度很慢而且成本高昂。它完成了人类基因组计划，却用掉了十几年时间。第二代基因测序是基于光学方法的大规模短片段并行测序，把需要检测的目标DNA长链打断成200~500 bp的短小的片段，在流体芯片上进行扩增，利用边合成边测序的生化原理，让碱基序列发出荧光信号，再对荧光信号进行解析，最后通过大规模的拼接，得到最终较为完整的序列信息。第二代基因测序技术具备规模大、通量高、价格低等优势，但是整个流程操作复杂，仪器庞大，速度较慢，更适合于测试中心的专业化使用，无法在全社会大规模普及。第三代基因测序仍是基于光学方法，虽然初步实现了单分子测序，且读长很长，但仍然需要复杂的光学设备和移液的机械结构，所以仪器比较复杂，价格也较高。第四代基因测序则

具有单分子测序能力，小型便携，速度更快，成本更低，时间更短，更有希望在全社会普及。

总而言之，随着技术不断成熟，基因测序的价格会更低，速度会更快，分析结果会更加精准，仪器会更加微型，价格会更便宜，应用也会更加广泛。

如今，齐碳科技走在了第四代基因测序技术的最前沿，责无旁贷地成为技术开发和产品创新的领航角色，将来能否成为独角兽，让我们拭目以待。

六、水清木华的资本厚望

独角兽是西方神话中的一种虚构的神兽，在人们心中代表着高贵、纯洁，令人向往。在2013年，美国著名投资人艾莉·李将私募和公开市场估值超过10亿美元、成立时间不超过10年的初创企业称为“独角兽”。

早在2018年5月，齐碳科技就凭借第四代纳米孔基因测序仪在成都全球创新创业交易会“未来独角兽”专场中崭露头角，引发关注。有投资机构代表在点评时表示，基因测序产品在国内推出非常快，有关板块市场的涨幅让很多投资人对这个行业充满兴趣，我国能有一家研发第四代的基因测序技术的企业进行前瞻性研究工作，令人感到非常佩服。

在公司发展过程中，齐碳科技创始团队成员与清华大学有着密不可分的联系，这让其与清华大学在学术、技术和资本等产学研层面的合作更加顺理成章。2019年公司已完成三轮融资，投资方包括华控基石、百度风投、中关村协同创新基金、雅惠精准医疗基金等。作为投资方，它们不仅是提供资金的股东，同时也为公司的战略发展提供资源、渠道等方面的通力支持与协助，帮助齐碳科技作为一家公司运转得更加顺畅。2019年，齐碳科技刚刚融资到位第三轮4000万元资金，正在用它继续研发第四代纳米孔基因测序技术，并且为此购置设备，招募人才。

众所周知，就知识产权和科技成果转化而言，并非所有科技都可以转化为生产力，并非所有技术都可以转化为产业成果。齐碳科技是科技成果转化领域的勤勉学生和幸运儿。携手并倚重清华大学，在基因测序领域积极主动地探索并领跑前沿，对产业化流程进行梳理并逐步打通产、学、研、用等各个环节，避免了拿着锤子找钉子的情况。

从世界范围和产业维度来分析同业竞争的总体格局，齐碳科技的基因测序技术在国内外行业坐标系中位列第一象限，但是就全球范围的新一代测序领域而言，还有一些差距，起步更早、研发更久、融资更多的竞争对手已经在行业领域范围内跑得很远，所以公司目前在稳居国内行业头部地位的同时，一方面更应审慎地避免各种专利技术纠纷，另一方面要站稳脚跟并且加大科技研发的人力财力物力投入和工作强度，以通过公司技术研发优势和行业贡献促进产业更加成熟。齐碳科技自主研发的仪器和试剂等已经位居产业链上游，产业界和资本界对齐碳科技亦寄予了更多厚望并产生了合作意向。

科学技术是第一生产力。齐碳科技的纳米孔基因测序技术研究成果在行业应用和落地项目方面，已经做了产业链上中下游的全方位布局。

这家创立不到 3 年、以科技研发为先导的年轻公司与其说是新锐型企业，在某种程度上更像是大学式或研究院式的学习型组织。公司中有不少“90 后”，创始人与核心成员大部分为“80 后”。初生牛犊不怕虎，在基因科技的前沿赛道中，这些“80 后”和“90 后”通过协同工作、思维碰撞、不断产出阶段性研究成果，专利技术和知识产权不断叠加，飞速发展的公司亦因此吸引着更多包括清华大学、北京大学、中国科学院在内的博士、专家、学者加入他们的研究阵营，公司规模和阵容不断扩张。

随着公司规模化发展，北京公司不得不想方设法遴选新址以拓展办公室空间，乔迁到了世外桃源和田园牧歌般的中关村东升科技园。新的 680 平方米的办公空间目前也几乎座无虚席。如诗如画的度假式科技园区大大提升了员工们的工作成就感和幸福指数，有温度、富黏性，同事之间如同学、似师生、像战友，携手并肩攻克一个个技术学术难关，共同把科技梦想和科学幻想一步步地变为现实，此处不是硅谷已然胜似硅谷。

这便是学院派和研究院式的齐碳科技，在陶渊明式的园区中有条不紊地悄悄承担着基因技术研发和基因测序产业化链条中最前沿的课题。

创业方法论

学霸优势：在诸如基因技术这类的高端前沿科技领域，学霸们更有先发优势和竞争优势，很多人望而却步的领域，对于他们则是广阔的蓝海。

跨学科优势：不同专业但在技术和市场领域又有较为密切关联关系的跨学科合作，会绽放出更好的学术花朵，收获更丰硕的产学研成果。

学习型组织：高新技术企业更容易成为学习型组织，也因此更容易吸引更多年轻化的高精尖人才加入团队，并源源不断地产生更多的创新思想和创业行动。

翊博普惠：DC 细胞的博爱意义和普世价值

前段时间曾经被热议的生物医药科技也许可以实现人类永生的话题，现在看来有着非常深厚的理论和实践依据。因为国内外不少产学研机构都在该领域进行着前沿探索和悄悄布局。其实，中国也有这样的学术机构和科技公司。

秋雨初晴的下午，按照位置图沿着湿漉漉的小径前往东升国际科学园采访高新技术企业北京翊博普惠生物科技发展有限公司。玻璃门缓缓打开时，迎面出现的是一位亭亭玉立、容颜如同明星般漂亮的女士。宾主坐定相互介绍，原来她就是这家公司的董事长。寒暄之间得知她大学所学的专业并非医学和生物科技，毕业之后所从事的工作更是令人惊讶。

为何这位名曰于洋的女士辞职下海，离开了自己所熟悉的领域，选择陌生而艰涩的生物医药专业领域从零起步开疆拓土呢？

回答从回忆开始，创业背后故事，令人想起美国斯坦福大学是痛失爱子的父母为了纪念英年早逝尚未来得及读大学的儿子而创建的，于洋在中国北京创建的这家生物医药公司，亦同样是因为不能忘却的纪念……

一、痛失亲人，诞生公司

漂亮的于洋有位帅气的“儿子”。

其实，于洋兄弟姐妹的六个儿子，她都视为己出，疼爱有加。

这个儿子排行老六，是她的外甥，几乎是她抚养长大。宝贝喊于洋“妈妈”，乖巧懂事，认为可以永远这样承欢于膝下。没想到年纪轻轻的儿子 2016 年竟然患了脑胶质瘤，这种恶性肿瘤夺走了刚刚 16 岁孩子的生命，一个鲜活的生命就此消失，于洋再也无法感受小家伙带给她的幸福。

面对亲人被癌症病魔掠夺而去，她空前地无措，这种无力感折磨得她非常痛苦，感觉到了生命的脆弱，叫天不应叫地不语的感觉只有她自己明白。朝思暮想的她经常恍惚地以为儿子仍在身边，仍在与小妹妹做游戏，教她做数学题……这种失魂落魄的状态持续了很长时间。

也许是天意，她偶然遇到一位美国华裔研究人员，了解到世界上有一种非常前沿的免疫治疗技术——DC 技术。人们可以通过这项技术，在年轻健康时把自身的 DC 细胞制备存储起来，未来万一罹患病症，利用这项技术可以培养扩增 DC 细胞应用于肿瘤或其他病毒性疾病的治疗。她当时便觉得看到了自己生命的意义。

“如果能早点遇见这位专家，也许儿子就可以仍然健在。”为了少几个失去亲人而经历痛苦的人，她决定投资这项技术，在还没有想过未来前景，也没有进行充分调研的情况下，一次体检中，她自己查出了乳腺结节包体，突然觉得不能犹豫了，自己必须做些什么，要活得有价值。在那个时候家人朋友也只有默默支持的份了。就这样，她选择用自己的钱投资创业。仿佛只有这样孤注一掷才会稍觉安慰，才能从无法自拔的思念和悲伤里解脱出来。

于是，翊博普惠诞生了。公司成立以来，已经发展成为北京中关村高新技术企业，致力于免疫细胞基础研究和临床应用，专注于免疫细胞抗癌、抗病毒研发。依托 DC 技术，研制出活性极优的免疫效应细胞。这种细胞在肿瘤及病毒性疾病治疗中具有非常重要的作用。

目前，翊博普惠已建成全球首个具有科研和应用价值的人类 DC

细胞资源库。围绕库内储存的DC细胞株以及相关数据，公司将快速推进DC细胞治疗性疫苗以及在抗肿瘤及抗病毒方面的临床研究。同时，以DC细胞库为基础，拓展基因检测、癌基因筛查、诊疗咨询等业务，旨在为广大癌症及病毒感染患者服务，为人类健康事业做贡献。公司从初创到初步发展，于洋亦觉得自己不仅没有白白下海，反而是收获颇丰。

何谓DC细胞？于洋形象地形容这种细胞为所有免疫细胞的调控者。

DC细胞又名树突状细胞，因外观形态类似于树枝突起而得名。该细胞是人体内功能最强的专职抗原递呈细胞，是免疫细胞的灵魂，处于免疫系统中心环节。研究DC细胞的三位科学家于2011年问鼎诺贝尔生理学或医学奖，其在激活T细胞和NK细胞杀伤肿瘤和病毒性疾病方面作用显著，被科学家视为免疫细胞中的宠儿。常规DC细胞的制备获取，过程复杂烦琐，且无法实现体外大量活化扩增，使得围绕DC细胞的肿瘤治疗性疫苗研究始终无法市场化。而翊博普惠公司拥有的DC技术不仅能够应用少量外周血便可扩增出满足临床应用的全部用量，在细胞活性、抗原负载及淋巴结归巢能力上都展现了创新式的突破，给罹患重大疾病的患者带来了希望和福音。

荒漠甘泉，绝地逢生。也许只有这样的词汇可以对其进行说明。

二、学有所成，联袂创业

那位华裔研究人员便是翊博普惠的首席科学家程铧博士。程铧博士曾就读上海医科大学，亦即现在的复旦大学医学院，在上海复旦大学本科和硕士研究生毕业之后不久，便远赴美国纽约大学医学院攻读生物医学博士，从此开始了漫长的科研生涯。

程铧博士说，当年去欧美留学几乎是那个时代的潮流，至今，很多大学同学仍然在欧美国家工作、生活。专注于科研工作是辛苦的、焦虑的、折磨人的，因为好的技术不会那么容易轻松地产生，而是诞生于不为人知的、辛苦的不厌其烦的尝试、探索甚至失败中。经过无数次实验，DC 技术终于初步成形。

其实，程铧博士的父亲就是多年前因嗜好抽烟而罹患肺癌去世的，享年 60 多岁。而从事科学研究的他与于洋女士有着相似的经历和同样感慨，看着亲人逝世而无能为力，所以更加想以先进高效的技术治病救人，这种想法始终鞭策着他执着于科学研究。

癌症原来多发于老年群体中，近年来却日渐年轻化。而癌症早期并没有明显症状，等到发现时往往已经转移扩散。所以治未病之病的免疫治疗才是第四次医疗技术革命，这给了病患更多希望和多项选择。

程铧博士认为医生解决不了所有生病问题，也解决不了所有与生病有关的根本问题，但是医学科技的发展是解决这些问题的关键和未来。

正是基于这样一份热忱，公司集结了众多愿意为人类健康事业献身的工作者，开启了翊博普惠的创业之路。

三、技术研发，临床试验

研发和试验的过程是漫长的，而且从要命的恶性肿瘤开始。

经过大量动物实验，现在已经开始探索临床试验。在临床方面，公司就 DC 技术已经与解放军总医院第五医学中心、解放军总医院第五医学中心南院、中国医科院肿瘤医院、成都华西医院进行技术合作与研讨切磋，目前在进行针对急性髓系白血病和实体瘤的治疗性疫苗的临床合作。

同时，围绕大众健康的 DC 细胞制备、储存服务，公司建立了全球首个人类 DC 细胞资源库。该库以气相液氮为环境基础，专门用于制备 DC 细胞并深低温-196℃冻存，保证细胞活性状态稳定。该细胞库可供自体使用也可捐助他人。当库存达到 20 万份时，可满足 60% 的患者治疗配型。于洋很认真地说：“我和我的宝贝女儿都已经把

DC 细胞制备好了，当我和女儿的细胞入库的时候，心里有了一份踏实，觉得为孩子和自己都保存下了一份健康保障。”

翊博普惠人类 DC 细胞体外扩增技术和人类 DC 细胞资源库已申请专利保护，目前来看尚属全球唯一。翊博普惠首席科学家程铧博士说：“其实 DC 细胞制备存储只是人类 DC 细胞资源库工作的一部分，关键要解决细胞如何应用的问题。当社会爆发大规模流行病或传染疾病时，库内的 DC 细胞便能在短时间内派上用场。通过对 DC 细胞的抗原负载进而研发生产治疗疾病的疫苗供社会使用。”

程铧博士也指出：“任何创新性的技术在初期往往都是反对声音大于支持的声音。我们甚至把很多困难都已经预估到了，比如同业专家也许不那么认同、融资可能面临困境、临床试验风险、研发成本高等。我们相信自己的技术经得起质疑和考验。”

科学的发展需要反复的论证和推敲。希望在不久的将来，人类 DC 细胞资源库能够开疆扩土，在中国的土地上生根发芽、遍地开花。

四、博爱大众，普世价值

翊博普惠公司成立以来，初心从未改变，从未急功近利地以赚快钱的方式实现盈利，而是专心致志把主要精力聚焦于技术研发工作上，这样的低调状态一直持续到 2019 年 2 月 28 日召开新技术发布会，会上，公司正式对外公开了技术成果。

谈到公司估值，也许目前所见工具和方法都是有欠缺的，因为估值是变化的动态过程。翊博普惠在早期曾被专业评估公司估值 1 亿美元。但通过对比国际同业公司，法国曾将 1 株 DC 白血病细胞授权 LG 医学部使用，交易价格为 1.23 亿美元。以此类推，拥有全球首个人类 DC 细胞资源库的翊博普惠及其技术价值可想而知。

当然，公司值多少钱已经不再重要。重要的是两人共同加入的这家细胞生物公司，使她们在工作中找到了创业的乐趣和精神意义。

如果这项治疗技术能够让身边所有亲人都能平安喜乐健康吉祥，即使面临重大疾病或濒临垂危亦能拥有更多活下去的机会，这其实是极大的福音。

交流中，于洋表达了翊博普惠近两年的发展目标。翊博普惠将会成立两只基金，一是白血病治疗基金，二是针对看不起病的贫困人群的癌症治疗基金。同时，人类 DC 细胞资源库也将以超低成本服务于寻常百姓，普惠大众。

当技术如此生动地拥抱人文主义情怀时，我不禁对这位年轻漂亮的董事长增添了更多的敬意。告别之际，东升国际科学园代表指着附近建筑补充说明，这是由清华大学和比尔及梅琳达·盖茨基金会发起、北京市科学技术委员会代表北京市政府联合出资成立的全球健康药物研发中心（GHDDI）。物以类聚，人以群分，享有盛誉的国际机构原来也在这里。君子择邻而居，公司亦然。草坪如毯，绿竹掩映，芳邻篱院，有求必应，这就是东升国际科学园为高新技术企业创建的梦想生态办公环境。看来，翊博普惠的科技成果产业化、全球化以及普世价值的实现就在眼前。

创业方法论

初心与使命：“不忘初心、牢记使命”也特别适用于创业领域，初心和使命是行走在创业路上的原动力；一个偶然的事件、一次特别的经历、一位难忘的良师益友等都有可能成为驱策创业的动因。

首席科学家：以愿景和资本创业为开端的创业者，往往特别需要寻找到志同道合的技术合作伙伴，对于高新技术企业和高精尖学习型组织而言，就是找到那位在技术领域学有所长并且具有丰富的研发和专业应用经验，又能与公司创始团队合作默契的首席科学家；如果首席科学家同时兼公司创始人，对于创业公司而言则更加集约高效。

普世价值：当公司的理念、技术、产品、市场和企业文化具有博爱的意义和普世价值，往往就可以迅速成长壮大，甚至在最短的时间内成为所在行业的独角兽。

诺诗康瀛：从法兰克福盛开到全球的“中国玫瑰”

作为中国最早的创业者，他们经过了旷日持久的苦哈哈的锤炼，用自己原始积累的血汗钱去开疆拓土，而不能像现在有各种资金资本去创业和试错。能忍、能扛、能等、能拼，这是创业必须要经历的种种精神境界。

康颖云淡风轻地谈笑，面对面地讲述着当年从学霸、中学老师、批发、国际代理、法兰克福创业、回国发展到全球化的经历。谁都不会相信，坐在面前与 6 岁囡囡嬉戏逗乐的宝宝妈竟然是北京诺诗康瀛基因技术股份有限公司创始人，这位基因科学领域的女董事长为自己公司设计的 LOGO 是包涵基因图形的三朵娇艳的玫瑰组图。这样一朵硅谷玫瑰，她的花和她的芽经历了怎样的风吹雨打?

一、生物专业的学霸

1987 年，年仅 21 岁而成绩优异的康颖从北京师范大学生物学专业毕业，分配到知春里中学。当时她是全校唯一的生物老师，也是年纪最小的老师。每周 18 节课，同时还兼任班主任和少先队大队辅导员，工作空隙还要撰写相关论文，每天的工作紧张忙碌得如同陀螺。她爱校如家，爱学生如同亲人，甚至有几次让老公从海淀黄庄的香港大酒楼买班节虾送到学校的生物课堂上观摩用。

桃李满天下之后，康颖发现自己的很多学生已经走上广阔的社会甚至到国内外很广泛的地方探索新的领域，而作为老师的自己多年如一日沉浸在校园环境，有的课件已经教了几年，大部分的教学内容都烂熟于心、了如指掌。

深思熟虑之后，她认为应当在年富力强之时让自己如同蜡烛那样更有价值地燃烧……

这是她辞职创业的初心。

二、老板是这样炼成的

同其一时期的创业者相似。创业初始，康颖的所思所想并没有太多的理想主义，仅仅是想提高家人生活品质。康颖谈及白手起家时的经济状况，幽默地调侃当时工资只能养家糊口，每个月交完房费、孩子托费、付完生活费就所余无几。她的创业早期带有一些悲情色彩，其实都是那个年代创业下海者的真实写照。

1995 年开学季，知春里中学少了一位优秀的老师，北京的一家批发市场多了一位高学历的“买卖人”。很快，她积累到了浸着汗水的“第一桶金”。谈到这里，我们都感叹现在的创业者有着丰沃的创业土壤，有着便捷的融资渠道，从起步时就找天使投资或种子轮。同时也感慨企业的抗压、抗风险能力不足。真正的企业应是经历市场的锤炼成长起来的。

一个偶然的机会，让批发市场里的“康老师”华丽转身，2002 年，在中关村上地坐标性建筑——上地国际创业园 1 号楼 15A，康颖成立生物科技公司并亲自出任总经理，代理德国 Biotest 公司在中国的分子生物学产品业务。回到自己熟悉的生物学范畴，加之积累了销售经验，康颖如鱼得水，业务做得风生水起。

但好景不过三四年，随着越来越多竞争产品的升级换代及客户需求的变化，自己代理的产品止步不前，康颖心急如焚，在和德国总部费尽周折的反复交流沟通后，还是无果，德国公司竟还有意放弃中国市场，不愿意对中国市场追加更多的投入。康颖深深感到代理国外业务最终对市场与产品的把控没有真正的主动权，所有的决策几乎完全听从外国公司决策层。另外，别的竞争者也会有抄后路的情况，国外的厂家也会涨价，利润往往被摊薄，业务总是受制于人。

为了取得主动权和自主知识产权，她一咬牙一跺脚决定自己干，一如当年。

康颖这次没有去天成而是直接去了德国，她要和德国总部进行最后一次谈判：要么根据客户要求改进方案，要么终止代理。其实，在她内心深处，已经感知到“技术是企业的根本”。便从此和“代理商”的身份告别，踏上了企业家的道路，做有自己独立知识产权的产品，自主研发代理产品 HLA（人类白细胞抗原）。

现在好多创业者都有在国外生活工作的经历，然后择机归国创业，国内还提供一些优渥的创业环境。康颖不同，没有海外工作、学习背景，孑然一身，一头扎入陌生的国度进行创业，中国的铿锵玫瑰即将盛开在法兰克福。

三、中国玫瑰盛开在法兰克福

2005 年 9 月，她把海外创业地设在了德国法兰克福的赫斯特工业园区。

法兰克福的赫斯特工业园濒临美因河和莱茵河交汇之处，是欧洲最老的工业园区，欧洲央行就在附近，拜耳、塞诺菲（SanofI）、Sandors 等国际著名医药企业也都在盘踞在那里。

她带着自己创业积累的 2.5 万欧元，并以此作为注册资本在那里创建了自己在德国的公司。老师出身的康颖似乎具有比一般人强烈的爱国热情，400 多平方米办公室，一进门两侧分别悬挂着中国的五星红旗和德国国旗，宣示着企业的中国特质。按国际标准设立了实验室和 4 个单独办公室，同聘请了 5 位博士，就这样开启了她的创业之旅。

谈及此，康颖有着太多的感触。

初到德国，思想文化存在差异，业务上不熟悉，加之每月需要支付几十万元的工资与福利的创业压力，有时力不从心。她不得不想尽各种办法，用尽心思去领导和驾驭这些与老板叫板的德国博士们，有时还得用英语跟他们吵架，跟这些外国人斗智斗勇，偶尔她也会强势地发飙："我是老板，你们得听我的……"

狭路相逢勇者胜。

为了排解苦闷，她让老公把儿子当年看的连环画《孙子兵法》和《三国演义》小人书快递到德国，现学现用，用东方故事和方法解决了德国企业的问题。

8 个月后，德国团队在她带领下，拧成一股绳成功开发 HLA SSP 试剂盒，并获得 CE IVD 质量体系的认证，"全面替代了我们以前代理的德国的产品。"康颖自豪地说。

康颖很快成为德国华人社团中众所周知的公众人物，在法兰克福几乎家喻户晓，有位中国玫瑰在德国轰轰烈烈地创业。起因是 2006 年时任德国总理的默克尔第一次访华前夕，德国第二大电视台采访拍摄了半小时纪录片《中国的玫瑰盛开在法兰克福赫斯特园区》。主持人问她为何来德国投资，她答曰德国为第二大经济体，拥有较高的 GDP，科研水平居全球前列，德国制造已成国际品牌，德国公司往往拥有精密的管理系统，而她的德国制造虽然注册于德国但是属于中国品牌。直到现在，她仍把产品"德国的就是中国的，中国的就是德国的"品质放在首位。只有过硬的产品，才能赢得市场，这是她深信不疑的。

2008 年，康颖团队成功开发出 HLA 一代测序技术，并在同年获得 CE IVD 质量体系认证，成为中国第一个国产的并具有销往欧盟国家资质的 HLA 基因测序产品。

四、沿着"一带一路"出海世界各国

在试管里放着的一个个样本，像水一样通体透明。

这是基因测序工作在实验室里可以直接看到的类似科幻小说里的情景，而康颖公司的工作流程是 DNA 搜集、冷藏、测序、出具报告，她的实验室是国内唯一一个获得欧盟认证的 NGS（新一代测试技术）HLA 实验室。

源于中国，根植德国，从企业创立之初，康颖就定位市场全球化。在开拓英国市场时曾还有一段小故事：在德国站稳后，康颖决定应当顺理成章地开拓英国市场，其间也曾因忙出错而填错了出境信息，遭遇英国驻德总领事十年拒签，后来黑森洲经济发展部部长写信件给总领事，以个人名义担保认识并认可她和她的公司为德国所做的工作和贡献，第二天就顺利签证过关。就这样，中国玫瑰从德国开放到了英国。

后又相继开拓奥地利、意大利、西班牙、罗马尼亚、希腊、印度、韩国等海外市场。有的产品已经为英国和意大利等欧洲国家医院服务 10 余年，并在近 20 个“一带一路”沿线国家销售，以高性价比赢得良好口碑。

2013 年，国家主席习近平向全世界发出“一带一路”倡议。康颖可谓是中国中关村“一带一路”道路上的先行者。现在她带领的团队更是紧锣密鼓开展更广泛的国际合作，诸如与非洲的肯尼亚、坦桑尼亚、尼日利亚等国家展开合作，与欧洲、阿拉伯地区、波兰等国家和地区进行骨髓库建设方面的紧密合作。

2017 年，诺诗康瀛成功中标奥地利国家骨髓库的 HLA 分型检测任务，成为中国第一个在海外中标欧盟国家级 HLA 分型检测业务的公司，这也是欧盟第一次委托中国高科技企业进行 HLA 分型检测基因测序服务业务。同期，康颖同法国巴黎第七大学实验室诺贝尔奖获得者 Charron 教授在北京签署科研合作协议。二者将共同开发 HI 技术，在“一带一路”的沿线国家开展免疫遗传学和组织相容性的科技合作，这也是我国基因测序行业内第一次与世界顶尖实验室合作。诺诗康瀛公司作为“中关村一带一路产业促进会”的理事长单位，也是促进会“藤蔓计划”国际实习生培训基地。黄皮肤、白皮肤、黑皮肤融在一个实验室共同研究基因测序工程，她曾笑着说单位也算一个小联合国了。

这朵盛开于法兰克福的玫瑰，已经回归祖国并通过厚植于北京中关村复制到世界各地。繁忙的日程，诸多的飞行，很多航空公司的里程积分也已经可以换很多张头等舱机票了。

五、基因测序 4.0 与人工智能

2012 年从德国转战回到中国北京之后，康颖曾把自己的全部家当投入企业。聘请专业人才，同步国际化标准的实验室，购置最先进的仪器设备，回到国内的康颖，进入企业发展的快车道。

在技术研发层面，单分子纳米孔测序技术即第四代测序的平台方案高通量测序的技术方案已经通关，该解决方案重点在速度与精度；红细胞精准配血应用于第四代基因测序平台；高通量测序数据分析软件的开发也在紧张进行中。

2012 年，诺诗康瀛获得 CE IVD 质量体系认证，以及欧盟 EFI 实验室资质认证，成为中国第一个具有国际认证资质的 HLA 实验室，公司北京实验室出具的 HLA 报告得到国际认可，从此具有国际资质对欧盟的临床医院及患者出具报告。

2015 年，诺诗康瀛获准成为国家级博士后科研工作站。与中国科学院合作的国家级企业科研博士后工作站的科研方向定位于生物信息、靶向用药、精准医疗、免疫组学等，目前在公司工作的博士后有 3 位，在站博士后有 1 位，已经提交并授权 1 个发明、3 个实用新型、6 个软件著作权。康颖说 2017 年最后一天是在撰写专利文件中度过的，现已安排撰写的专利方案 8 个和 6 个软件著作权。随着国际业务增多，专利与知识产权愈来愈重要，甚至在伦敦也有专业律师协同公司工作。

2016 年，公司自主研发的 HLA 新一代基因测序技术中标中华骨髓库的 HLA 基因测序分型检测任务，以第一名的成绩为国家骨髓库承担最多样本分型任务，直接为国家节约资金 300 多万元，并与国内某些著名医院的 HLA 实验室合作，为它们提供基因测序服务。

基因测序，难度在于数据技术分析，细微到一个细胞的精准解读。面对每一个样本的数据，人工测序难免会出差错。随着业务量的增大，虽然公司 2018 年的最高效率是一人一天测 3000 个样本，但压力很大，而采用人工智能可以避免判读失误。康颖兴奋地说，单位已聘请中国科学院自动化研究所和相关专家，做中国首个基因测序机器人，现在已初具雏形。结合基因库里 40 多万数据，动用算法，设计合理程序，辅之以机械臂，精准抓取样本，自动分析样本。可以想象，偌大一个实验室，几个机器人在里面井然有序地穿梭。智能化机器可高效、精准地 24 小时不间断地工作。基因测序+人工智能，这是非常炫非常酷非常高效工作的命题，而人工智能应用于基因测序领域不仅是行业的创举和里程碑，更是公司开启再次腾飞模式的重要工具和杠杆。

女人十年一个坎儿，康颖却举重若轻地一一跨越。她幽默而自嘲地说自己是穿着草鞋走“一带一路”的，她不想更多地与同业相比较，而是笃定走自己的路，在融资方面亦然，她不会为了要投资人的钱或者为了对赌利润而把自己逼到墙角，而是为了自主知识产权和梦想而身心自由地创新创业。正因如此，她在生物科技和基因测序领域显得更加游刃有余。

“德国工业 4. 0”和“中国智能制造 2025”，康颖和她的基因测序工程已经先行了几步。

创业方法论

自我出资：中国最早梯队的创业者，因为彼时的风险投资尚未风行，往往是用自己的积蓄作为早期投资而进行创业，反而成功的概率会比较高。因为他们经过了旷日持久的锤炼，用自己原始积累的血汗钱去开疆拓土，而不能像现在有各种资金资本去创业和试错。能忍、能扛、能等、能拼，这是早期创业者们经历的种种精神境界。

恪守专业：创始人在自己所学、所擅长的专业领域里创业，往往会比到陌生领域闯荡更加容易获得成功。

海外起步：对于有着深厚而长久的海外学习工作经历者，从海外起步创业不失为一种“曲线救国”的明智选择，既保证了国际视野和世界水准，又可以快速吸引和聚敛国际人才、建立跨国团队、发展海外用户、拓建海外市场和国际影响力。

臻迪科技：外企白领到创业老板的华丽转身

途经空旷的走廊，走过安静的前台，秘书带领着我们推开臻迪科技股份有限公司联合创始人、CEO 王珈瑶的办公室，倏然间映入眼帘的是偌大的几乎整面墙的落地玻璃窗，满屋洋溢着暖热的阳光，茂密的亚热带植物葱茏馥郁，整洁有序的文件柜在角落里安放，纤尘不染的办公桌面上井井有条，辅以各种茶点恍若茶馆和咖啡厅似的款待客人的流程……

知性、气质、职业、漂亮，笔者不愿意相信她是联合创始人，羊绒衫搭配以蕾丝裙，从视觉上我更愿意假设她是总经理秘书。无论如何，与美女老板的侃侃而谈就优雅地细水长流般地开始了。

一、从国企到外企的职场路径，学习是最好秘籍

2000 年，青海西宁籍的王珈瑶，从哈尔滨理工大学检测技术及仪器仪表专业毕业，被分配到了北京电力系统的国有企业，舒适度很高的职业生涯便这样幸福地开始了。

在国有企业四平八稳地工作一年多之后，体制内的束缚使她并未充分实现自己毕业之初跃跃欲试的理想。偶然一次，王珈瑶得到瑞士莱姆中国仪器仪表有限公司的面试机会，凑巧的是，面试官临时换成了他的大老板，虽专业不太对口，可老板还是发现她在市场及技术方面的潜能，便招聘她做销售工程师。王珈瑶就顺利成为瑞士外企的中国员工。这位老板是她职场的第一位导师，影响了她以

后公司的管理风格。

到外企上班，再度唤起了她对专业的兴趣。上班第一天便是学习公司的产品线，纵是仪器仪表专业毕业，但所学专业和公司弱电业务还是有区别的，王珈瑶下班之后直奔书店买了很多关于弱电力方面的图书进行恶补。王珈瑶说她的学习能力很强，2017 年刚刚完成中欧商学院的 EMBA 的学业。创业这几年工作虽很忙，但她也要抽空读书学习，还组织员工一块儿读。公司休息区域设有专门的书架，上面摆满了专业、创业类的热销书。企业内部也常办读书会，每位参加者都会分享自己的读书体会。在她的一个“读书会”笔记本当中，清晰地记录着员工的读书心得，旁边还批注着一些注意事项。

外企的工作流程要求严格，管理以能力和学习为重。王珈瑶说直到现在她都非常感谢老板给予她的信任并让她大胆尝试。比如学会开车的第一件事就是一个人开车去机场接集团全球副总裁，当时她手握方向盘紧张得浑身冒汗；比如作为主要人员参与对武汉同业公司的并购；升职经理后开始独当一面甚至在行业会议中代表公司发言……

2003 年，北京非典后期，因家同属一个区域，她搭乘老板的“顺风车”上下班，老板和她交流业务的一些问题及注意事项，言传身教优秀的工作方法，让她潜移默化地学到了许多东西。比如每天写总结写日报，这样的工作习惯一直沿用到现在自己创办公司、带团队，而且形成了严明有序的公司管理制度。

经过外企的种种历练，她学习到了很多，甚至参与了整个公司的运营过程。

整个采访期间，王珈瑶一直把感恩感谢挂在嘴边，从踏入职场到后期创业，一路都有“贵人相助”。先是外企老板的指点，再是创业初期的客户鼓励，到后来入驻园区后，时任昌平区委书记侯君舒书记带队考察公司后，帮他们解决办公场地的问题，并多次鼓励年轻的“70 后”创业者，还有时任海淀区委书记的隋振江书记也对他们鼓励有加，原北京市市长郭金龙也曾在展会上给他们业务“牵线搭桥”。当她从书柜里拿出 2012—2017 年这几年的工作日历本摆放在我们面前时，让我们相信“贵人相助”并不是偶然的，而是和她的勤奋、努力分不开的。随手翻阅了一本，密密麻麻、整整齐齐的工作日记，记录着每一天的工作内容，记录着每一个项目的研发生产过程，同时也见证着公司的发展。她还告诉我，2003—2011 年的日记本都在家呢，一本都没丢。我笑着说，这些日记本，可得好好保留，这可是以后写回忆录的素材！从踏入职场到艰辛创业，十多年的经验，可算是一份瑰宝。

没有付出，纵使机会在你眼前，也可能会悄悄溜掉。现在是大变革时代，机会是最大的成本。如果失去了一个机会，有可能就错失了一个时代。王珈瑶，一个细腻的理工女，抓住了身边的每一个机会。而机会，也垂青于这个有准备的实干家。

在外企工作，考核的关键是业绩。在技术和专业层面不仅要知其然而且要知其所以然，即使出身于电力专业也需要刻苦学习。

基本思路、框架应用、设备进口、专业知识、外事外语，当时在那个行业的那家外企工作，处处都是挑战，她把自己当作刚刚毕业的学生，心态归零，悄悄摸索，狠狠精进。

2003 年非典肆虐期间，大家都在家办公。当时网络还不像现在这么便捷。她主要负责中国电力相对落后的东三省、西北五省和西南等地，她每天通过 114 查客户电话、找合作伙伴，一天下来，口干舌燥，效果有时并不好，也曾想过放弃，正值爱人那时在家苦学英语，两人就相互鼓励坚持下去，从量变到质变，日积月累。也是一次偶然的机会，2003 年，她受邀参加了全国电能质量会议，在会上，她的热情及对专业知识的了解，吸引了一位上海的客户，为客户着想的态度更是解决了客户的后顾之忧，她借此以上海为切入点打开了华东地区的市场。她在外企工作的重要转折点来了！

记得在上海张江科技园区开始推广半导体芯片时，她根据手上的大量既定性又定量的测试数据，深度挖掘了电能质量管理，给客户提供了一些增值服务，如同当下的“大数据”分析一样，挖掘背后的无限可能。客户高兴的不仅仅是购买到了设备，而是连同解决了他们的痛点。在此不断递进的过程中，电力质量管理市场在开拓，而且在向其他行业不断延伸。

从专业的理论到具体的实践，王珈瑶找到了工作中最好的路径，从技术痛点到解决方案，她渐渐成为行业里的专家人物，2003—2004 年每年都会在行业媒体上发表至少两篇论文。

从体系、运营、服务到完成客户要求，当时觉得工作太辛苦太亏，现在回过头来看，那时从中学到了很多宝贵的经验，减少了创业后的一些试错成本，反倒觉得是占了大便宜。王珈瑶笑着说。

几年外企工作，王珈瑶 90% 的时间都在出差。工作压力之大导致身体状况下降，到 2008 年，甚至罹患多囊卵巢综合征。之后，她开始调整，半休半工作的状态持续了将近一年，此间也帮着客户做了很多新业务，有的是业务的延伸，加之外企单位的一些变革，创业的种子在她心中悄悄萌芽。

二、跨界，洞见科技创新的未来

2009 年，王珈瑶夫妻俩强强联合，跨界组合的臻迪科技（Power Vision）“电力+VR（虚拟现实）”的公司成立了。公司专注于虚拟现实在电力行业领域的深层次应用，寓意创造改变世界，专注在机器人、大数据分析和虚拟现实几个细分领域，公司不仅仅是之前的工作经验的积累，也是自然的规律与夫妻人生的轨迹的双向组合。

2009 年，公司在上海市电力公司技术中心建立了国内电力行业第一套无缝融合微弧的大屏幕监控系统，成为国际第一套将可视化理念引入电力行业的成功案例。跨界组成取得了开门红。

接下来企业发展就进入了快车道，两个创始人都很能钻研，不停尝试新产品，并全力以赴做好产品。2010上海世博会国家电网馆的会议中心是就是他们倾情承建的，国家电网官方称，“六面影像、悬浮体验”的精彩魔盒上演一场持续4分钟左右的720度空间旋转多媒体视听盛宴，让参观者“沉浸式”地体验自然能量的可持续利用将带来的美好未来。可以想象置身于华丽的场景，体验抽象的电力行业应用，即便在现如今也是一件很“酷”的事情。“当时，急死我了，想尽各种办法擦拭沾在屏幕上的一点涂料，用了很长时间，终于在凌晨五点完工，确保了白天的顺利开馆。你知道吗？这么大的项目，一点儿瑕疵都不能有，要不咋面对客户呢？”王珈瑶慢慢放下手中的茶杯，靠在椅背上，微笑着说。“项目结束后，回到北京，意外地发现我怀孕了。”此刻的王珈瑶的脸上露出母性的慈爱光芒。冬日的阳光透过玻璃照进办公室，室内一片温暖。对产品要求精益求精，对客户服务至上，这样的企业哪有不成功的道理？完美的案例，顺势把VR业务对接到了上海整个电力行业。

2011年，企业利用全新“VR+GIS+SCADA”技术，在中国首个自主知识产权的南风柔性直流站可视化系统、国家电网公司第一个智能电网综合展示示范工程——上海电力公司漕溪能源转换综合展示系统等众多重点工程中得到实施应用。

公司还研发并拥有多项包括“智能电网虚拟监测可视化系统”“智能电网专业数据监测可视化系统”“智能电网智能变电设备在线监测可视化系统”“智能电网运营检修辅助可视化系统”“智能电网多点触控可视化应用系统”等具有自主知识产权的软件著作权。

2010年，她带着技术人员在国内竞标现场，爱人在国外遥控指挥，成功中标上海通用泛亚汽车技术中心新虚拟现实系统，研发出国内第一套三折屏索尼4K超高清虚拟现实系统。

很快公司业务辐射到东北，之后就是更多的在汽车产业领域的合作，把VR、地图与软件开发结合起来，把软件开发赋予更多的关联内容嵌入，再通过VR进行多维度呈现以便为客户决策提供技术支持。公司在业务的合作推进过程中不断地创造着行业第一，甚至包括一汽大众在内的汽车评审系统，他们的虚拟验证与数字样机的叠加技术相当于把汽车设计推向了另外一个高峰。

不断跨界，不断学习，不断创新，这样的良性循环也筑高了行业壁垒，技术防火墙越高，护城河越宽，竞争力就越强，从自己熟悉的领域不断开疆拓土并延伸到更广泛的领域，甚至到现在炙手可热的无人机领域。

三、VR应用：从电力到汽车到无人机

他们的无人机，不仅可以在天上飞，亦可以在深水游，这是王珈瑶夫妻所创办的臻迪科技再度创新的新标尺和新立意。

公司顺风顺水地做到2012年，服务全国70%以上的电力系统客户。经营状况一片大好的同时也偶有客户抱怨，好多电力设施都在室外，有些还在山林里，不方便巡检，要是遇到恶劣天气，巡检更是一大难题。如何便利高效地去替代人工去巡检呢？他们也同客户一起找解决方案。一天，他们去参加行业展，进门就看到直升机，于是灵光一现……

道不同，理相通。经过市场调研、专家协同、技术研发并邀请更多资深专家泰斗作为顾问，公司很快完成在无人机+行业应用的产品线布局，如此快的行动速度奠定了他们在国内行业无人机领域的领头羊地位，夫妻两人常被行业里的老领导称为“科技小达人”与“机灵鬼儿”。

要做就做深、做专、做透。臻迪科技起步之初，就和国际接轨。他们调研了该领域世界2000多家同业公司，并收购了一家澳大利亚具有行业代表性的公司，臻迪无人机的起步，无疑站在了无人机行业巨人的肩膀上。这次，从电力、汽车行业上升到了无人机领域，臻迪科技跨步到了科技最前沿。目前，臻迪科技在全球范围内已经有接近500名来自国内外的高科技人才，并且在美国、芬兰、日本、

德国、加拿大、波兰等多个国家都建立了自己的研发机构和销售公司。可以说，臻迪科技起步即是国际化的创业公司。王珈瑶抓住了时代给予她的机会。

能够在交通、林业、电力等行业进行专业的飞行作业，图传距离 5 千米的 PowerEye 黄金为他们拿下了许多行业订单。2013 年，臻迪科技在海拔 4570 米的青海格尔木西大滩参加国家电网公司组织的最严苛的无人机选型，通过了包括抗电磁干扰、特殊环境适应等六大类 24 小项的所有测试，在所有参加的几十个厂商中，综合成绩排名第一。

2013—2016 年，臻迪科技是国家电网公司唯一一家连续 4 年无人机集采中标单位，覆盖国家电网公司 50% 以上的省市，年累计巡检输电线路上万千米，并且在光伏太阳能检测、风力发电机巡检、石油管道巡检等业务方面都有应用。

行业级无人机一枝独秀，王珈瑶夫妇又把目光转向了消费级无人机市场，那里有着更广阔的市场空间。如何应对深圳大疆无人机独霸大众消费级市场的局面？“与其更好，不如不同”，这是臻迪科技在无人机领域的理念。

2016 年 8 月 29 日，臻迪科技 2016“蛋生”产品发布会在北京鸟巢国家体育场举办，正式发布了旗下首款消费级产品——获得了德国红点设计奖和 IF 设计奖的“高颜值”加上独有的体感遥控器的 PowerEgg 小巨蛋无人机。60 只无人机组成的编队表演飞行，美国和英国同步发布。这样的推广动作一剑封喉，以至于行业里找不到竞争对手，不断在红海中找到蓝海。

2018 年 1 月，美国拉斯维加斯的 CES 展上，臻迪科技展出的一款名为 PowerDolphin 小海豚的水上机器人惊艳全场。白色的小海豚水上机器人为用户提供了 215°的全新拍摄视角和视觉体验，不管是惊险刺激的水上运动，还是激动人心的咬饵过程，又或是神秘的海底风光，都能以第一视角一览无余，更为富有冒险精神的用户提供了新的生活乐趣。

王珈瑶伉俪携手并进披荆斩浪，在消费级无人机市场搏出了一条血路！

四、宽严相济的组织管理和张弛有道的艺术家居

理工科出身的王珈瑶有着理工生的严谨条理性，外企工作的经历更是给了她一些实践经验。公司初创时期，她沉下心在工厂调研了两个多月，摸清了生产工艺的每一个流程，之后把工艺流程化、条理化，发现效率提高了好多。借此，她就把组织能力建设推广到公司各个业务板块，把20多个部门协同在一起，形成公司生态的闭环，可以自动地高速运转。秩序分明的公司组织管理手册，卷次清晰，层次分明。

把企业当事业来做，赋予企业更好的生命力。生命都是由细胞组成的，细胞的核心是基因，只有给予企业强有力的基因，企业才能成为业界常青藤。

臻迪科技是一家创新的公司，王珈瑶是年轻的创业者。作为创始人，她丝毫不敢懈怠，亲自抓管理与团队建设。管理就是为百年基业而绸缪，采访当日，她的办公桌上档案盒里分别放着公司各个部门的每一个人的年底总结，她说每一份都需要看。讲到团队，她给我们讲起昌平云谷办公区工作的工程师在项目研发检测阶段，为了改进一个螺丝钉的结构，每天就睡五六个小时。还有的工程师在海边待了半个月调试PowerRay小海鳐。还有离职的人员，回乡后和她分享他利用在公司所学理念进行创业取得成功。王珈瑶认为给员工做好职业规划非常重要，她会和每一位面试者交流，了解他们的思想。每一位臻迪人从入职第一天便有自己的“小目标”。

2012年，她就操刀开始做绩效股改，400多名员工，一夜成为百万富翁和千万富翁。

王珈瑶与爱人是高中同学，他们毕业一起来到北京，经过打拼

事业和生活初步稳定。两个人联合创办并共同执掌的科技公司而今风生水起，老公是战略家、思想家、企业家，妻子把自己定位于管理者。作为人妻她也有小女子温婉的心态，偶尔也会从市场淘瓷器碟子和各种花木，百忙之中也要抽时间陪老人和孩子。

“舍小家顾大家是地球上最难的事情。”王珈瑶既焦虑又幸福地说。

办公室内一片绿意盎然，临窗的沙漠玫瑰花开正艳。

创业方法论

外企经验：曾经有过外企工作经验的创业者也有比较高的成功概率，跨国公司特有的工作方法、流程、图表、行文、思维习惯和行事风格，更加有利于把创业公司打造成全球化机构，对于获得世界人才、技术和市场都将非常有裨益。

体制内履历：曾经在政府机关、国有企业工作过的创业者也有相对较高的创业成功可能性，中国特色的机关文件、工作流程、议事风格、工作经验、行业资源等将成为新设立公司的生产关系，从而转化为公司的发展潜能。

夫妻联袂：有时，夫妻联合创业也不失为一种明智的安排，其中心有灵犀的默契优势不言而喻。

北京设计之都：硅谷玫瑰的抱团取暖团队

中关村是中国的硅谷，早已成为中国科技的制高点和创新文化的领航区域。巾帼不让须眉，云集这里的精英领袖有很多女性创始人、CEO和运营高管，她们冲出重围打破陈规，克服了各种短板和性别设限成为中国科技与创新文化领域中的花木兰。其创新创业的精彩历程和成功经验以及方法论和世界观值得我们学习参考和深思借鉴。

在新冠肺炎疫情仍然蔓延的特殊时期，很多公司尚未复工，我们就早早拟订提纲计划以远程连线进行文字采访。但是，做事认真而谦虚谨慎的王果儿总经理还是建议安排面对面访谈以便能够把话题讲深讲透。于是，佩戴好口罩出发，抵达位于北三环的北京设计之都大厦。用眼神和口罩里瓮声瓮气的声音语调与各位同人打过招呼之后，深度访谈中的创新创业之旅便开始了。

一、CEO为何是她

其实，王果儿一直是“设计之都”建设的重要参与者和贡献者。

作为原北京市科委北京工业设计促进中心的工作人员，她参与了全国第一个以发展工业设计产业为核心的产业园区“北京DRC工业设计创意产业基地”的早期建设，并担任基地总经理多年。因为在创意设计工业基地运营管理领域的资深经验，所以又作为核心人员参与了北京申请联合国教科文组织全球创意城市网络“设计之都”

前期筹备工作。尔后，因为工作经验和专业履历而被寄予厚望，从工作经验、专业知识和对本项目的了解熟悉程度而言，可能她是最合适的人选。所以，王果儿承接了北京设计之都发展有限公司的总经理重任至今。

DRC 基地是行业标杆，没有 DRC 基地就没有设计之都大厦，可以说设计之都大厦是 DRC 4.0 版。众所周知的洛可可和视觉中国从早期创业到中期融资就是从她执掌过的 DRC 基地成功孵化的。她经手的成功案例很多，作为中国创意产业基地的早期资深管理人，她见证并亲历了中国创意产业的发展。

目前，王果儿和她的团队所运营的设计之都大厦，虽然不是全球最大、最久的机构，但是他们创新探索的平台模式已经得到世界专家认可。目前的设计之都大厦以其独特的创新思维独树一帜，不依赖楼宇基础服务而以增值服务为主，把工作重点放到打造平台上。她和团队共同梳理业务体系和参照物，明晰了主营产品线系列，然后按照产业分类招商，加入进来的企业都是平台业务的生态合作伙伴，每个入驻企业都有自己的平台身份。

因此，设计之都大厦在短时间内就构建了相互依存的竞合关系，形成了创意产业有机的且富有黏性的产业链和生态圈。

二、平台与跨界

2018 年 5 月 1 日，王果儿正式履新北京设计之都发展有限公司。新官上任之后就开始紧锣密鼓地聚焦设计之都核心区的工作，组建团队、接收楼宇、内外部装修、物业管理、产业招商，解决前期遗留问题和开拓创新齐头并进。

互联网时代最大的特点和最宝贵的资源是互联网精英，职业经理人就是具有横向集成度很高的跨界能力的复合型人才。王果儿说，设计之都公司不仅是公司，而且是跨界跨国的综合平台，也不仅是互联网公司、物业公司、地产公司、文化公司、营销公司，还是平台化的综合机构；如果不做平台，就撬动不了产业。

作为国有企业，主管机关北京市科委和北京市西城区人民政府对“设计之都”核心区及北京设计之都发展有限公司的目标要求不是培养一个设计公司，而是开山破题并且快速有效地推动行业发展，不仅要求达成经济指标，还要达成更高标准的社会贡献指标，如提升设计行业企业主体创新能力、设计产业的生态、构建交易体系、提升品质空间、达成城市更新示范。比如提升西城区创新发展的能力，这些指标的破题不是民营企业的模式，要考虑国有企业的属性与责任，要通过推动和孵化培养出更多的上市公司，要想达成如此业绩，只有平台化、产业化、品牌化同步并举，有里有面。

她肩上的责任，是公司、平台、区域、行业和产业的多重叠加，产业指标和区域指标的双重任务，对她来说既是机遇也是挑战，更是对女性职业经理人的重重考验和历练。

三、生意、生态、生活

渠道为王。

这是王果儿的又一句惊人语，并举例说明旗下有间科技园区技术成果转化的机构，设计之都公司把对方的物理反应嫁接到平台上来继续进行化学反应，对方提供技术、平台方协同创新设计和品牌服务，相得益彰。她认为企业生存至少需要六大要素，即金融、人才、技术、政策、空间服务和市场，其中市场是最重要的，只有带着企业一起做生意，大家才会站在一起共同形成具有超强成长性的生态。具体到设计之都大厦就是用资源、服务培育业务、创意产品然后再进行复制，设计之都大厦就是这种新模式新业态的样板间。

从物业管理行业的角度来看，2018 年和 2019 年期间的空置楼宇很多而且招商普遍困难，但是设计之都公司打造的平台生意和生态让这座位于北京三区交界的商住两用烂尾楼得以盘活，在市场不景气的季候里竟然惊艳地开出了靓丽花朵，这样的业绩可能正是得幸于这位女性CEO。忆及初创阶段招商未满之时，她率领的女将们甚至在冬天都舍不得开中央空调和暖气，这是真正意义上的抱团取暖。她说团队也给了她信心，大家众志成城按照既定的方向去探索。

受命于危难之际，并以优美的姿势打江山、创事业。经过多年职业锤炼的王果儿如数家珍地数着她的创新创业葵花宝典。平台做广度，企业做深度，渠道为王，电商属性，以投资眼光看产品，国际化视野，以互联网思维创新创业的她和她的团队妙手回春般地运营着建筑面积2.28万平方米的物业空间。

她认为，空间不是核心要素也不是必要条件，在经济下行周期如果没有特色服务和业绩与市场紧密相关的硬核能力，只靠政策和空间是脆弱的，所以就要与企业和同事们同呼吸共命运，共创产品、共建生态、共渡难关。

王果儿说她非常感恩，团队的协同配合、主管机构的信任和授权，使她可以放开手脚施展才华并拥有了如此曲折而美好的创新创业体验。她深知政府属性的项目不能全部市场化操作，在既有经济指标又有社会指标的双重考量之下，她聪明地平衡着政府、市场、区域、企业、平台、生态伙伴的各种关系并审时度势地形成源源不断的生产能力，建立了相辅相成的产业链和生态圈。

四、温良恭俭让的“她未来”

温良恭俭让，女性职业经理人往往秉承这样的传统品格而披荆斩棘。

有野心，少欲望。女性在职场上的特殊优势越来越明显，因为社会和家庭的多重角色注定了女性在工作生活的锤炼打磨之中形成了独特优势，诸如系统化思维、勇于打破各种界限、乐于奉献、愿意融合，这种特征和优势特别适合互联网创业。王果儿执掌的设计之都公司员工总数的2/3是女性，她们和男同事们构成了别开生面的事业大家庭，每位成员都乐活于这样的工作环境。

所以，现在是很好的“她时代”，女性在职场上会有非常广阔的发展空间。但是，基于女性的多重角色，如何平衡家庭与事业仍是大家面临的重要问题。王果儿认为互联网时代为女性朋友提供了便捷的工作方式，她作为妻子和母亲，家里有位理解她并愿意承担更多家庭责任的先生，他们7岁的孩子已在寄宿制私立学校读书，用教育成本换时间，再以时间换金钱。这样的状态也许是互联网时代职场中工作女性的常态，她们兢兢业业忙碌于工作、生活、事业、家庭而不计得失。

古往今来，女性被赋予了很多角色与责任，王果儿总经理以平台模式系统化地解决所有问题的工作和生活模式值得更多在职场中打拼的女性借鉴。因为我们所看到的产品大都不是以单一要素解决，而是以融合了设计、技术、文化、环境、品牌等多种资源的系统工程思维方式，否则很难做到平台化。所以，平台模式和系统化思维不仅适用于工作，也适用于生活的方法论和世界观。

王果儿认为，一流的企业做标准，平台亦然。当优势品牌崛起，其他协同伙伴就会成为其供应商，以此加速设计之都平台化生态圈的衍生辐射和全球化。这样的思路也适用于与地方政府共同打造产业升级以推动中国企业参与国际竞争。如此高屋建瓴的观点和阐述，几乎看不出女性和男性管理者之间的区别。

目前，设计之都公司正在积极申请欧盟中国设计创新中心，将会在欧洲注册协会，并将创造更多机会参与国际项目，比如针对欧盟对中国开放的标准体系与专家库，他们正在推选专家并进行项目申报。这是以王果儿为代表的女性视角的创新创业蓝图。

知彼知己，百战不殆。这位现代版的中国花木兰，正在和她抱团取暖团队书写着她们独特的“孙子兵法”和“战国策”。

创业方法论

温良恭俭让：女性职业经理人往往秉承这样的传统品格而披荆斩棘；有野心，少欲望。女性在职场上的特殊优势越来越明显，因为社会和家庭的多重角色注定了女性在工作生活的锤炼打磨之中形成独特优势，诸如系统化思维、勇于打破各种界限、乐于奉献、愿意融合，这种特征和优势特别适合互联网创业。

精英职业经理人：互联网时代最大的特点和最宝贵的资源是互联网精英，职业经理人就是具有横向集成度很高的跨界能力的复合型人才。

标准化与全球化：一流的企业做标准，平台亦然。当优势品牌崛起，其他协同伙伴就会成为其供应商，以此加速设计之都平台化生态圈的衍生辐射和全球化。这样的思路也适用于与地方政府共同打造产业升级以推动中国企业参与国际竞争。

第7章
互联网、新基建、新经济

凡是过往，皆为序章。

朋友圈和公众平台，构建了内生闭环式的社交与商业生态链并成为新的桌面系统，微信红包更是为微信支付锦上添花；连接腾讯第三方支付平台财付通，收付款、零钱、银行卡、信用卡还款、手机充值、理财通、生活缴费、城市服务、保险服务、摩拜单车、火车票机票、吃喝玩乐、酒店……从生活到商务再到金融，在关键的节点和流程总是会伴随着交流交易。

腾讯，通过微信从互联网门户脱颖而出，并与丰富的生态簇拥而行，成为移动互联网时代连接一切的“创世纪”。

新浪：互联网门户的沧桑

在前 BAT 时代，中国率先在美国纳斯达克上市的新浪、网易和搜狐，被称为中国互联网的三大门户。而不久之后，电商平台异军突起，阿里巴巴和京东等机构迅速引领互联网时代的新潮流，移动互联网的发展又为腾讯微信互为平台拓展了用武之地。显然，各种情势之下，门户时代已经过去，而今的新浪是否依然可以闯荡江湖?大事之前有静气，也许这些年低调内敛的新浪依然以不变应万变，也许正在无声地进行别样的布局。

一、内容时代的王者

新浪最早与美国的搜索引擎合作，而后来最大的中文搜索引擎却变成了百度。新浪悄悄地演变成为以新闻和社区为主要内容的中国最大门户网站。新浪的内容为王与权威的新闻性，与新浪网全球副总裁兼总辑陈彤紧密相关。大学和研究生期间以通信、新闻学专业出身的陈彤把他的专业和专长在新浪发挥得淋漓尽致。

王志东创立了新浪，却只逗留三年，而在出走的创始团队成员和高管人群中留在新浪较久的当属陈彤，他从公司创建之初的 1998 年一直工作到 2014 年，可能因为逗留新浪的时间长且变数少，他为自己起了网名和花名“老沉”。对创始团队的高管而言，这样的状态其实难能可贵，更适合对新浪的厚植与深耕。

通过与国内外千余家内容供应商达成合作关系，新浪设在中国大陆的网站提供了三十多个在线内容频道，及时全面地报道涵盖国内外突发新闻、体坛赛事、娱乐时尚、财经及 IT 产业资讯等内容，汇聚各行业精英的新浪博客，以及优质独家的宽带互动视频产品，更成为上亿中国互联网用户生活中不可或缺的部分。

内容为王的新浪，在财经领域亦具有独树一帜的权威，新浪财经提供 7×24 小时财经资讯及全球金融市场报价。且不论新浪财经频道与国内外数十家上百家权威机构合作的财经与相关新闻内容，就新浪财经子频道的设置而言，股票、期货、黄金、外汇、美股、基金等重量级板块无所不包。

新浪财经 App 也是中国财经领导品牌，拥有 1120 万人次的下载数量。新浪财经领域的系列论坛和金融峰会亦是财经论坛领域的高端大气上档次的，国策解析、趋势研判、国际比较、前沿实操、理论探讨、学术支持、权威泰斗、业界大咖等关键字不足以形容新浪财经的专业和权威。从广义的外延的新浪财经而言，其已经足够专业、权威、高端、完美，但从狭义的内生金融的角度而言，应当具有更多的衍生产品和更多由此激发的交易和现金流。

比如第三方支付，作为中国最早、用户数量最多的大型门户网站，如果新浪更早地绸缪自主研发支付工具，则很可能更早地把最大的社会关系转化为最强有力的生产力。

比如直接的银行资源合作伙伴的机会损失，新浪博客、新浪微博、新浪社区拥有数亿用户资源，目前尚未见到各大银行与这些平台的关联，没有把内容为王而形成的粉丝影响力和海量数据进一步激活和挖掘而形成用户和交易现金流和相关数据。

新闻不仅仅用于阅读而应当发人深省，网红不仅仅被围观而应当产生效益，粉丝不仅仅簇拥于平台而应当被开发为客户，海量用户不仅仅停驻、发言、吐槽、写文而应当被用来产生更多的价值和衍生的交易。既然已经拥有天赐般的海量用户和数据资源，新浪的未来，仍然具有无限的可以变现的空间。

二、自媒体世界的博弈

新浪微博是中国最早的自媒体。腾讯、搜狐、和讯等都曾经开发过微博产品，但从用户数量和影响力等角度都无法超过新浪微博。

新浪微博 2009 年 8 月 14 日开始内测，是 Web 2.0 时代的代表产物，亦是当时中国用户数最多和公众名人用户众多的产品，基本已经覆盖大部分知名文体明星、企业高管、媒体人士。早在 2012 年，新浪微博用户数量就已超过 4 亿，平均每天活跃用户达到四千多万，且 72%微博用户同时使用移动客户端或用个人电脑登录新浪微博，新浪微博广告收入约 2000 万美元，占新浪广告收入 16%。

其实，新浪微博的内容基础和用户基础是新浪博客，前者是后者的升级和衍生，更灵活、更即时、更主动、更有传播的快速和时效性。微博如同自我建设的对外广播系统，一人转发，众人围观。

然而，在微博领域略逊一筹的腾讯张小龙不知何时开始悄悄地琢磨新的应用插件，据说他经常在北京中关村西区的凤凰岭龙泉寺修身养性，不久写出了名曰“微信”的软件编程，推而广之。微信不仅让 QQ 用户，亦让微博用户以及广大网聊小白们，甚至社会精英与明星们成为其的忠实使用者。之后，微信迅速壮大，以 10 亿为单位计算的用户数量大部分是依赖性与黏性很强的人群，与新浪微博产生了激烈的竞争。

在几经沉沦后，新浪微博经过变革和重塑，又重新找回最早的自媒体荣光。新浪微博经过改革洗礼，2017 年第三季度财报又交出了华彩亮眼的成绩单，在非美国通用会计准则下，新浪微博 2017 年第三季度净利润 1. 152 亿美元，约合 7. 65 亿元，较上年同期增长 111%，营收同比增长 80%，微博活跃用户 3. 76 亿，日活跃用户 1. 65 亿。

曾经，新浪以新闻为代表的海量资讯代言中国门户网，而这次的制高点是否还在原地抑或开辟布局别样的地方？创新创业无止境，世界上没有永远的赢家，但终归有永远的探索和努力；没有既生瑜何生亮的感慨，只有山外青山楼外楼的风光。

今天的新浪不再年少轻狂，而是稳健增长。凤凰涅槃，浴火重生，韬光养晦之后仍然是不变的内容为王。新浪还是新浪。

创业方法论

内容为王：新浪最早与美国的搜索引擎合作，而后来最大的中文搜索引擎变成了百度，新浪悄悄地演变成为以新闻和社区为主要内容的中国最大门户网站。

新浪微博：中国最早的自媒体；腾讯、搜狐、和讯等都曾经开发过微博产品，但是时至今日，从用户数量和影响力等角度都无法超过新浪微博。

稳健增长：今天的新浪不再年少轻狂，而是稳健增长。

百度：从搜索引擎到人工智能

众里寻他千百度，蓦然回首，那人却在灯火阑珊处。

BAT 第一个字母 B 便是百度。李彦宏不仅是创始人阵容里帅且儒雅的颜值担当，亦是有着传统文化情怀的科技公司创始人，北京大学图书馆专业毕业并以搜索引擎创业的他别出心裁地撷取了辛弃疾《青玉案·元夕》的关键词“百度”作为公司名称。

百度已经成为众所周知家喻户晓的口头禅和几乎每天必用的工具，初始页面的背后是璀璨的数据、技术、专利和知识库。从卷帙浩繁的发展史和创业资料中抽丝剥茧地寻找百度创始人李彦宏那张明星笑脸以及他亲自缔造的 IT 新物种起源，不难发现几乎所有的成功者都在做着似曾相识的姿势，面前是喜新厌旧的客户们，背后是卧薪尝胆的竞争者，左手负责公司成长，右手抵御行业竞争，诸如百度和谷歌之间的焦点灼热话题似乎这些年从未间断。

殊荣和峥嵘，荣誉和争议。创业十八年以来，这是百度在谷歌退出中国近十年间所面临的种种课题，以迭代和升级的方式来解决，大概是李彦宏作为学霸和企业家特立独行的应对攻略与华丽转身的秘籍。

一、谷歌退出，百度独秀

2018 年，坊间传闻谷歌将重返中国。

自 2010 年百度的竞争对手谷歌退出中国市场以来，搜索引擎领域强强争霸的炙热局面宣告结束，从此，百度在搜索引擎市场领域几乎一枝独秀。

即使有第二，也远远地落在后面。对于将近十年的几乎零竞争状态下的高速增长，李彦宏亦曾多次解惑释疑地说明其实百度市场份额早在谷歌退出中国之际就已经达到70%，通过技术和产品创新取得了后来者居上的好成绩，在同业领域占有绝对优势。根据国外网站通信流量检测机构 Statcounter Global Stats 全球统计数据，2018年7月百度在国内搜索引擎市场占据73.84%份额，是国内最大搜索引擎。但是关于竞价排名的传闻也曾在某些时间让李彦宏和百度烦恼不已。而且还不止于此，因为百度搜索并非百分百垄断行业，以搜狗为代表的后起之秀也在以不断创新的思维和打法向搜索领域挺进，而且这家崛起于本土公司并得益于搜狐公司及其创始人张朝阳的投资挹注，顺风顺水在美国上市，这在某种程度上对百度构成了潜在竞争。搜狗 CEO 王小川似乎窃喜地以为，多一分竞争，多一分机会。

传说中的谷歌这次归去来，又将对行业和百度带来什么？

此前，就有传闻谷歌正在研发面向中国大陆的搜索引擎和新闻应用程序，早在2015年，谷歌 CEO、来自印度的桑达尔·皮查伊（Sundar Pichai）在接受福布斯采访时就说中国市场不是黑洞而是机遇，而且有机会提供除了搜索以外的其他服务。果然当年10月，谷歌直接投资了中国某家人工智能企业，被大家解读为谷歌重返中国的投石问路。2017年，谷歌领投了游戏直接播平台、跟投了中国人工智能医药研发公司，12月又宣布在北京成立中国人工智能中心。谷歌在国外占据统治地位多年的业务诸如地图、邮件、YouTube 等在国内几乎都可以找到替身，谷歌如果这次归来成真，百度是否依然能够大获全胜，而 BAT 系的兄弟阿里巴巴、腾讯又会站到谁的阵营，估计届时会是多位大腕名角联袂同台的博弈好戏。

对此，李彦宏信心满满地说：“再胜一局。”

二、搜索引擎，人工智能

2018 年 4 月 28 日，为庆祝北京大学建校 120 周年，李彦宏携夫人马东敏博士重返母校北京大学，向北京大学捐赠 6.6 亿元及部分等值资产，联合成立“北大百度基金”用于人工智能和其他相关学科的研究和探索。

作为坚定的技术信仰者，李彦宏是最早敏锐意识到人工智能潮流将兴的企业家之一，并果断带领百度提前布局、大力投入这一前沿领域。目前，百度已经成为站在世界人工智能产业之巅的中国企业之一，其在人工智能的研发和商业应用上所取得的成果令世界瞩目。

2017 年“人工智能”正式写入 2017 年政府工作报告，超级大脑、机器学习、无人驾驶……构成人工智能时代全景蓝图，第四次工业革命的气息扑面而来。作为全国政协委员的李彦宏早在 2016 年 3 月 3 日就曾公布三项提案：一是关于加快制定和完善无人驾驶汽车相关政策法规，抢占产业发展制高点的提案；二是关于支持专网资源投入社会化运营，促进提速降费的提案；三是关于完善我国空域资源管理制度，提升民航准点率，推动我国航空事业发展的提案。其中两项提案涉及完善制度和政策法规，另外一项也表达了改善运营现状的建议。

2017 年，李彦宏的著作《智能革命：迎接人工智能时代的社会、经济与文化变革》由中信出版集团出版发行。他在书中勾勒出中国和全球人工智能领域的游戏拼图包括但不限于硬件集群、计算能力、大数据资源、人工智能文化、制造业升级、金融革新、无人驾驶、管理革命、智能生活、深度学习等，论述了互联网背后的人工智能润物无声的悄然生长，指出人工智能的历史使命是让人类知道更多、做到更多、体验更多，分享了中国大脑计划以及与此相关的自下而上的超级工程，比较分析了中国智造与文明升级，揭示人工智能带来的普惠曙光，认为技术特点是自我挑战，每个企业都需要首席人工智能官，并且鼓励大家在大数据与深度学习中发展人工智能、冲入人工智能无人区、驶进无人驾驶之路。

李彦宏在多个场合表示，全世界都在为人工智能革命而兴奋，这种情绪与二十多年前在硅谷亲历互联网大潮初起之时特别相似。仁者见仁，智者见智，梦想一直都在那里，随着计算机网络产业的发展尤其是搜索引擎的进步，希望都回来了。互联网改变了信息基础设施，移动互联网改变了资源配置方式，搜索一直在推升计算机科学的天花板，多年前百度就已经认识到人工智能将是照亮又一个新时代的火种，并在当时几乎无人看好的情况下大规模投入该领域，而今已是各大巨头群雄逐鹿，未来已来。人工智能这架梦想般的概念机器忽然间获得了保证其高速运转的燃料和动力，幸运的巧合是百度作为搜索引擎公司从诞生的那天起就已带有人工智能的天然基因。

李彦宏作为搜索引擎和人工智能领域的先知先觉和先行者，也有其与生俱来的天赋异禀和天然基因。

三、学贯中西，师夷长技，华尔街到硅谷

1968 年，李彦宏出生在山西阳泉的普通家庭。1987 年，他以阳泉市高考第 1 名的成绩考上了北京大学图书情报专业即现在的信息管理专业。他从大学三年级便开始心无旁骛地准备留学并买来托福和 GRE 等书潜心研读过着教室、图书馆、宿舍三点一线的生活，目标是留学美国，方向锁定于计算机专业。

1991 年，李彦宏远赴重洋开启了海外求学生涯，第二年李彦宏进入日本松下实习了三个多月，他的研究成果也得到该领域权威人士赏识，相关论文发表在该行业最权威的刊物上，并获得美国布法罗纽约州立大学计算机硕士学位，这对他之后的博士论文也很有帮助，这段亦工亦学的时间对他的职业道路选择起到了关键作用。

1994 年，李彦宏到道琼斯工作，顶头上司是一位技术专家，两人相见恨晚配合默契。在华尔街工作三年半时间主要与金融新闻打交道，先后担任道琼斯子公司高级顾问、《华尔街日报》网络版实时

金融信息系统资深设计者。

1997 年，李彦宏离开华尔街前往硅谷著名互联网企业致力于搜索引擎的搜信（Infoseek）公司并担任资深工程师。硅谷工作生涯让李彦宏体会深刻的仍然是浓重的商战气氛，他经常翻看《华尔街日报》，关注商业与科技领域的种种新闻事件诸如微软如何跳出来公然反叛 IBM，又怎样以软件教父的身份对抗 SUN、网景等机构，这种不见硝烟的商战让他感觉技术虽然可能改变世界但并不是唯一决定因素，战略才是决胜千里的关键。

另外的重要感触是只有回国把技术本土化才是 IT 精英和数字英雄的用武之地，而他回国创建的“百度”则是他这种想法得以落地生根并且繁茂丰实的试验田。

四、回国创业，建树根基；硕果累累，薪火相传

李彦宏在海外 8 年，中国互联网界也发生了翻天覆地的变化。

1995 年开始，李彦宏每年都要回国进行考察。1999 年，他认为外部环境和各种条件基本成熟，于是启程回国。海外归来最初在北大资源宾馆租了两间房，聘请了 1 个财会和 5 个技术人员，再加上合作伙伴徐勇共计 8 人于 2001 年 1 月创建了百度公司并很快顺利融到第一笔风险投资金 120 万美元。百度成立 9 个月之后又获得风险投资商德丰杰和 IDG 的联合投资 1000 万美元。

2001 年，李彦宏在百度董事会上提出百度转型做独立搜索引擎网站，开启竞价排名工作计划。这个提议刚开始遭到股东们的反对，因为彼时百度收入全部来自给各大门户网站提供搜索技术服务支持，如果百度转身也做独立搜索引擎，意味着这些为百度提供业务的门户网站将不再与百度合作，百度现金流也将失去，而竞价排名模式又不能马上盈利，百度就会面临断粮断炊的危险。李彦宏做独立搜索引擎的计划遭遇到极大阻碍，但他仍然非常坚持。最终，他的态度和论据打动了投资人，很快推出竞价排名并实施“闪电计划”对

百度实行第二次技术升级，之后的页面反应速度加快、知识内容扩张至海量，百度迅速成为全球第二大独立搜索引擎，在中文搜索引擎中名列第一。迄今，百度行业第一的位置从未动摇。而李彦宏所持有的“超链分析”技术专利是奠定整个现代搜索引擎发展趋势和方向的重要的基础发明。

很多创业公司都遭遇过团队被资本绑架、创始人妥协的状况，但是百度在创业初期和之后多次战略转型的关键时刻都是因为创始人和核心团队的强势坚持，顺利实施自己的变革计划从而成功地把公司从一个高度推进到更高的高度，把公司段位从一个里程碑推进到另外更加具有划时代意义的里程碑，正如从搜索引擎到人工智能的战略转型。

2005 年 8 月，百度在美国纳斯达克成功上市，当日涨幅达到 300%以上，成为全球资本市场最受关注的上市公司之一。据说百度上市，刚刚大学毕业在百度工作的二十多岁的前台美女都成了百万富翁甚至千万富翁。

“是大家创造了历史，给中国带来了骄傲。”李彦宏在纳斯达克上市之际含泪致辞，言谈之间他没有居功而主要是感谢团队。他看到了趋势并顺应了趋势，为自己创造了财富并给同行者创造了更多财源。岂知这位领跑者曾多次殚精竭虑地累倒住进医院，多次董事会在病床前召开。

2016 年 10 月 12 日，百度成立百度资本，李彦宏兼任百度资本的董事长及投资委员会主席。在与创业者和创业团队互动分享的过程中，他总结提炼出既实用又有趣的“创业七招”：向前看两年；少许诺，多兑现；在不需要钱的时候借钱；分散客户；不要过早地追求盈利；专注自己的领域；保持激情。他以创业者的经验、资源和资本亲手协助扶持创业者。2017 年 5 月，货运共享平台货车帮宣布完成的 B2 轮 1.56 亿美元融资就是由百度资本领投的。

2018 年 1 月 29 日，美国《时代周刊》杂志亚洲版封面人物以

“the innovator” 即 “创新者” 报道并定义了百度 CEO 李彦宏并给予了他极高评价：百度李彦宏正在帮助中国赢得 21 世纪。

五、世界创新中心转向中国，移动互联网几乎再无独角兽，人工智能领域熊出没

2018 年 11 月 8 日乌镇世界互联网大会期间，李彦宏和马化腾进行了关于人工智能的高端专话。他再度发声人工智能与互联网关系属于两个不同时代，好比前菜和主菜，人工智能将会深刻改变我们的生活且意义将更加深远，机会也将更多，智能家族和智慧交通将成为新的增长节点。

其实，李彦宏每年都是乌镇世界互联网大会的 VIP（贵宾），每每有惊世之语。他在 2016 年第三届世界互联网大会就预言移动互联网已经结束，这个风口几乎没有可能再出现独角兽，未来的机会在人工智能。

他的预言的确很准，从京东的无人配送车和无人超市，到腾讯的人工智能实验室（AI Lab），到阿里巴巴投资的无人酒店。“野渡无人舟自横”，“无人” 已成为人工智能时代的关键字和修饰语。最近两年的确也鲜有新的独角兽出现，而人工智能领域却不断有 “熊出没” 的最新消息。

李彦宏在百度贴吧发帖说，世界创新中心会从硅谷转向中国。脸书也计划在中国设置办事处，8 年之后退出中国的谷歌也披着人工智能的马甲卷土重来回到北京建立人工智能中心，由此可印证李彦宏的再度预言，中国人工智能发展水平已位居世界前列，全球人工智能论文华人作者占到 43%，专利申请增长速度也非常之快。命运使然，百度在全球范围内已是布局人工智能的领跑者和坚定的实践者。大家是否记得，作为百度创始人和人工智能的先知先觉和先行先试者，李彦宏终于在某天坐进无人驾驶汽车穿行于北京北五环。之后也许是飞机，抑或是包括卫星在内的航空航天。他正一如既往

在带领团队和世人跨越数字鸿沟，穿越文明的分水岭和楚河汉界甚至时空，提前进入未来新领域并且想方设法遇见智能时代焕然一新的、无处不在的我们。

2018 年，百度世界大会宣布百度从人工智能技术领先向应用领先强势进化，可以洞见百度正在从 L4 级无人车、人工智能芯片、人工智能开放平台及应用、智能城市、智能交通、百度大脑与智慧医疗等领域进行全线布局。

鱼，我所欲也；熊掌亦我所欲也；鱼和熊掌亦能兼得，只要眼光足够高瞻远瞩，只要增长速度足够快，就如同百度和谷歌，它们的同时存在最终惠及的将是用户和普罗大众。竞争多了意味着机会也就多了，价值链、产业链和食物链也就会足够丰富和精彩。在创新创业的长途跋涉旅程中，如果能够有人陪跑同行，即使间或有惨烈的同业竞争，又何尝不是痛并快乐的幸事、趣事。

创业方法论

投资者关系：很多创业公司都遭遇过团队被资本绑架，甚至创始人无条件妥协和隐忍退出的状况，但是百度在创业初期和之后多次战略转型的关键时刻都是因为创始人和核心团队的强势坚持和不懈努力，从而得以顺利实施自己的变革计划，成功地把公司从一个高度推进到更高的高度，把公司段位从一个里程碑推进到另外更加具有划时代意义的里程碑，正如百度从搜索引擎到人工智能的产业升级和战略转型。

迭代和升级：随着全球化和各种竞争的加剧，对于创业型企业而言，如何保持最好的行业姿势和领袖地位？最好的应对之策就是把握市场和脉搏和前沿趋势，在关键时刻以产品迭代和技术升级的方式来解决，这是创业型企业家特立独行的应对攻略与华丽转身的秘籍。

腾讯："科技+人文"构建新格局

科技+文化，成为腾讯新的战略关键词，人工智能无处不在（AI in ALL）将是未来布局

腾讯在 2017 年召开了全球合作伙伴大会，宣布未来的开放战略将立足于科技与人文，同时发布了以人工智能为核心的新科技开放平台和以泛内容为核心的内容开放平台。

100 亿流量、100 亿资金、100 亿产业资源。这将是腾讯献给内容创业者们的礼物，腾讯将打造一条从内容生产、多渠道构建、智能分发到商业化变现的完整内容生态链。而这个战略构思的基础是腾讯巨大的流量资源，将联合微信、QQ、QQ 空间、浏览器、快报、新闻、视频、应用宝、NOW 直播、全民 K 歌等旗下几乎所有达到亿级流量的平台，从而帮助创业者实现"一点接入、全网连通"的目标。腾讯从 2003 年进入内容产业，经过十几年发展已经初步形成了较为完备的泛娱乐内容生态。

一、微信，"腾讯帝国"的另一扇大门

一个孤独的身影站立在地平线上，面对蓝色星球，仿佛在期待来自宇宙同类的呼唤……

微信登录页面的背后，星辰大海数般的大数据，100 亿的流量不是空穴来风，而是真实的基础与资源。仅仅只是微信，据 2017 年最新报告，日均登录用户达 9 亿，日发消息次数 380 亿，日发语音次数 61 亿，日音频通话次数 2 亿，月活跃公众号数 350 万，月活跃粉丝数近 8 亿，微信支付次数较 2016 年增长 280%。

从1998年开始创业到成为世界级互联网巨头，腾讯以即时通信工具起步，渐次进入社交网络、互动娱乐、网络媒体、电子商务等领域继而从产业布局金融版图，同时以不断迭代创新领跑全球。

马化腾所创办的QQ通信系统，早在2004年4月注册用户数就已突破3亿，腾讯于当年6月16日在香港主板上市。然而，当时的QQ仍然不属商务应用主流。马化腾曾经“觊觎”过美国微软Hotmail，但是收购的代价不菲。2005年3月，腾讯收购国内Foxmail及相关知识产权。之后，张小龙与20位工程师团队加入腾讯，微信系统于5年之后应运而生，张小龙因之被称为微信之父。

2012年3月29日，微信上线433天，马化腾微博发出6字帖：“终于，突破1亿！”而QQ用了10年，脸书用了5年半，推特（Twitter）用了4年。

很快，微信魔术般地推出了更多更炫更好玩更具有圈子黏性的功能和应用朋友圈；公众平台是紧接其后而战略深远的发明，兼具媒体和电商双重属性，开“自媒体”兼“微商”之先河，构建了内生闭环式的社交与商业生态链并成为新的桌面系统。微信支付于2013年8月正式开启，并连接腾讯的第三方支付平台财付通。微信红包更是微信支付的锦上添花，对波涛汹涌的腾讯金融推波助澜。还有更多基于微信钱包的各种应用与广泛合作应运而生，收付款、零钱、银行卡、信用卡还款、手机充值、理财通、生活缴费、城市服务、保险服务、摩拜单车、火车票机票、吃喝玩乐、酒店……从生活到商务再到金融，在关键的节点和流程总是会伴随着现金流的汩汩泉涌。

微信以迅雷不及掩耳的速度和不断创新的研发应用成为移动互联网时代的“创世纪”，已然成为移动互联网的代言，正在连接一切。

一切不仅仅止于坐地收银般的现金流，而是继续以此为基础在股权投资和资本市场杀伐砍戮，同时展开更加广泛的商务合作并实现一轮又一轮的价值变现，诸如投资京东并推助其在美国纳斯达克上市，仅仅这一个动作，腾讯账面就浮盈 37 亿美元。

二、总理亲点鼠标开启微众银行

2015 年 1 月 4 日，李克强总理造访深圳前海微众银行，时任银监会主席尚福林陪同参观。前海微众银行是由腾讯作为第一大股东投资和主发起机构的互联网银行，是当时银监会批准的首批民营银行之一，当时其官方网站已经提前几天上线。总理亲自敲下电脑回车键，卡车司机徐军就拿到了 3.5 万元贷款。微众银行无营业网点、无营业柜台、无须财产担保，而是通过人脸识别技术和大数据信用评级发放贷款。总理在现场鼓励前海微众银行加快金融创新步伐，倒逼银行业改革。“你们要在互联网金融领域闯出一条路子，给普惠金融、小贷公司、小微银行发展提供经验，要降低成本让小微客户切实受益，这也能倒逼传统金融加速改革。可以说，微众银行一小步，金融改革一大步。”

2015 年 5 月 15 日，深圳前海微众银行的首款产品“微粒贷”上线，通过白名单机制筛选出首批最符合“微粒贷”定位用户，主要以微众和腾讯内部用户为主，用户可获得 2 万元到 20 万元的贷款额度。微粒贷是一款纯信用的小额贷款产品，支持客户在最高审批额度内随借随还，按日计息，日息 0.05%，年化利率 18%，与信用卡透支定价一致，是免抵押、无担保、随借随还、按日计息的纯线上贷款类产品。定位为互联网小额信贷产品，可以通过 QQ 钱包实现 7×24小时服务，QQ 用户在开通的时候将全自动实时获得预授信，并且从审批到放款只需几分钟时间。这款产品通过手机 QQ 邀请客户开通使用且已被置入手机 QQ 客户端的 QQ 钱包，当然也早已经布局在微信钱包之中。

微众银行发力小额信用贷款领域，对普惠金融的推进、缓解小额融资难等问题产生了积极影响。

三、连接一切，去往更广泛的内容王国

2015 年 7 月，腾讯出版了《互联网+：国家战略行动路线图》，这本书从技术层面呈现了国家战略行动路线图，亦是腾讯官方对李克强总理“互联网+”国家战略的官方解读。在经历了创业、产品研发、并购、第三方支付、创建银行等创新和改革之后，马化腾说，腾讯只做两件事：连接和内容。

从初创开始，腾讯一直都是工程师化的企业，理工科思维统领着企业精神。从腾讯历史上的流量变现到内容跨界，路途漫漫。早在 2011 年就绸缪从技术到内容，而从动漫开始的泛娱乐战略开始了真正的紧锣密鼓的布局，自主研发《洛克王国》，与日本集英社合作《火影忍者》和《海贼王》，50 亿元收购盛大文学、起点中文网、榕树下、红袖添香、言情小说吧、晋江文学，之后又与作家郭敬明合作……腾讯以此作为 IP 产业化的基础资源和原创阵地，塑造、延长、渗透更长更深厚的产业链条和生态系统。

马化腾说，在美国，没有任何完全一样的互联网公司可以对标，腾讯就是要通过生态合作的方式来做细分领域，比如电商给京东、搜索给搜狗、打车给滴滴、快餐 O2O 给美团等，闻道有先后，术业有专攻。如今，腾讯通过内部孵化和外部并购的方式，打造了动漫、文学、游戏、电影等板块形成的以“泛娱乐”概念为主线的内容生态。

未来，科技+文化成为腾讯新的战略关键词，AI in ALL 将是未来布局。腾讯已经由科技、产品、金融、资本、内容、人文等足够丰富的模式和板块延深到了慈善公益范畴，环环相扣，且正以更快的速度延伸到更加广泛的人工智能及更多的未知领域，一层层、一扇扇地打开未来之门。

QQ、微信、支付、银行，并购、资本、公益，AI and ALL 连接一切的“互联网+”。

创业方法论

科技+文化：未来，科技+文化成为腾讯新的战略关键词。

AI in ALL：人工智能将是未来长期布局。

连接和内容：在经历了创业、产品研发、并购、第三方支付、创建银行等创新和改革之后，马化腾说，腾讯只做两件事，即连接和内容。

生态合作无对标：在美国，没有任何完全一样的互联网公司可以对标，腾讯就是要通过生态合作的方式来做细分领域，比如电商给京东、搜索给搜狗、打车给滴滴、快餐 O2O 给美团等，闻道有先后，术业有专攻；腾讯通过内部孵化和外部并购的方式打造了动漫、文学、游戏、电影等板块形成的以“泛娱乐”概念为主线的内容生态。

微信“创世纪”：朋友圈和公众平台，构建了内生闭环式的社交与商业生态链并成为新的桌面系统，微信红包更为微信支付锦上添花，连接腾讯的第三方支付平台财付通，收付款、零钱、银行卡、信用卡还款、手机充值、理财通、生活缴费、城市服务、保险服务、摩拜单车、火车票机票、吃喝玩乐、酒店……从生活到商务再到金融，在关键的节点和流程总是会伴随着现金流，成为移动互联网时代连接一切的“创世纪”。

期待张朝阳：回到网中央

再次提笔撰写张朝阳，先看了他曾经力荐的电影《乔布斯》以及他和搜狐投资拍摄的自制电影和网络剧《煎饼侠》《匆匆那年》《我在大理寺当宠物》。笔者以为，张朝阳推荐和投资制作的作品代表了他的方法论和世界观。

三十年河东，三十年河西。三十多年前，张朝阳毕业于清华大学、考取奖学金项目赴美留学并取得了麻省理工学院博士学位；二十多年前他放弃优渥的外企工作创建了搜狐并登临纳斯达克资本市场，成为当时中国网络门户的代表；十多年前他创建的搜狐成为奥林匹克内容供应商；最近这些年他和搜狐投资了搜狗、畅游并使这两家公司与搜狐同样成为上市公司，同时开发游戏、塑造 IP、投资电影、维护版权，并且时而偷得浮生半日闲。

年逾五十的张朝阳仍然是当年贯通中西的学霸和万里归来的创业少年。

一、纸上得来终觉浅

第一次采访撰写张朝阳的文章是在 2001 年，记得时值初春时光，苹果笔记本还没有诞生，我提着厚重的电脑慕名抵达北京光华长安大厦当时正处于风口浪尖的门户网站搜狐公司，采访被社会各界议论纷纷的搜狐创始人张朝阳。彼时，那位毕业于清华大学和美国麻省理工学院的理工科高才生风华正茂，一言一行一举一动都带着互联网创业的狂想执着。

17 年之后再次提笔撰写关于张朝阳的封面文章，仍然有着当年的希冀和崇尚。现在，张朝阳和他的搜狐体系的公司已经搬至清华科技园。

20 世纪末 21 世纪初，在北京的长安街地带以及外企云集的恒基中心、中粮广场、光华长安大厦等高端时尚的五星级写字楼里，以张朝阳为代表的一批年轻人，二三十岁、意气风发、踌躇满志，他们从国外学到世界最先进的 IT 和互联网技术继而归来创业，他们时常穿着牛仔裤、T 恤衫、旅游鞋，背包里的手提电脑很沉重，把他们年轻的肩膀压得有些歪斜，他们常常加班熬夜到凌晨 4：00，厚厚的眼镜片后边透着熬得通红的眼睛……

然而，这群执着的年轻人却是中国互联网领域的启蒙者、创业者、教育者和推动者，是他们在身体力行地推动着中国互联网业取得长足发展。

张朝阳，就是这群执着而卓越的年轻人中的一位。虽然他的搜狐公司在网络界历经沉浮，媒体舆论也对其颇有微词，但是他的笑容依然低调、灿烂、自信而果断，公司改革、业务转型、企业收购、自制电影、打击盗版、练瑜伽、跑长跑、游泳，仍然如当年万里归来的少年。

二、回国创办搜狐

回国发展的决定不是偶然的，而是经历了几年时间的反复斟酌。1995 年，他陪同麻省理工学院校长访华，此次行程之后决定回国发展，并强迫自己在 31 岁生日到来之前踏上回国旅途。

回国初期，他代表 ISI 公司开始了比较艰苦的工作，先在万泉庄园租了一间办公室并兼作卧室。那时他常常带着便携机、穿着西装到新华社等单位收集数据并建立数据库，同时筹划着自己开公司并把商业计划书拿到美国筹募资金。不久，便募到了第一笔资金 20 万美元并在美国注册了公司。

1996 年底，在一个具有历史意义的冬天的下午，他坐着“面的”把第一台服务器抱着送到了北京电报局，还带了一瓶酒和相机，想把那个具有历史意义的镜头拍摄下来。“当时我心里明白，一场革命将要发生。”他说。

2001 年，搜狐网站便从当年 1 台服务器发展到 400 多台，访问量从几百人发展到每天四千多万人次，注册用户达 780 万，每天下载的页面量达 1 个亿，哪怕放到目前而言也是海量数字。

“搜乎”这个名字是 1997 年 11 月闯入张朝阳脑子里的，其实最先的英文写法是 Sohoo，中文即是“搜乎”，意思是“你想搜索吗?”后来征求员工意见，大家觉得把“乎”改为“狐”更能体现中国文化、更加形象易记，况且狐是一种聪明伶俐的动物。于是就有了“搜狐”。

经过几年发展，搜狐从中国首家大型分类查询搜索引擎发展成为中国最大、最受广大用户喜爱的综合门户站点，大型分类查询搜索引擎为大众提供方便、快捷、准确的网络导航的基础，连续不断地推出了全方位高质量的内容服务，新闻、体育、工商财经、房地产、影视、音乐、求知、IT、女人、游戏、购物、免费邮件、聊天室、留言板等频道为越来越多的网民提供了网上社交场所，成为中国网络用户进入互联网的最佳渠道。

这样的搜狐，便是中国当时最早的门户网站的样貌和轮廓。

三、网络新贵与股市沉浮

2000 年 7 月，搜狐在美国纳斯达克上市，从国内知名企业发展成为国际品牌，而张朝阳也成为闻名世界的数字英雄和新经济时代的亿万富翁，这位清华大学和麻省理工学院博士出身的年轻创业者身价忽然飙升到 1.7 亿美元，成为钻石级的互联网新贵。

但是那时他身上穿着的经常还是那件印有搜狐标志的黑 T 恤。

张朝阳把这份“从股市上掉下来的财富”解释为“纸上的钱，它反映了在一个上市公司总体股票价值里面个人所拥有的部分”。当时持有搜狐公司 1/3 左右股份的张朝阳，他的身价就是根据实时的股价乘上自己所持有的股票总数计算得出的。

上市公司股价随时变动，互联网上市公司更是震荡幅度很大，可能一夜致富，也可能瞬间缩水。多年之前搜狐在纳斯达克股价就曾面临跌破 1 美元困境，社会舆论有些像看热闹似的关注着搜狐和张朝阳。彼时的张朝阳像是一面镜子，反射着公众和社会对创新者的冷嘲热讽和点评心理。在股市和媒体的双重压力之下，张朝阳会心情不好，但仍然冷静、泰然自若。他更加注重公司经营本身，“集中精力做好企业，给投资者看到赚钱的希望”。他和公司需要不停地解释自己的视角和观点，呼吁大家要看清整个市场的发展规律，过热了就会回落，太冷了就会回升；而到纳斯达克上市只是市场手段，大家大可不必赋予它太多意义，否则就会一会儿兴奋，觉得它多伟大，一会儿失望，说它一无是处。

之后不久，搜狐股价大涨 29.63%，化险为夷。

四、举世瞩目，举重若轻

“Charles”，在公司大家都这么喊他，张朝阳是大家的朋友和同人。

但在知名互联网企业的 CEO 群里，张朝阳算是遭到非议和微词较多的。对于种种议论，张朝阳说，他已经习惯了。其实，搜狐是采取了个人推动品牌的道路，早期搜狐的融资策略非常保守，用于市场推广的费用非常少。在中国人的脑海里，觉得公司老总应该正襟危坐在宽阔明亮的办公室里，像他这样大量地抛头露面许多人都不以为然，所以有人称他为“作秀高手”。其实，这种推广手法在国外很普遍，很多公司连宣传广告片都由老总担任主角，原因就是推广“人”比推广“公司”费用要少得多，比如乔布斯就是苹果公司的符号。

张朝阳说："我其实不是很善言辞，甚至有些木讷，但没有其他选择。现在，公司整体进入了规范化运作阶段，我的精力也会更多地放在公司的运营发展上来。"但不管怎样，张朝阳作秀也好、找钱也好、上市也好、股价跌落时他不顾一切地自己掏腰包买股票也好，当时的这位年轻 CEO 每日都是东奔西走，从来就没有停下过脚步。

关于孤独，年纪渐长但是仍然未婚的张朝阳说，出名以后就不怎么觉得孤独了，因为大家都在谈论你。在他看来，别人的幸灾乐祸比人家不理你更加悲哀。

回首回国发展这些年，已经超过了他回国时的设想，当时只是想做成点事情，没想到会做得这么大，至于当时出现的股指滑落等一些小麻烦，比起在清华读书的时候、比起融资的时候、比起发不起工资的时候，根本算不上什么。

五、归去来兮，胡不归

张朝阳 1964 年出生于西安，1986 年毕业于清华大学，1993 年在美国麻省理工学院获得博士学位，1996 年回国创业建立搜狐爱特信公司，1998 年 2 月 25 日创建"搜狐"品牌，1998 年 10 月获得美国《时代周刊》"全球 50 位数字英雄"之一，1999 年 7 月成为《亚洲周刊》封面人物并刊登了题为《重归故里》（"YOU CAN GO HOME AGAIN"）的封面文章……

1995 年，张朝阳拎着两只箱子回到北京……1996 年创建搜狐……1997 年……1998 年……2000 年、2001 年……2008 年……2016 年……至今。

这是一位骄傲、孤独、低调而深爱着这个国家的人，遥想着他在世界各国融资作秀、背着手提电脑大步流星若有所思、因为加班而熬得通红的眼睛、在世界论坛上慷慨陈词种种情节，朝阳，也许不仅仅是他的名字而是寓意一个公司、一个行业、一种经济形式。

六、BAT 与门户“三剑客”

毋庸讳言，世纪交替之际的那几年是张朝阳和搜狐公司最新锐、最阳光、最带劲、最有成就感的好时段。纳斯达克上市之后曾经成功入围 2008 年奥林匹克运动会并成为媒体赞助商，但是奥林匹克俱乐部世界知名企业云集的大家庭中，搜狐表现得没有过于激情和执着，创始人张朝阳也没有当年穿着轮滑鞋在天安门广场疾驶而过的青春冲动和少年轻狂。也许在事业抵达到一定的高度之后反而看淡了功能利禄，多了些洒脱，超然物外，冷眼看待社会舆论和行业的变迁，正如静观花开花谢、潮起潮落。

但是在多年前，搜狐、新浪、网易被并称为门户“三剑客”。中国最早的互联网探路者中，毕业于麻省理工学院的物理学博士张朝阳是学历最高的创始人，他的导师尼古拉・尼葛洛庞帝的著作《数字化生存》曾在中国畅销百万册，在这位世界名师的支持下，张朝阳回国创办了搜狐网。

“三剑客”之中，新浪坚守着媒体属性，新浪博客后续接力，新浪微博之后崛起并成为移动互联网时代的第一个全民产品。归拢到腾讯旗下的张小龙及其微信也曾经抢走了些移动互联网的风头。网易起家的邮箱诸如今天的 126 和 163 依然是中国最好用的 Email 系统，而且为网易带来了良好的基础流量。业界有时也会议论和比较搜狐、新浪、网易，但任何公司自诞生起便携带着特有的基因，各种评议和猜测，奈之何？搜狐还是搜狐，张朝阳还是张朝阳。

2016 年，张朝阳带领着他的团队以在奥林匹克森林公园跑 20 千米的方式为搜狐公司 20 周年庆生，以此表明 20 岁的搜狐还在路上，不做大型庆典而是低调赶路。

搜狐最近几年产业升级、迭代转型，曾在移动互联网和视频领域重点布局。

但是，在互联网视频领域，目前已经形成爱奇艺、优酷与腾讯视频三足鼎立的局面，三者背后分别是资金实力雄厚的 BAT 三巨头。由于各家视频网站哄抢影视版权，导致头部内容价格虚高，视频网站的收入往往无法覆盖内容成本。

2017 年年中，搜狐在网络视频业务进行了几年大规模投入后开始进行战略收缩，逐步缩减购买头部影视剧版权的投入，转向依靠低成本自制剧、自制综艺和 PGC 提供内容的战略，如《煎饼侠》《匆匆那年》《我在大理寺当宠物》等，通过原创视频降低内容成本的同时，带来流量和广告。

张朝阳解释称发展的第一步是盈利，这是作为一个企业的本分，在此之后才能期待在一些领域产生爆发性的机会。他表示，公司首先要做到基本要求之后才能够有所提高，以盈利为目标应当是坊间所谓的底线思维。公司目前还是以成本控制和缩小开支为主，试图用更小的成本获得更高的增长。

张朝阳并不讳言搜狐目前暂时处于发展转型期，互联网的江湖很残酷，如逆水行舟，不进则退。2016 年的张朝阳说，他要用 3 年时间重新回到互联网的舞台中央。我们拭目以待 50 多岁的张朝阳是否还如那几年那样充溢着创业激情、处处展现着不可一世的张狂。也许，作为第三方的我们应当看到他默默而隐忍的努力，比如《煎饼侠》就是搜狐视频联合出品的电影且取得了不错的票房，还有一部自制剧仍由原班人马打造，影片投资不太大但仅凭点映就已经收回成本。这些努力是否意味着搜狐曾经准备进军电影行业也许并不重要，重要的是，正是这样的小制作“大确幸”正在默默支撑搜狐扭转乾坤。

关于打击网络盗版，张朝阳说搜狐一直会是领导者，只有版权清净才有影视和网剧的真正繁荣。

七、行业第一，永远有多远

后浪推前浪，后起之秀应当对前辈的薪火相传秉持应有的尊重。

早期的搜狐公司快速成长并如日中天之际，阿里巴巴还没有产生，QQ 也还没有产生；美国《时代周刊》“全球 50 位数字英雄”之一称号获得者张朝阳举世闻名之时，区块链和人工智能这些新概念亦都没有踪影。

盛名尤在，价值长存。

让张朝阳颇感欣慰的是，2018 年，搜狐是中国唯一一家拥有三个美国上市公司的互联网企业。抑或正如媒体红人吴晓波所云，搜狐未能眼疾手快地把到手的项目转化为可以长足发展的事业。与新浪、网易同时代诞生的搜狐遗憾之处是研发的每项产品都不错，诸如搜狐新闻、搜狐邮箱、搜狐微博、搜狐视频、搜狗输入法，如果能排在中国市场第一位就好了。看来搜狐的下一步是五指并拢重拳出击某一领域，相信搜狐有这样的底蕴和家底。搜狐曾经早在 20 世纪就创造了行业第一，创始人张朝阳早在 1998 年就登临美国《时代周刊》封面并且被美誉为数字英雄。但是客观地讲，张朝阳总不能永远霸占封面，永远屹立于行业制高点。坊间曰赢家通吃，但是张朝阳从未在某些行业吃干挖净，总是有意无意地留下些空白和成长空间给同行和年轻后生，不竭泽而渔，而是留有余地。

舆论的评价有时过于刻薄严苛，或者说大家对于创始人的期望过高、过长、过久、过于迫切，希望他永远第一。永远有多远？还不如多给创始人些许时间，让他们也能有足够的时间思考、喘息、等待、徘徊、远行，然后再度策马扬鞭归来，再次回到数字世界的中央，开启新一轮的精彩。

搁笔的此时已是凌晨，再度追忆当年张朝阳带领搜狐团队创业之初，经常加班熬夜至凌晨甚至拂晓，累了就趴在地板上继续修订商业计划书，而归去来兮的多年之后，即使时光老去，五十多岁的张朝阳仍然是清华大学和麻省理工学院的同学少年，仍然是中国互联网领域最早的创业者，仍然是中国早期互联网创业者中学位最高之学霸。

即使坊间对他和搜狐仍有各种议论和评价，但是不可否认的是，他是中国早期创新创业领域的启蒙导师和教父。

创业方法论

名师支持：中国最早的互联网探路者中，毕业于麻省理工学院的物理学博士张朝阳是学历最高的创始人，他的导师尼古拉·尼葛洛庞帝的著作《数字化生存》曾在中国畅销百万册，在这位世界名师的支持下，张朝阳回国创办了搜狐网。

后浪与前浪：后起之秀应当对前辈的薪火相传秉持应有的尊重；早期的搜狐公司快速成长并如日中天之际，阿里巴巴还没有产生，QQ 也还没有产生；美国《时代周刊》“全球 50 位数字英雄”之一称号获得者张朝阳举世闻名之时，区块链和人工智能这些新概念亦都没有踪影。

纸上之钱终觉浅：2000 年 7 月，搜狐在美国纳斯达克上市，创始人张朝阳身价忽然飙升到 1.7 亿美元，成为闻名世界的数字英雄、新经济时代的亿万富翁和钻石级的互联网新贵，但是那时他身上穿的经常还是那件印有搜狐标志的黑 T 恤。他把这份“从股市上掉下来的财富”解释为“纸上的钱”。

昆山：科技创新和产业升级的布局谋篇

朝北遥望中关村，向南远眺深圳

昆山到中关村的距离大约 1165 千米，遥遥相对的两个地域有了关于科技、产业、创新和人才等议题密切相关的交集。

2020 年，中关村多家机构组成代表团到昆山市考察科技产业发展情况，在“科技镇长团”的引领下深入调研昆山市人才科创发展服务中心、高新技术开发区、周市镇等相关机构和部门的科技研发、人才储备和产业布局情况。本次考察调研旨在促进中关村与昆山市在科创、产业和人才等领域的交流互鉴，以加快两地跨领域和跨地域的产业协同与人才融合，促进昆山市科技领域聚产业、拢人才、谋发展，形成创新合力、加速动能转换、促进产业升级。交流活动期间特别安排多场座谈会和闭门会，双方详细解析了中关村和昆山市的各自优势、产业布局、营商环境、利好政策、优质企业和典型项目等，并对未来广泛深远的合作进行了探讨和展望。

一、中关村：我国科技创新的战略高地

中关村被誉为“中国硅谷”，是我国第一个国家级高新技术产业开发区、第一个国家自主创新示范区、第一个国家级人才特区、京津石高新技术产业带的核心园区，是中国科技体制创新的试验田，已成为中国高科技的“符号”和“标签”。

中关村起源于 20 世纪 80 年代初的“中关村电子一条街”，前身为北京市高新技术产业开发试验区，现已聚集了联想、百度、新浪、

搜狐等为代表的高新技术企业2万余家，形成了下一代互联网、移动互联网和新一代移动通信、卫星应用、生物和健康、节能环保、轨道交通等六大优势产业集群，集成电路、新材料、高端装备与通用航空、新能源和新能源汽车等四大潜力产业集群以及高端发展的现代服务业，构建了“一区多园”各具特色的发展格局，成为首都跨行政区的覆盖北京市16个区县和天津市滨海中关园的高端产业功能区，不仅聚集了人才、技术、资本等全球高端创新资源，建立了“政产学研金介贸媒”协同创新体系，而且活跃着500多家产业联盟、协会、商会，构建形成了完整的创新生态。

中关村将40年发展的经验辐射全国，在京外建立了20多个合作园区，每年举办上万场国际交流合作活动，在国内外的影响力不断提升，成为连接全球创新网络的重要节点，为北京建设具有全球影响力的全国科技创新中心提供了动力。

中关村是我国科教智力和人才资源最为密集的区域，拥有以北京大学、清华大学为代表的高等院校40多所，以中国科学院、中国工程院所属院所为代表的国家科研院所206所、国家级重点实验室112个、国家工程研究中心38个、国家工程技术研究中心57个、大学科技园26家、留学人员创业园34家，而且数量仍在逐年增加。

二、昆山市：高新技术企业云集的名城重镇

昆山市，总人口274万人，总面积931平方千米，辖国家级昆山经济技术开发区、昆山高新技术产业开发区、省级昆山花桥经济开发区3个开发区和8个镇；拥有近1500家高新技术企业，科技进步贡献率达64.1%。在昆山最新的成绩单中，24项指标居全国第一。

2020年中国县域经济百强榜显示，昆山已连续16年居首位。昆山市2019年统计公报显示，昆山的GDP实现地区生产总值4045.06亿元，按可比价计算，比2018年增长6.1%；高新技术产业占规模以上工业产值比重46.5%，高新技术产业投资约占全市工业投资的

52.8%，万人发明专利拥有量达 64.9 件；引进和培育国家级重大人才引进工程入选者 115 人、国家级重大人才培养工程入选者 10 人、江苏省双创人才 125 人和双创团队 18 个，人才资源总量达 41.8 万人，人才贡献率达 51.5%。

到 2019 年末，昆山全市拥有 1 个千亿级 IT（通信设备、计算机及其他电子设备）产业集群和 12 个百亿级产业集群；拥有 111 家大型工业企业，百亿元以上 12 家；全年生产计算机整机 4733.41 万台、移动通信手持机（手机）3708.19 万部。

昆山是全国首个 GDP 超 4000 亿元、财政收入超 400 亿元的县级市。昆山的高速发展是苏南经济的缩影，如果与全国地级以上市比较，已经超过了贵阳、太原等省会城市，居城市榜第 56 名左右。

得天独厚，区位优越。东邻国际都市上海，西依历史文化名城苏州，京沪高铁穿城而过，5 条高速公路贯穿全境，建成全国县级市首条环城快速路，距上海虹桥机场仅 40 分钟车程，苏州轨道交通 S1 号线将穿城对接上海轨道交通 11 号线，沪苏昆同城效应将得到空前释放。

人文荟萃，源远流长。我国著名思想家顾炎武、教育家朱柏庐、散文家归有光和“英雄航天员”费俊龙、2018 年度国家最高科学技术奖获得者钱七虎院士都是昆山人，“百戏之祖”昆曲发源于此，中国第一水乡“周庄”就在境内。

三、中关村与昆山市的经济共同语言

发展是第一要务，人才是第一资源，创新是第一动力。中关村与昆山市，从发展和创新的角度和维度，有着异曲同工的共同语言。

在加快创新转型推进经济高质量发展过程中，昆山提出“建设具有国际影响力的国家一流产业科创中心”的目标，特别是在人才科创领域，聚焦“打造国家一流产业科创中心”目标定位，以人才科创体系建设为依托，以企业创新和产业创新为重点，以体制机制创新为保障，汇聚国内外高层次人才资源，积极构建一流创新创业生态环境，并且综合指数居县域城市创新发展的前列。

昆山始终注重提高科创投入，激发创新创业活力。持续实施人才科创“631”计划，全力育“森林”、筑“高原”、攀“高峰”。育“森林”，是指统筹60%的资源要素，通过普适性政策支持，大力培育人才科创“森林”。筑“高原”，是指安排30%的资源要素，着力打造2~3个国家级产业创新平台，增创高层次人才科创资源优势，以“有心栽树”的理念，全力构筑人才科创“高原”。攀“高峰”，是指集中10%的资源要素，通过政府主导，培育自主可控的产业体系，抢占未来发展制高点，勇闯科技创新“无人区”，奋力攀登人才科创“高峰”。

“项目为王”，这是昆山提出的增加产业创新实力的关键词，而且始终坚守实体经济，瞄准自主可控，坚持“有所为、有所不为”，集中力量培育壮大光电、半导体、小核酸及生物医药、智能制造四大高端产业。目前已拥有四个百亿级项目和多个旗舰型项目，总部企业130个，“四新”经济注册资本超10亿美元，国家高新技术企业总数达1491家，建设中的深时数字地球国际卓越研究中心正在打造以昆山为总部、拥有世界一流设备和全球科学数据的国家级大科学中心，昆山超算中心算力正在力创全球最高。

由此可见，昆山市与中关村在目标定位、科创方向和产业分布方面有很多交集、相似和互补之处。也许，昆山市正在打造异曲同工的中关村。

四、“一带一路”、惠台措施与长三角地区协同发展

昆山，担当长三角地区协同发展的排头兵和模范尖兵。

党的十八大以来，昆山坚持以习近平新时代中国特色社会主义思想为指引，深入贯彻落实习近平总书记对江苏工作的系列重要指示精神，根据江苏省委、省政府和苏州市委、市政府的统一部署，

全力做好稳增长、促改革、调结构、惠民生、防风险各项工作。

昆山市将高质量开展现代化试点作为重中之重，高标准编制“1+3”试点总体方案，项目化推进 55 项改革任务，率先开展探索性、系统性、先行性的创新实践，为江苏省乃至全国开启现代化建设新征程提供样板示范。当前，昆山正在紧锣密鼓全面落实“四闯四责”总要求，积极抢抓“一带一路”、长江经济带、长三角一体化、自贸区等国家战略叠加机遇，勇当新时代高质量发展和现代化试点的热血尖兵。

强化协同创新，不断集聚创新资源要素。昆山找准“一体化”和“现代化”的最佳结合点，成立长三角地区合作与发展办公室，制定对接上海高端要素资源目录和图谱，223 项对接上海事项稳步推进；深化“4+2”更高质量一体化发展实践联盟合作，在信用、医保、品牌标准等领域实现共建共享；昆山试验区第七次部省际联席会议在管理机制创新、平台载体建设、贸易便利化等五方面取得新突破；综保区企业增值税一般纳税人资格试点成效明显。

坚持“自转”围绕“公转”；惠台“31 条措施”和新“26 条措施”全面落实，出台了服务台胞台企 20 条新举措；成立白俄罗斯国家科学院（昆山）创新中心等 7 个创新平台，联合白俄罗斯和乌克兰国家科学院在昆共建“一带一路”昆山国际先进技术研究院，与乌克兰国立大学等院校达成合作意向 42 项，发布“一带一路”科技成果 72 项。

海纳百川，凝神聚气；连接东西，传承南北。昆山已经成为在高新技术研发和产业落地发展层面连接中国大江南北和世界各地产学研资源的重要枢纽和产业落地的重镇。

五、栽下梧桐树，引得凤凰来

深耕创新沃土，拓展创业空间。

昆山以科技园、留创园为支撑，以夏驾河为纽带，集聚重点产业项目的研发总部、技术总部等创新研发机构，建设开发了夏驾河科创走廊；以智谷小镇为核心，以杜克大学为品牌，发挥高层次人才、科创载体平台集聚优势以及产业园区转化优势，打造了高新区阳澄湖科技园；发挥临沪优势，用足楼宇资源，深化与大院大所合作，打造了一批国家级众创空间、孵化基地、加速器和公共服务平台，形成了花桥国际创新港。

2019 年以来，全市新增科创承载空间 139.13 万平方米，其中“一廊一园一港”83.1 万平方米，累计达 256.04 万平方米，而且实时数量仍然不断提高。

以人为本，不断注入创新创业新动能。昆山多年之前就召开了产业科创中心建设推进大会，发布“头雁人才”政策，两个中国科学院院士团队分别获得 1 亿元创业项目资助，一名乌克兰院士获得 1000 万元创新项目资助；整合设立 5 亿元综合信用风险池和 15 亿元人才科创专项资金；对企业研发投入每年给予最高 300 万元奖励；对落户昆山的高水平科研机构给予最高 1 亿元的运营经费支持。同时，综合运用“精品公寓”“购房券”“教育券”“医疗金卡”和商业医疗保险资助等多种途径，提升人才竞争软实力。

擦亮服务品牌，优化创新生态。按照“国际可比、对标世行、中国特色、昆山特点”要求，把“昆山服务”放在新的坐标系和更高的平台，以“互联网+”为基础支撑，按照“高点定位、高度集成、高效服务”的原则，起用人才科创发展服务中心，率先发布人才科创服务清单，提供 275 项“一站式”专业服务；创新推出优化营商环境 23 条举措，打造昆山版“1330”模式，市场主体突破 50 万户；成立中美经贸摩擦应对工作领导小组，建立“双层挂钩”机制，开展“招商护商服务月”活动，协调解决企业发展难题；加快实施祖冲之自主可控产业技术攻关计划，已滚动发布两批千余项企业技术需求，实施攻关项目 257 项，签约建设平台载体 18 个，被评为江苏省营商环境综合评价先进县，蝉联赛迪县域营商环境百强县第一名。

六、昆山对标中关村的优势与短板

昆山是科技成果转化和产业化的高效承载空间。

从高新技术企业云集的总量而言，中关村远远高于昆山，但是，昆山的优势在于拥有科技成果产业化的足够广阔的腹地资源、成功经验和多年以来形成的成熟完善的产业链和生态圈。无论从科技研发实验室阶段，还是中试阶段的下一步举棋落子之处，昆山都是既科学又集约的最优选择，因为昆山密集分布着多种类型的产业链和成熟的生态圈，星罗旗布的产业园、工业园、科学园、高新区、创新走廊、孵化器、加速器甚至标准化智能化大型工厂和百亿元级产业集群等生产要素资源，为产业落地配备了良好的资源。

从科研院所、重点高校和国家级重点实验室等科教研发机构数量而言，昆山远不及中关村，但是这里拥有美国杜克大学的专属校园，如此先行先试的创新规制在世界范围都属罕见，面向全球招生为昆山的科创研发环境增加了浓郁的国际化氛围。随着科创、产业和人才的不断聚集，对科教研发机构的需求亦呈现不断增长的趋势，这是北京高校和全国产学研机构值得合作深耕的区域。

脚踏实地地创新是第一要义，昆山勇于突破和敢于创新的精神魄力亦可圈可点。据悉，高新技术开发区建设运营和获得卓越成就的时间甚至先于在国家科技部火炬中心系统正式挂牌。

我劝天公重抖擞，不拘一格降人才。这就是昆山的科创风格。

七、昆山正在成为中关村和全球化的下一站

近年来，随着世界范围内的各种不确定性因素出现并相互叠加，经济下行压力加剧，全球化遭遇挑战，新冠肺炎疫情让本来就不稳定的世界雪上加霜，亦导致中美贸易摩擦和技术摩擦不断升级，全球供应链和产业链出现断裂，国际产业结构发生了重大变化，我国

经济正在面临百年未有之大变局。在此背景之下，昆山的经济逆向而行，实现了平稳增长和超常规发展。

在我国新冠肺炎疫情防控进入常态化的背景下，苏州在全国开创先河，开展产业链全球合作云对接，为苏州的产业链搭建桥梁，实现与全球合作的云对接。昆山抓住机遇，踏“云”而上，高质量推进产业链全球合作。曾经倚重国际产业链和高度全球化的产业，如果遭遇了世界供应链的断层碎裂，也许在昆山就能找到弥补、修复、缝合、可持续的方法。

从供给侧和需求端而言，健全的产业链、完善而成熟的生态圈、不断增长的专业人才储备、充满活力的科创氛围和扶持政策，已经为疫情冲击之下的产业准备好了安身立命的可恢复、可持续的发展空间。

在以“新基建”为关键词和主旋律的新时代，随着5G、人工智能、云计算、工业互联网、物联网、区块链等新技术的深度研发应用，数字经济正在重塑世界并源源不断地赋予其新活力新动能，而要真正地落地应用与产业化，昆山亦是生产要素最齐备、创新创业氛围浓厚的值得系统化布局的举棋落子之处。

所以，无论是中关村生态系统在原有成就基础之上的全球分布、产业延伸、产能释放和产业升级，还是更多新项目的落地甚至全国范围全球化企业在世界产业链重创断裂之后的生产回笼、经济恢复、转型升级、新旧动能转换，昆山都是可以安全着陆并即刻起飞的避风港、起降平台和长治久安的下一站。

“新基建”领域科技领军企业调研

新基建是以我国领先于世界的 5G 技术为引领，为在技术封锁、断供等外界压力下“办好自己的事”所实施的国家战略，在新冠肺炎疫情使全球供应链、国际产业结构发生重大变化的背景下，旨在让我国已形成的产业链条和流通网络更好地实现全局调度，形成全球最高效的供应链网络。为贯彻实施“以 5G 为引领的新基建”的国家战略，调研组走访了三家在新基建领域具有代表性的科技领军企业，了解企业发展情况和面临的问题，提出相关政策建议。

一、调研企业的基本情况

（一）华为：凭借持续高研发投入成为 5G 时代的领跑者

华为技术有限公司创立于 1987 年，是全球领先的信息与通信基础设施和智能终端提供商，目前业务遍及全球 170 多个国家和地区，服务 30 多亿人口。华为致力于把数字世界带入每个家庭、每个组织，构建万物互联的智能世界。在无线领域，从硬件、算法、人工智能三方面创新突破，保持 5G 领先优势；在计算领域，历经 15 年潜心研发形成了以“鲲鹏+昇腾”为核心的基础芯片族。此外，在存储、机器视觉、传送与接入、数据通信和网络能源领域，都具有国际领先的技术优势。2019 年，实现营业收入 8588 亿元，利润 778 亿元。华为不断加大科技研发，目前华为员工有 19.4 万人，其中科研人员 9.6 万人，占总人数的 49%。华为坚持每年将 10%以上的销售收入用于新技术研发，近10年来累计研发投入6000多亿元，2019年研发费用1316亿元，占全年总收入的15.3%。

5G即第五代移动通信网络技术，其性能目标是高数据速率、减少延迟、节省能源、降低成本、提高系统容量和大规模设备连接，其数据传输速率比4G快100倍。华为在5G技术方面保持着全球领先优势和领跑地位，在5G国际标准方面保持重要话语权。作为5G技术龙头企业和全球ICT行业领导者，华为携手合作伙伴持续构建成熟的5G生态网络，并不断创新产业应用和商业模式，开创性地把人工智能技术引入电信网络，助力电信业迈向以人工智能为核心的自动驾驶网络，提升网络部署和运维效率，实现智慧运营，在"以5G为引领的新基建"领域发挥着技术先导者作用。2018年12月，工业和信息化部正式向中国联通、中国移动、中国电信发放5G系统中低频段试验频率使用许可；2019年10月，三大运营商公布5G商用套餐正式上线；2019年，华为已帮助全球35家商用5G运营商打造5G精品网。2020年初，为加快新基建建设，华为正在为2020年底5G在全国落地做相应技术准备。

（二）京东方：凭借全球最强半导体显示器制造实力摆脱"卡脖子"的困境

京东方科技集团股份有限公司是国有控股上市公司，在智能手机、平板电脑、笔记本电脑、显示器、电视等五大类应用显示屏领域产量居全球第一。公司拥有9万员工，在合肥、苏州、重庆、武汉、成都等地投资3500亿元建立生产线和智能化无人工厂。多年来，京东方坚持改革、创新、发展协调统一的发展思路，通过市场化改革，充分显现企业独立市场主体地位，加大对科技人员的激励力度，始终坚持高强度研发投入，并取得丰硕的技术成果。2019年，实现营业收入1160.60亿元，其中7%用于科技研发。累计可使用专利超过7万件，2019年新增专利申请量9657件，其中发明专利超过90%。

在新基建领域，半导体显示器是5G重要载体和呈现终端。在美国加大技术封锁和断供的时刻，公司采取主动应对措施，在技术和原材料方面实现“双突围”，不仅能够在半导体显示器不受“卡脖子”技术的制约，同时可作为全球领先的智慧终端产品制造商，为市场提供多领域的智能化综合解决方案。近年来，公司坚持智慧物联理念，将半导体显示、传感等核心技术、产业资源和专业能力与物联网产业深度融合，赋能各个细分应用场景，深入推进端口器件、智慧物联、智慧医工等三大事业板块快速发展，向生态圈合作伙伴提供软硬融合与系统整合的产品服务和解决方案，未来可在新基建服务大众的众多领域发挥作用。

（三）天融信：凭借领先的信息安全技术为新基建信息安全护航

天融信网络安全技术有限公司是中国通信信息安全服务优秀企业，1995年始创于北京，2017年在深交所中小板上市。该公司是中国领先的网络信息安全、大数据与安全云服务提供商，可提供安全网关、数据安全、云安全、大数据等十大类产品或服务，其防火墙产品连续20年销量居国内市场第一位。2019年，实现营收70.91亿元，网络安全业务同比增长39.57%。公司现有员工4000多人，其中研发人员3000多人，在北京、深圳等地设有六大研发中心、四大实验室、两大研究院和1个博士后科研工作站。其中阿尔法实验室是国内一流的攻防技术研究实验室，多次被国家相关机构评为漏洞报送突出贡献单位。由于在中国信息安全保障领域的突出贡献，天融信曾连续获得信息安全多个奖项。

天融信始终坚持自主创新，在安全硬件、整体网络安全市场处于领导地位。早在1996年，天融信就率先推出填补国内空白的自主知识产权防火墙产品，之后从全球首发新一代可信并行计算安全平台，到云时代超百G机架式“擎天”安全网关，在我国信息安全领域始终发挥领军作用。公司是国家标准和行业标准的积极参与者，为国家和行业在网络安全、云安全、大数据安全、工控安全等领域提供标准方案150多个、获得安全专利100多件、拥有软件著作权170多个、累计承接课题50多个，信息安全专利年增长速度超过100%；多次参与国家信息安全法规与标准的编制和重大课题研究，支持国家重大专项，为国家多个部门重要领域和各行业提供安全防护体系建设，为国家多个重点项目和数字经济保驾护航。信息安全是5G和新基建亟待突破的重点领域和关键环节，天融信在保证5G网络的信息安全方面任重道远，使命重大。

二、调研企业面临的问题和原因分析

（一）新基建核心技术5G芯片受技术打压问题

华为作为一家民营企业遭受美国举国之力的打压，面临极大生存困难，由于多年持续高投入技术研发和市场供需的变化，自身生存面临巨大压力。2019年5月16日和8月19日，美国商务部工业与安全局（BIS）根据美国出口管制法规（EAR）第744.11（b）款规定，先后将华为及其部分非美国关联公司列入实体清单，所有受EAR管控的物项（包括硬件、软件、技术等）向被列入实体清单的华为相关实体出口、再出口或境内转移等，均须向美国商务部申请许可。美国将华为等大批中国企业和高校列入出口管制“实体清单”，企业正常的技术合作和海外业务拓展也受到相应影响。华为的采购、制造、物流及全球技术服务等业务都不可避免地依赖于与第三方厂商或专业机构的广泛合作，它们的业务中断将对华为的业务发展和运营造成不利影响。

（二）新基建所需半导体原材料及供应链问题

在新基建领域，半导体材料和技术应用广泛。生产半导体芯片有19种必需的材料，而且大多数材料具备极高的技术壁垒，因此半导体材料企业在半导体行业中占据着至关重要的地位。日本半导体材料行业在全球范围内长期保持着绝对优势，特别是在硅晶圆、合成半导体晶圆等多种重要材料方面均占有一半以上的市场份额，全球70%的半导体硅材料都由日本企业提供。目前，国际上的半导体加工设备也基本被日本、美国霸占，在全球前十大半导体设备生产商中，美国企业占4家，日本企业占5家。如蚀刻高精度设备、超高精密仪器、数控机床、光栅刻画机、光刻机（ASML）等，都是美日严格限制出口的。中美贸易摩擦爆发以来，全国企业面临进出口关税压力，且生产所需的核心设备、材料进口受阻，时刻面临供应链断裂风险。

（三）新基建所需的“5G配套产业政策”问题

新基建涵盖5G、物联网、工业互联网、卫星互联网、人工智能、云计算、数据中心、智能计算中心、智能交通基础设施、智慧能源基础设施等多个领域，而众多传统行业如何与5G新技术对接是一个涉及多领域多环节的问题。从华为在各地布局时所遇到的阻力来看，虽然自新基建提出以来各地方政府和企业都把其作为新增长点，但对新基建的具体内容和原有产业对接点知之甚少，真正使项目落地很难，急需加强5G与传统产业的端口对接。5G落地急需配套相关产业政策和精准财政支持政策。此外，在当前应对疫情“六稳”“六保”的环境下，各地方政府需要处理好智能制造与稳就业之间的矛盾。

（四）新基建暴露出的信息安全漏洞问题

随着新基建项目的涌现，信息安全薄弱环节充分暴露出来，如解决不好此问题，不仅会影响新基建的运行质量，还会大大威胁国家安全。究其原因，一是多年来社会普遍缺乏对信息安全的注视。根据Gartner当时的数据分析和预测，2020年全球范围内安全与IT占比将提升到3%，北美会达到4.14%，而我国则是1.27%。我国在网络安全领域的投入不仅低于美国，也低于全球平均水平，这说明我国对于网络安全行业的重视程度有待提高。二是信息安全企业成本高企。由于IT行业高速发展，新技术不断涌现，网络安全技术迭代随之加快，同时国际网络安全形势恶化，有组织的国家性攻击事件层出不穷，这就要求在国家网络安全研发领域持续重金投入。因互联网企业对安全行业的渗透和高端人才稀缺，人力资源成本飙升。国内信息安全行业良莠不齐、竞争加剧，企业收益率逐年降低，低价恶性竞争导致企业生存发展出现困难。三是技术封锁和国际形势纷繁复杂。以美国为首的部分西方国家逐步加强技术封锁与管控，意图钳制我国技术的发展，安全技术领域同样无法避免。而网络安全作为全球化课题，对其进行国际技术交流合作非常重要，但是僵化的技术封锁导致新技术理念和研究结果无法快速得到推广应用，加大了网络安全企业的应对难度。

三、政策建议

（一）建立全国一盘棋的新基建协调机制

一是由国家有关机构牵头设立新基建工作领导小组，由发展改革委、工业和信息化部、科技部、国资委等部门组成，出台相关政策，统筹安排相关工作，尽快建立沟通协调工作机制。二是将政府行为、市场行为、企业行为相互叠加，构建5G和新基建相关的政府、产业和从业者沟通与协同的交流平台。三是建议尽快召开“新基建工作协调会议”，做好政策制定部门、地方政府、参与企业之间的对接工作。

（二）扶持培育一批新基建相关领域的领军企业

所调研的三家企业长期注重专利技术和知识产权国内外布局，并持续在科技创新领域进行高强度投入，已成为国际标准、国家标准和行业标准制定的重要参与者与主要贡献者。随着新基建在全国铺开，要在物联网、工业互联网、卫星互联网、人工智能、云计算、数据中心、智能计算中心、智能交通基础设施、智慧能源基础设施等领域，扶持培育出一批像华为这样量级的在某一领域有国际话语权的行业领军企业。

（三）加大 5G、新基建的培训力度

5G 技术需要普及，需要在全社会培育 5G 生态环境。以新基建领军企业为引领，与国家和社会相关教育机构协同合作，在全国范围开展以 5G 和新基建为纲领和框架的技术培训和职业教育。进一步鼓励以芯片研发和操作系统创建为代表的基础技术原创，注重 5G 新技术与传统产业的对接。通过广泛培训实现“四个对接”，即“新基建”领军技术要与各类参与企业技术创新相对接，与金融支持政策和地方配套政策相对接，与新产业集群发展相对接，与多元市场主体参与相对接。

（四）强化信息安全系统建设

信息安全是新基建有效运行的基本保障，加强系统性信息安全工作是当务之急。应加大全社会对信息安全的重视，加大信息安全的投入，尽快填补信息安全领域的空白。完善信息安全配套政策和技术的衔接，在信息安全领域加大军民融合力度，强化信息安全技术手段和措施，加强对信息安全薄弱环节的辨识和防控。加大对信息安全企业的支持力度，及时分析判断国际网络安全形势，加强安全领域高端人才的培养。优化信息安全领域市场环境，避免恶性竞争。加强信息安全国际技术交流合作，全面提高安全企业的能力和水平。

结语

《创见》语录：7 种维度 70 多条经验建议

一、碳中和与创新经济

（一）创新世界观

碳中和这个宏伟壮丽而又长路漫漫的绿色经济发展战略，不仅关乎产业转型升级、科技创新突破以及经济社会的高质量可持续发展，还与全人类的命运息息相关。碳中和的视角不应当仅仅局限于能源行业的转型升级，而应当扩展到更加广泛的新生活方式和新生产方式。

新能源革命和新产业革命正接踵而来……

（二）创业方法论

清锋科技

第 1 条　工业互联网操作系统：以 3D 打印增材制造技术扩展并深化工业互联网操作系统，加速生产向智联、敏捷、柔性、可持续的阶段过渡，以更科学、更精准、更集约、更高效、更智能的数字化工厂方式，更佳更快地匹配供给侧和需求端。

第 2 条　“零碳产业链”模式：以全球化视角和新产业革命思维不断创新生产方式，以无限接近“零碳产业链”的社会公益思路和追求加速碳中和。

今电能源

第 3 条　泛在电力物联网开发：清华大学能源互联网创新研究

院也参与了泛在电力物联网的建设，目前已经开发成功的智能用电系统，如共享智能插座，里面内置电表功能，能够直接完成电压、电流、功率、电量、温度的计量，突破了传统电源插座无法估计电能使用量的缺陷。

第 4 条 “零售电”课题组创业：配合国家能源局“国家能源互联网产业及技术创新联盟”的需求，“零售电”课题组开始建立小范围的公共场所用电试验田，设计目标是将全国范围所有户外的用电需求，全部纳入统一规范的市场化运营管理体系，包括电动汽车充电的业务需求，总体设计目标是容纳 10 亿物联网智能共享终端数量，解决能源安全管理大数据系统安全、物理安全、数据安全的全新架构，把中国的能源运营控制权，牢牢抓在国家能源局的手里。

第 5 条 互联互通错峰平衡，有序充电自带交易：共享智能插座的平台系统与部件构成的技术机理重新整合了 5G、人工智能、芯片、大数据、云计算、交易系统、移动支付等多种技术应用，适用于远程控制与时间控制，为解决新能源电动汽车充电难的瓶颈问题提供了高效的解决方案。

长三角新能源研究院

第 6 条 陪着初创公司度过至暗时刻：作为早期的天使投资人和风险投资人，陪着初创型企业度过最难的创业期，对创业团队进行创业辅导，再请社会资金进来跟投接下来的 A、B、C 轮。这个过程是发现有潜质企业和优秀创业者的过程，亦是培养创业企业家和创业科学家的过程。随着社会资金的更多、更深参与，这些科技企业技术成果得到进一步转化和产业应用，公司估值得以提升或者在资本市场上市，前期的投资者可以进行股权转让或以其他方式退出。

第 7 条 全链条孵化与加速种子选手培养：提供创业辅导、资本支持、办公空间、技术增益、专家咨询、产品化产业化应用、市场对接服务，产生业绩，使公司估值提升，如此循环往复，每个环节都进行模块化，既可以相互组合又可以相互连接并形成良性循环。

二、人工智能与搜索引擎

（一）创新世界观

AlphaGo Zero 在没有使用任何人类棋局数据进行训练的情况下，三天之内通过自我对弈自学成才，将曾经打败过李世石的 AlphaGo 版本赶下还未坐热的神坛，之后又迅速击溃所有前代版本。这揭示出数据虽是淬炼人工智能的火焰，人工智能有时却不需要普罗米修斯带来火种而可以自我点燃；亦说明人工智能已经站在无数人类巨人智慧的肩膀上，不仅能自主学习而且还能学得更好，甚至也许能迅速超越人类认识的局限而开辟出穷尽千年万世至今未能照见的新疆域。

（二）创业方法论

格灵深瞳

第 8 条　核心生命线：创业对创业者而言是人生挑战，所创立的公司能否活下来并且能够持续经营成为基业长青的百年老店，重中之重还是要瞄准技术、数据、应用、解决方案，这些是公司生存发展的核心和生命线。

第 9 条　分散风险：不把鸡蛋放到一个篮子里，以有效地分散经营压力和相关风险。

第 10 条　现金流为王：技术和资本固然重要，但更重要的是核心业务的变现，现金流为王。

华宇元典

第 11 条　有机连接：本质而言，并非人工智能替代了人，而是人工智能平台系统辅助了人，单纯的人工智能结不出产业的果子，真正打开其宝库的钥匙并不完全在于机器学习和算法，而在于人，在于行业应用和人工智能的连接，创业成功的重要秘诀可以说是技术与产业巧妙的有机连接。

第 12 条　跨界融合：脱胎于大型企业或上市公司的初创公司，

既保持原来成功企业的稳健，又饱含初创企业的激情，也要融合技术和算法领域的工程师、程序员、产品经理等思维气质迥异的群体，并把他们变成亲密伙伴，相互协同在科技和产业领域并驾齐驱地深耕，探索用智能技术解锁产业领域更多可能。

绿湾科技

第 13 条　技术懂得行业：譬如人工智能+，随着人工智能在垂直领域的整合应用不断加深，借助知识图谱、机器学习、数据挖掘等人工智能技术在行业应用的真正落地和不断赋能，对于人工智能研发机构而言，致力于打造更懂行业的大数据智脑，显得更为重要。

第 14 条　数据赋能行业：Touch 数据、转化知识、赋能行业，这是躬耕于此的初步方法论和路线图……

三、物联网、3D 打印、平衡车、测试测量

（一）创新世界观

他们正在把智能化查抄亿万级仪表的物联网、大数据、云计算、人工智能等种种理想一步步变成现实。足不出户，天下皆知；万表归一，一目了然。

要鼓励创新，要鼓励某个领域中的高瞻远瞩的想法，有人要懂得并且能够支持协助。有时不能只能看财务指标，而应当看更长远的段位与未来，企业家是这样，投资家亦然。

（二）创业方法论

羿娲科技

第 15 条　创业意义：选择对社会有价值有意义的事业和行业，因为公司存在的意义就是解决行业的难点、痛点和问题点。

第 16 条　水到渠成：上市是公司发展到一定程度后水到渠成的结果，公司不会为了上市而上市，商业的本质是创造价值并分享价值，帮助别人解决问题然后自己赚到利润，股权、债权和证券化都是企业发展过程中的融资工具。

第 17 条　技术壁垒：先把专业做深做透，构筑技术壁垒和护城河，再着力进行规模化推广，这是羿娲科技发展的大概时间表和路径图。

第 18 条　合纵连横：“一条龙”式地把技术、产业、市场统筹起来，距离行业第一和世界第一就不远了。

清锋科技

第 19 条　试对试错：创业初期往往会经过各种尝试，有的错了，有的对了，但是最终总会发现真正有意义有价值并且可以得到长足发展的前沿领域。

第 20 条　寻找合伙人：创业之初最痛苦的是那种独自摸索的孤独感和寻找合伙人的漫漫过程；创业，人是最重要的因素，而新行业，新领域，志同道合的人更少，所以经常参加行业活动不仅有利于开拓视野、发现机会，更重要的是还可以找到志同道合的合伙人。

纳恩博

第 21 条　全球布局：最底层最全面的技术传承与市场渠道的发扬光大，是产品进入国内外市场的最好通行证。

第 22 条　资本关注：除了独到的技术，只有不断扩大的最好最高的市场占有率才是赢得资本关注的最重砝码。

第 23 条　强关系：好的关系和强关系一定是彼此吸引和相互成就的。

泛华测控

第 24 条　珍惜合伙人：遴选合伙人甚至比找老婆还要难，这个道理不是所有人都懂的，但是创业者一定要懂得，并且珍惜身边的合伙人。

第 25 条　技术产业化：作为技术领域的专家不能独乐乐，关键是能找到方法带动形成一个产业并推动一个产业发展。科学家不能仅仅指出问题或看到问题，只有能用技术解决问题才是真正的大家与大师，对国计民生才更为重要。

第 26 条　一定要鼓励创新和高瞻远瞩的想法并看到更远的未来：企业家亦然，投资人亦然，社会亦然，要鼓励创新，要鼓励某个领域中的高瞻远瞩的想法，有人要懂得并且能够支持协助。作为资本机构，不能只看财务指标，而应当看重更长远的段位与未来。

四、科技金融、数据存储、芯片硬件

（一）创新世界观

超越了现在，跨越到未来。举手触摸着门口矗立的那座高及屋顶的变形金刚，仰目观瞻悬挂着一张张证书的专利墙，感觉像是走进了 4D 电影院观看科技大片，又仿佛化身为微信 App 初始界面那位孤独的探索者抵达了外太空的浩瀚星河，面对漫天星光和无垠空间，不禁感慨吾生也有涯，而知也无涯。

（二）创业方法论

91 金融

第 27 条　机遇和挑战并存：互联网金融近年来从初萌，经历野蛮生长，到行业的整合、洗牌，产生很多业态如如互联网支付、消费金融、P2P 等。对于如此之多层出不穷的新物种，有些人看好，有些人视其为洪水猛兽，还有的认为是大好的致富机遇。蓝海与红海兼具，机遇和挑战并存。

第 28 条　守住底线和风险：从行业现状放眼未来产业格局，守住道德底线和控制经营风险是重中之重。

忆恒创源

第 29 条　互信关系：产业链的重中之重是打造互信关系，但首要的还是技术和产品要非常给力，业务更是需要稳健平和地精耕细作。

第 30 条　腰部发力：“在腰部发力”是公司业务在生态系统中的形象比喻，对于上游供应商机构和下游终端客户，要因地因时制宜，上游要推进去、下游要转起来，只有建立这样的推拉机制才能建立和谐平衡业务闭环。

第 31 条　永续经营：就像播种和收获，产业生态圈特点是当季耕耘下季收割，今年努力是为了明年；公司持续发展的关键是坚持，要熬得住，即所谓正如十年树木、百年树人。

第 32 条　技术与文化默契兼容：正如面包和面粉生产制造和供应商有着不同的世界观和方法论，一片闪存之上镶嵌数百个元器件，便是技术派公司的产品常态。

中矗集团

第 33 条　团队之间要有心有灵犀的默契：团队成员之间有着心有灵犀的默契，志同道合的他们在长达十几年的业务合作之后，又成为另外意义上的并肩作战的战友。

第 34 条　危机中育先机，变局中开新局：这种局面，看似危机四伏，但是正如事物都有两面，危机中也蕴藏着宝贵的机会，而机遇从来都是偏爱有准备的未雨绸缪者。

五、孵化器、创业公司、产学研

（一）创新世界观

创新不易，创业维艰，路漫漫其修远兮。

而能把初创企业汇合聚集协同砥砺的机构，当属科技园中的孵化器、加速器和众创空间。授之以渔并授之以鱼，锦上添花更雪中送炭。这些不断创新创业、不断升级迭代的后生，没准儿长大之后就是别样的华为和腾讯，青出于蓝而胜于蓝。

（二）创业方法论

东升科技园众创空间

第 35 条　聚合创业：能够把科技领域的初创企业汇合聚集在一起抱团取暖、彼此砥砺、相互协同的机构，最好最奏效的做局者当属科技园，更加具体而言，当属科技园区里的孵化器和加速器。

第 36 条　授人以渔：好的孵化器和加速器，不仅授人以渔，而且能慷慨地授人以鱼；不仅能为初创企业锦上添花，更能在关键时刻雪中送炭。

第 37 条　雪中送炭：与创业者同呼吸、共命运并与创业团队休戚与共、相辅相成，是孵化初创企业的工作范式，亦能给孵化器、加速器运营者带来获得感和成就感。

画吧

第 38 条　鼓励原创：文创产业的技术平台对原创和知识产权的洁癖和敬畏显得更为重要，作品引用要注明出处，否则后果会非常严重。

第 39 条　支持交易：让原创者有收益、有获得感，这是平台更加具有公益责任的模式创举，兼容创作并附加了版权交易的平台就显得非常可贵。

赛弗网络

第 40 条　孵化模式：既是创业公司的股东，又是创业公司成长的孵化器，这种“创业导师+专业孵化+天使投资”的孵化模式已经成为孵化器和加速器运营成功的范式。

第 41 条　场景革命：在移动互联时代，场景不是一个简单的名词，它重构着人与商业的连接。未来的生活图谱将由场景定义，未来的商业生态也由场景搭建。

第 42 条　长尾收益：创业步入快车道，主要业务收入会稳定增长的同时，其他相关的一切都在悄悄地发生变化，各种微创新和潜在收益越来越多。

博士后产学研

第 43 条　十年寒窗之后的十年寒窗：在学校用功读书，在高压状态度过了校园生活和企业驻站博士后学业事业兼修的艰涩生涯。

第 44 条　博士后创新基金与合伙机制：博士后驻站企业可以为博士后创立创新研发基金，对在创新领域做出突出贡献者进行鼓励和奖励，如果创新达到产业化再辅以合伙机制，提供科技成果转化和研发应用的股权激励机制与长期合作平台。

六、基因测序、生物工程、硅谷玫瑰

（一）创新世界观

作为中国最早的创业者，他们经过了旷日持久的艰苦锤炼，用自己原始积累的血汗钱去开疆拓土，而不能像现在有各种资金资本去创业和试错。能忍、能扛、能等、能拼，这是创业者们必须要经历的种种精神境界。尤其是对于创新创业的“硅谷玫瑰”，这种精神更加难得可贵。

（二）创业方法论

齐碳科技

第 45 条　学霸优势：在诸如基因技术这类的高端前沿科技领域，学霸们更有先发优势和竞争优势，很多人望而却步的领域，对于他们则是广阔的蓝海。

第 46 条　跨学科优势：不同专业但在技术和市场领域又有较为密切关联关系的跨学科合作，会绽放出更好的学术花朵，收获更丰硕的产学研成果。

第 47 条　学习型组织：高新技术企业更容易成为学习型组织，也因此更容易吸引更多年轻化的高精尖人才加入团队，并源源不断地产生更多的创新思想和创业行动。

翊博普惠

第 48 条　初心与使命：“不忘初心、牢记使命”也特别适用于创业领域，初心和使命是行走在创业路上的原动力；一个偶然的事件、一次特别的经历、一位难忘的良师益友等都有可能成为驱策创业的动因。

第 49 条　首席科学家：以愿景和资本创业为开端的创业者，往往特别需要寻找到志同道合的技术合作伙伴，对于高新技术企业和高精尖学习型组织而言，就是找到那位在技术领域学有所长并且具有丰富的研发和专业应用经验，又能与公司创始团队合作默契的首席科学家；如果首席科学家同时兼公司创始人，对于创业公司而言则更加集约高效。

第 50 条　普世价值：当公司的理念、技术、产品、市场和企业文化具有博爱的意义和普世价值，往往就可以迅速成长壮大，甚至在最短的时间内成为所在行业的独角兽。

诺诗康瀛

第 51 条　自我出资：中国最早梯队的创业者，因为彼时的风险投资尚未风行，往往是用自己的积蓄作为早期投资而进行创业，反而成功的概率会比较高。因为他们经过了旷日持久的锤炼，用自己原始积累的血汗钱去开疆拓土，而不能像现在有各种资金资本去创业和试错。能忍、能扛、能等、能拼，这是早期创业者们经历的种种精神境界。

第 52 条　恪守专业：创始人在自己所学、所擅长的专业领域里创业，往往会比到陌生领域闯荡更加容易获得成功。

条 53 条　海外起步：对于有着深厚而长久的海外学习工作经历者，从海外起步创业不失为一种“曲线救国”的明智选择，既保证了国际视野和世界水准，又可以快速吸引和聚敛国际人才、建立跨国团队、发展海外用户、拓建海外市场和国际影响力。

臻迪科技

第 54 条　外企经验：曾经有过外企工作经验的创业者也有比较高的成功概率，跨国公司特有的工作方法、流程、图表、行文、思维习惯和行事风格，更加有利于把创业公司打造成全球化机构，对于获得世界人才、技术和市场都将非常有裨益。

第 55 条　体制内履历：曾经在政府机关、国有企业工作过的创业者也有相对较高的创业成功可能性，中国特色的机关文件、工作流程、议事风格、工作经验、行业资源等将成为新设立公司的生产关系，从而转化为公司的发展潜能。

第 56 条　夫妻联袂：有时，夫妻联合创业也不失为一种明智的安排，其中心有灵犀的默契优势不言而喻。

北京设计之都

第 57 条　温良恭俭让：女性职业经理人往往秉承这样的传统品格而披荆斩棘；有野心，少欲望。女性在职场上的特殊优势越来越明显，因为社会和家庭的多重角色注定了女性在工作生活的锤炼打磨之中形成独特优势，诸如系统化思维、勇于打破各种界限、乐于奉献、愿意融合，这种特征和优势特别适合互联网创业。

第 58 条　精英职业经理人：互联网时代最大的特点和最宝贵的资源是互联网精英，职业经理人就是具有横向集成度很高的跨界能力的复合型人才。

第 59 条　标准化与全球化：一流的企业做标准，平台亦然。当优势品牌崛起，其他协同伙伴就会成为其供应商，以此加速设计之都平台化生态圈的衍生辐射和全球化。这样的思路也适用于与地方政府共同打造产业升级以推动中国企业参与国际竞争。

七、互联网、新基建、数字经济

（一）创新世界观

凡是过往，皆为序章。

朋友圈和公众平台，构建了内生闭环式的社交与商业生态链并成为新的桌面系统，微信红包更是微信支付的锦上添花，连接腾讯第三方支付平台财付通，收付款、零钱、银行卡、信用卡还款、手机充值、理财通、生活缴费、城市服务、保险服务、摩拜单车、火车票机票、吃喝玩乐、酒店……从生活到商务再到金融，在关键的节点和流程总是会伴随着交流交易。

腾讯，通过微信从互联网门户脱颖而出，并与丰富的生态簇拥而行，成为移动互联网时代连接一切的“创世纪”。

（二）创业方法论

新浪

第 60 条　内容为王：新浪曾经最早与美国的搜索引擎合作，而后来最大的中文搜索引擎变成了百度，新浪悄悄地演变成为以新闻和社区为主要内容的中国最大门户网站。

第 61 条　新浪微博：中国最早的自媒体；腾讯、搜狐、和讯等都曾经开发过微博产品，但是时至今日，从用户数量和影响力等角度都无法超过新浪微博。

第 62 条　稳健增长：今天的新浪不再年少轻狂，而是稳健增长。

百度

第 63 条　投资者关系：很多创业公司都遭遇过团队被资本绑架，甚至创始人无条件妥协和隐忍退出的状况，但是百度在创业初期和之后多次战略转型的关键时刻都是因为创始人和核心团队的强势坚持和不懈努力，从而得以顺利实施自己的变革计划，成功地把公司从一个高度推进到更高的高度，把公司段位从一个里程碑推进到另外更加具有划时代意义的里程碑，正如百度从搜索引擎到人工智能的产业升级和战略转型。

第 64 条　迭代和升级：随着全球化和各种竞争的加剧，对于创业型企业而言，如何保持最好的行业姿势和领袖地位？最好的应对之策就是把握市场和脉搏和前沿趋势，在关键时刻以产品迭代和技术升级的方式来解决，这是创业型企业家特立独行的应对攻略与华丽转身的秘籍。

腾讯

第 65 条　科技+文化：未来，科技+文化成为腾讯新的战略关键词。

第 66 条　AI in ALL：人工智能将是未来长期布局。

第 67 条　连接和内容：在经历了创业、产品研发、并购、第三方支付、创建银行等创新和改革之后，马化腾说，腾讯只做两件事，即连接和内容。

第 68 条　生态合作无对标：在美国，没有任何完全一样的互联网公司可以对标，腾讯就是要通过生态合作的方式来做细分领域，比如电商给京东、搜索给搜狗、打车给滴滴、快餐 O2O 给美团等，闻道有先后，术业有专攻；腾讯通过内部孵化和外部并购的方式打造了动漫、文学、游戏、电影等板块形成的以“泛娱乐”概念为主线的内容生态。

第 69 条　微信“创世纪”：朋友圈和公众平台，构建了内生闭环式的社交与商业生态链并成为新的桌面系统，微信红包更为微信支付锦上添花，连接腾讯第三方支付平台财付通，收付款、零钱、银行卡、信用卡还款、手机充值、理财通、生活缴费、城市服务、保险服务、摩拜单车、火车票机票、吃喝玩乐、酒店……从生活到商务再到金融，在关键的节点和流程总是会伴随着交流交易，成为移动互联网时代连接一切的“创世纪”。

搜狐

第 70 条　名师支持：中国最早的互联网探路者中，毕业于麻省理工学院的物理学博士张朝阳是学历最高的创始人，他的导师尼古拉·尼葛洛庞帝的著作《数字化生存》曾在中国畅销百万册，在这位世界名师的支持下，张朝阳回国创办了搜狐网。

第 71 条　后浪与前浪：后起之秀应当对前辈的薪火相传秉持应有的尊重；早期的搜狐公司快速成长并如日中天之际，阿里巴巴还没有产生，QQ 也还没有产生；美国《时代周刊》“全球 50 位数字英雄”之一称号获得者张朝阳举世闻名之时，区块链和人工智能这些新概念亦都没有踪影。

第 72 条：纸上之钱终觉浅：2000 年 7 月，搜狐在美国纳斯达克上市，创始人张朝阳身价飙升到 1.7 亿美元，成为闻名世界的数字英雄、新经济时代的亿万富翁和钻石级互联网新贵，但是那时他身上穿的经常还是那件印有搜狐标志的黑 T 恤。他把这份“从股市上掉下来的财富”解释为“纸上的钱”。

题跋一

让创业者深知自身事业的伟大

《创见》是一部详尽记述清锋科技等高新技术公司创新创业经历的系统性文集，让我深谙清锋科技所主张和落实的“数字驱动材料”不仅是“让制造更简单”，更是关乎世界各国甚至是全人类命运的长远事业。

作为清锋科技CEO，在激动振奋的同时，也感到了重任在肩，深知从此更需负弩前驱，不敢有一丝一毫怠慢。

为此，要向张闻素老师表示衷心的感谢。我想她作为中国企业改革与发展研究会高级研究员，对高新技术、人工智能、物联网等领域的认知和探究是极为透彻的；也正是有了《创见》的记述，让许许多多像我这样的平凡创业者拥有了更大的格局和更高更远更广阔的眼界，升华了个人对世界的深度认知和价值体现。

2021年4月，我国政府在全球领导人气候峰会上重申，力争2030年前实现碳达峰、2060年前实现碳中和。《创见》以与人类命运息息相关的碳中和为切入口向科技创新延伸，以可持续发展的视角审视3D打印、新能源、人工智能、物联网等领域代表企业的前世今生和未来机遇。张闻素老师站在更高的观察点上，融会贯通，以通俗易懂的文字描绘了一颗颗冉冉升起的行业新星、一段段鲜活的创业往事。

《创见》列举大量事例证实现今人类对碳中和有多么迫切的渴求，如早在2009年由哈佛大学气候专家戴维·基思创办、从空气中提取碳作燃料的碳工程公司，便用实际行动证实了比尔·盖茨所呼吁的“实现零排放的目标要基于创新驱动”。而这也让我更深刻地理解自己和同行所从事事业的意义的深远和伟大，并增添了清锋科技在未来实现全数字化、智能化的信心。

唐太宗曰：“夫以铜为镜，可以正衣冠；以史为镜，可以知兴替；以人为镜，可以明得失。”今以《创见》为镜，感悟良多、受益匪浅。

最后，借用张闻素老师的一句话来与诸君共勉——“未来已来，零碳企业正在引领全球经济，人类选择的只有未来和当下的自己。”

清锋科技创始人兼 CEO　姚志锋

2021 年 10 月 25 日　北京

题跋二

创新创业的星辰大海

苍茫大地，谁主沉浮。作为新一轮科技革命和产业变革的重要驱动力量，人工智能成为新经济的推动者和旧模式的颠覆者。该书中提及的以中关村科技园和东升科技园为代表的高新技术园区会聚了各个领域的创业者，他们把握市场脉搏和前沿趋势，运用科技力量加速法律、金融、交通物流、工业制造、社会治理、政府管理等领域的数字化转型，赋能行业以智慧化数字化的应用场景，打造了技术驱动型企业的超级航母，开启了高新技术产业的蓝海，树立了“学霸”和科学家型人才创新创业从而推动高新技术产业化、应用化的典范。

书中记录的高新企业实现了在核心技术、战略、资本、市场等多维度的突破，与创始人的企业家精神密不可分，是对新经济企业砥砺前行的商业验证与市场肯定。园区企业广泛连接，形成具有前瞻布局的产业集群，赋能国家关键产业持续数字化升级，提升产业成熟度，加速产业渗透，推动行业变革，展现了新时代的数字化智慧型社会的蓝图。

书中集结的创业案例为相关理论研究和商业模式提供镜鉴，其中不乏科技领军人物毅然回国、创新创业的经验体会，分享行业发展的独到见解，蕴含了企业持续发展的不竭动力。一张张国家高科技名片，记录了很多科学家型“学霸”创新创业过程中坚守心中的家国情怀，注重责任担当，以勇于创新、诚实守信、敢为天下先的企业家精神护佑社会民生，见证了中国企业家对全球企业发展的独特贡献，在国际舞台上展示了中国风采。

学无止境，创新创业亦然，“学霸”创新创业的星辰大海将会更加璀璨。

北京大学经济学院西南分院执行副院长　闫雨

题跋三

创新已成为关键词

2007年1月9号，乔布斯发布了苹果公司的第一款iPhone，吸引了全世界的关注，也从此把人类带入了一个崭新的智能手机时代。之前的手机都无一例外地带有实体按键，而iPhone完全用触摸屏幕来操作。今天，我们基本上已经看不到带着实体键盘的智能手机了，但在iPhone问世之前，虽然触摸屏幕技术已经存在多年了，但人们似乎认为用手写笔来操作触摸屏幕是天经地义的事情，用户用手指直接操作屏幕仅限于触屏确认这种最简单的动作，没有人尝试上下左右滑动，甚至用多个手指做捏起、缩放等复杂的多点触控动作。苹果公司这一项划时代的创新把科技所提供的可能性和对用户体验的极力追求完美地结合起来，加上他们改变世界的激情和乔布斯强大的领导力，不仅为公司打造了一个引领世界的拳头产品，为投资人带来了万亿美元的市值，更是让智能手机一跃成为人们离不开的科技产品，其影响之深远难以估量。

而历史悠久的汽车产业在发展了100多年后也迎来了一次革命。2012年6月，特斯拉公司的第一批Model S家用轿车面世。由于这一款全电动汽车的造价符合很多家庭的购买力，其续航能力也能够满足人们日程通勤的需要，成为关注全球气候变化和追求新时尚人群所喜爱的车型。但人们往往没有注意到特斯拉的两项重大创新：一是引入了软件定义汽车的概念，就是汽车的升级换代通过在车上下载软件来进行；二是对大数据的利用，每辆特斯拉汽车的行驶数据都可以送回到特斯拉的计算中心，从而为特斯拉进一步改进汽车提供数据依据，尤其是在自动驾驶方面，特斯拉通过这些源源不断的数据，可以不断地提高它的自动驾驶算法，使得其他企业在这方面很难超越。

在面向企业的服务方面，和阿里巴巴一样，亚马逊在21世纪初就看到了把自己的电商平台开放给中小企业这个商机。到了2003年夏天，面对亚马逊的技术团队所遇到的一些问题，CEO贝索斯和安迪·杰西等人提出了“以互联网作为操作系统”的概念，制定了内部的技术标准，使得亚马逊的各个应用开发团队都可以在一个标准的技术平台上搭建他们的应用，而不需要考虑如何去管理底层的基础设施。到了2006年，亚马逊又决定把这个平台开放给企业用户，让各个企业也不再去担心基础计算设施的运行和维护，而是通过调用亚马逊所制定的标准接口来部署他们所需要的资源。这个方法对于绝大多数企业都非常有吸引力，因为它们不愿意花钱去维护这些与它们的核心业务并不直接相关的IT基础设施，而且它们相信亚马逊的专业服务会比自己内部的IT团队做得更好，于是越来越多的企业关掉了自己的数据中心，而把应用直接部署到亚马逊云服务平台上。发展到2020年，亚马逊云服务的年收入已经超过400亿美元，而这项业务的领头人安迪·杰西于2021年2月接替贝索斯成为整个亚马逊公司的CEO。

企业要创新，往往需要依托新的技术和新的经营模式，根据企业的商业目标，以新产品或新服务赢得大量的新客户，以创新来获取竞争优势。我在美国领航集团工作的时候，每次公司要投标一个企业的退休金管理项目，往往就需要和其他的投标者来比拼所能提供的服务。比如我们利用开放金融技术，让员工可以在企业的内网直接看到他们退休金的余额或者改变他们退休金的投资组合，从而让我们在投标中取得一定的优势。而针对个人投资者，我们则是在21世纪初就利用基于互联网技术的投资平台，使得所有的投资操作都可以在我们的网站上进行，而不再需要用传统的打电话或者邮寄的方式。这一方面给用户带来了很大的方便，另一方面也通过减少电话客服中心的人员给公司节省了很大的开支，使公司可以通过降低基金的管理费而提高竞争力。同时公司也不断地把数据转化为生产力，比如通过客户公开数据来估算他们可投资资产的数额，并推测一个客户还有多大的投资空间以及可能更需要哪种服务，从而用数据来指导营销工作。我们还通过对客户服务语音的情绪分析判断其是否对我们的服务产生了不满，从而决定值班经理是否需要出面协助。

最近10年我们进入了一个科技高速发展的时代。AlphaGo向人们展示了人工智能和大数据处理蕴含的巨大潜力，比特币让人们看到了区块链和加密技术所带来的新的信任机制和更高效透明的分布式金融模式，5G、6G和边缘计算将给我们提供一个万物可互联、网络可定制、计算可移动的智能化通信和计算一体化的平台，而量子计算的进步会突破传统计算机可解决问题的范围和计算的效率，使得很多从前无法实现的商业应用成为可能。机器人、3D打印、物联网等新技术的发展和应用也都有着广阔的前景。

对我们的未来影响最大的创新可能还是在医疗健康领域。除了利用5G、物联网和VR/AR（增强现实）等新的信息技术实现远程医疗、患者追踪等新应用之外，基因技术本身也有着广阔的前景。如何通过一个人的基因排序来实现个性化医疗，甚至通过对基因的修改增强人体的功能以及延长人的寿命，这些革命性的研究课题，对人类的未来将产生深远的影响。

中国在改革开放四十几年之后正在从起初的劳动密集型经济转向智慧密集型经济，并已经在多个领域产生了适合中国国情的商业模式的创新。展望未来，中国的企业能否在国际舞台和国内的经济大循环中成为领跑者，创新是关键。

张闻素女士通过对各创新创业机构的实地采访，不仅让我们看到了各个领域技术和商业模式创新的状况，也让我们领略到了创业者们的心路历程，使读者不仅在创新和创业的方向上受到启发，也对在这个过程中可能遇到的艰难以及应对的方法有充足的认识和准备。希望该书能够成为企业领导者们的创新手册，让他们从中得到启发和鼓舞，创造自身企业乃至整个产业的辉煌。

世界银行集团首席信息安全架构师
世界银行集团创新实验室联合创办人 张志军

后记

创新创业领域的沧海桑田

未来已来，而且将更加精彩。

《创见》是既往精彩片段的融会贯通与珠联璧合，涵纳了将近十年期间所撰写的关于数十家企业和经济体创新创业企业的历程、经验、教训、方法和成功经验，希望本书提炼的管见“创新世界观”与“创业方法论”能够成为未来创新创业者的星火微光。

感谢本书所涉及的创新创业案例样本中每家高新技术公司、每家创新创业企业、每位创始人和每个创业团队，感谢大家盛情的邀请与温暖的款待。至今，我仍然清晰地记得当时关于创新创业来龙去脉的侃侃而谈，你们的才华、灵感、勇气、精神、成就和所经历的曲折磨砺，才是本书真正的精气神和纲领支撑。

再次感谢中国企业改革与发展研究会，正是因为“高级研究员”聘书使我开始尝试深度研究的笔法并撰稿企业综合改革与发展，从而发现创新创业所产生的源源不断、生生不息的活力之泉，而这些亦成为本书得以付梓的精神动力。

《中关村》杂志社多年以来的约稿成为本书科技题材内容的深厚基础，所以，特别感谢《中关村》杂志社原社长卫汉青先生，彼时兼任海淀区文学艺术联合会主席，仍然记得他在我们完成“稻香湖金融沙龙”之后安排参观了海淀西区的龙泉寺，据说“微信之父”张小龙在此小住期间书写了举世闻名而且全球各地均已纷纷使用的微信程序。之后不久，卫社长大概是希望提高我的文字水平又特别推荐走访了纳兰性德纪念馆、纳兰宗祠家庙、曹雪芹故居。正是这位年长的既为诗人又兼作家的良师益友，激励我在搁笔创办杂志多年之后再度开启封面人物的采访生涯和撰写创业传记的“旧业”，而且在他的监督指导之下，文笔文风婉若新生。

特别感谢《中关村》杂志社办公室原主任贾荣娟，从工作伙伴发展为无话不谈的闺蜜，正是在她亲力亲为的安排与陪伴之下，我们共同走访了很多以中关村科技园和东升科技园为代表的国家级高新技术园区，她不厌其烦地帮我打开了一扇扇通往创业聚焦地带的门扉，引荐了许多创新创业新秀和领袖。在我与企业家创业者侃侃而谈并忙碌着敲击键盘笔录之际，她默默地承担了与现场访谈相关的更多细致入微的工作，诸如帮着找电脑电源插座、冲泡热咖啡并贴心地适时添茶加水，每篇初稿出炉之后还不失时机地相邀共聚于杂志社楼下的咖啡厅校对修订甚至字斟句酌。如果《创见》的文笔除了力度和角度之外还有香气馥郁的温度，肯定与她贴心的关怀密切相关。

《创见》从跨界的文稿梳理成卷并逐步成为书稿始于2020年底2021年初。当时，贾主任的儿子已经就读初中二年级，但是因为全家户籍都在外地，按照国家和北京市政策不能在京参加高考，所以她和先生、儿子不得不于2020年上半年全家跨省跨城搬家，迁居到户籍所在的内蒙古呼和浩特。离京之后不久的2020年此时，她再度回京约我小聚，我建议一起去爬香山赏红叶，傍晚之时共同品尝了她的祖籍特色山西汤面，聊且算作为她再次饯行。分离之际不禁感慨解决条块分割与地域限制的教育体制改革与户籍改革是否应当加速再加速？这些问题不应当继续成为莘莘学子们参加高考的长期障碍、顽固桎梏和学生家长工作动荡的隐忧。一键解决问题的互联网大数据云计算时代，“后浪”和他们家长应当有畅通无阻的未来。

仍然记得多年以来冬日的飞雪、夏日的太阳伞、秋日的绵绵雨、春天的桃花梨花缤纷之中，贾荣娟主任和我共同拜访过的高新技术公司，泛华测控、格灵深瞳、绿湾科技、齐碳科技、羿娲科技、臻迪科技、诺诗康瀛、翊博普惠、忆恒创源、华宇元典等机构和创始团队成员。默默无闻的文字工作是纷繁复杂而琐碎辛苦的，多年以来的文稿成卷成册的整理在孤灯寒窗之间反反复复，如果《创见》成书的过程稍有遗憾，便是少了当年工作伙伴兼闺蜜的嘘寒问暖。

值得庆幸的是，字里行间的优秀创业者有的竟然成了天长日久的好友，甚至孩子们也成为很好的玩伴。比如诺诗康瀛创始人康总和她的女儿与我和我的女儿，2018 年春节她邀请我们驱车奔赴北京冬奥会赛区张家口崇礼滑雪场，在热腾腾的晚餐之际谈及公司运营中遇到最难最痛的问题——资本与股东，我建议："从哪里来到哪里去，当国内公司的经营和现金流成为问题，为何不到当初创业的老地方法兰克福找寻解决之道?"于是便有了当年春天的德国慕尼黑、法国巴黎、意大利米兰之行和 2021 年春节的从北京驾车 24 小时到 2000 千米外的惠州之行。

窃喜的是，在创业者遭遇到千难万难的窘迫之际，我能被信任且有机会陪着这样用自己的辛苦积蓄创业的"硅谷玫瑰"度过了她因公司金融而产生的"明斯基时刻"。

冬天来了，春天还会远吗？让我们边努力边恭候化茧成蝶的精彩时刻。

再次感谢清华大学电机系张罗平教授，这位学界权威承担着我国电网与互联网融合创新研究的重任，却仍然平易近人，他亲力亲为不厌其烦地协助我打印装订成摞成摞的研究报告，从《创见》中可以预见到他所创建的能源互联网新模式正在成为碳中和领域的新经典。

再次感谢清华才子清锋科技 CEO 姚志锋先生，阔别四年之后的对话交锋碰撞出的思想火花淬炼出"零碳产业链"模式；感谢哈佛学霸 COO 杨尚祐博士和市场部原莎莎以及首席科学家等同人，诸位陪同进行的深度调研让这种模式变得更加有力而丰满。我想被我们重新定义的新概念“零碳产业链”模式是对世界碳中和领域的新贡献。

张闻素

2021 年 10 月 25 日

参考书目与资料来源

参考书目

[1] 马化腾，等．互联网+：国家战略行动路线图，李克强总理互联网+国家战略腾讯官方解读［M］．张晓峰，杜军主编．北京：中信出版集团，2015.

[2] 李彦宏，等，智能革命：迎接人工智能时代的社会、经济与文化变革［M］．中信出版集团，2017.

[3] 陈彤，曾祥雪．新浪之道：门户网站新闻频道的运营［M］．福州：福建人民出版社，2005.

[4] 华宇元典人工智能研究院．让法律人读懂人工智能［M］．法律出版社，2019.

[5] 吴晓波．腾讯传：1998—2016 中国互联网公司进化论［M］．杭州：浙江大学出版社，2017.

[6] 彼得·蒂尔．从 0 到 1：开启商业与未来的秘密［M］．高玉芳，译．北京：中信出版集团，2015.

[7] 比尔·盖茨．气候经济与人类未来［M］．陈召强，译．北京：中信出版集团，2021.

资料来源

1. 所有案例样本内容大部分为现场采访之后的撰稿创作。

2. 数据与补充资料来源于案例机构传输的文件和授权参考的该机构官方网站。